Jürgen Bona Meyer

Leitfaden zur Geschichte der Philosophie

Zum Gebrauche bei Vorlesungen und zum Selbststudium

Jürgen Bona Meyer

Leitfaden zur Geschichte der Philosophie
Zum Gebrauche bei Vorlesungen und zum Selbststudium

ISBN/EAN: 9783743635029

Hergestellt in Europa, USA, Kanada, Australien, Japan

Cover: Foto ©Thomas Meinert / pixelio.de

Weitere Bücher finden Sie auf **www.hansebooks.com**

Leitfaden

zur

Geschichte der Philosophie

zum Gebrauche

bei Vorlesungen und zum Selbststudium

verfaßt

von

Jürgen Bona Meyer,
ordentl. Professor der Philosophie zu Bonn.

Bonn,
bei Adolph Marcus.
1882.

Vorwort.

Zur Abfassung dieses Buches bewog mich zunächst der Wunsch, meinen Schülern für meine Vorlesungen über Geschichte der Philosophie möglichst zuverlässige und für ihr Studium brauchbare biographische und literarische Notizen darzubieten, um in den Vorlesungen selbst freier der Darstellung der Systeme die ganze Aufmerksamkeit widmen zu können. Auch schien mir nur auf diesem Wege das ungenaue Aufzeichnen ungenau gehörter Angaben vermieden werden zu können. Wie förderlich eine solche Hülfe sein kann, habe ich schon früher als Lehrer der Philosophie an der Königlichen Kriegsakademie zu Berlin erfahren, für die zur Unterstützung meiner Vorträge über Geschichte der Philosophie ein ähnlicher historisch-literarischer Leitfaden im Jahre 1868 gedruckt worden ist. Einzelne Exemplare desselben sind in den antiquarischen Buchhandel gekommen; die dadurch veranlaßte wiederholte Nachfrage hat mich mit zur Abfassung dieses neuen beträchtlich erweiterten Leitfadens bestimmt.

Es sind ja freilich schon manche Hülfsmittel zu diesem Zwecke vorhanden, aber dieselben entsprechen nicht ganz Dem, was mir nützlich und wünschenswerth scheint; sie bieten in literarischer Hinsicht entweder zu viel oder zu wenig. Die Fülle der literarischen Angaben in Ueberweg's Grundriß der Geschichte der Philosophie ist gewiß einem Jeden werthvoll, der auf einem besonderen Gebiete dieser Geschichte eine eigene Arbeit unternehmen will; aber im Allgemeinen hat diese Massenhaftigkeit literarischer Nachweise für den Studirenden etwas Verwirrendes, zumal jede Anleitung das Wesentliche vom Unwesentlichen zu unterscheiden fehlt. — Erdmann's sonst trefflicher Grundriß der Geschichte der Philosophie dagegen bietet an literarischen Angaben meist zu wenig. Noch weniger bieten darin die vielen kleineren Hülfsbücher, welche die letztere Zeit gebracht hat.

Gerade solche Hinweisungen auf das brauchbarste Arbeitsmaterial scheinen mir aber für das eigene Arbeiten nützlicher zu sein, als das Darbieten von kurzen Gedankenauszügen aus den Systemen; diese tragen nur gar zu leicht dazu bei, daß die Kenntniß einzelner unverstandener Behauptungen der Philosophen an die Stelle der volleren Kenntnißnahme des Zusammenhangs ihrer Systeme tritt. Um diesem an der Vorbereitung der Studirenden leider oft bemerkten Uebel keinen Vorschub zu leisten, beschränkt sich dieser Leitfaden in Betreff der Angaben über die Systeme auf eine ganz kurze Bezeichnung der Richtung, die Niemanden glauben lassen kann, er habe damit schon das Ganze des Systems selbst erfaßt. Er bietet absichtlich Niemandem den Schein einer Kenntniß der Systeme in der Uebermittelung kurzer Sätze aus denselben, sondern nur die Kennzeichnung der Richtung, um Jeden zu befähigen und anzuregen, je nach Neigung sich mit dem einen oder dem anderen Philosophen eingehender selbst zu beschäftigen. Es ist nach meiner Ueberzeugung nichts unersprießlicher für das Studium der Geschichte der Philosophie, als der übliche kurze Ueberblick über die systematischen Behauptungen aller Philosophen, wie ihn z. B. Schwegler's kurze Geschichte bietet. Ein solcher Ueberblick kann nur Dem dienen, der wenigstens auf einigen Punkten einmal eine Vertiefung in den Zusammenhang eines großen Systems der Philosophie versucht hat. In Wahrheit kann man sagen, wer den vollen Zusammenhang des Systems eines wahrhaft großen Philosophen begriffen hat, der hat damit auch das Verständniß für die Möglichkeit der übrigen Hauptsysteme begriffen, sowohl derer die vorangingen, als derer die folgten. Daher scheint mir stets die eigene Vertiefung in die Systeme einiger großen Philosophen das Beste zu sein, was für das Verständniß der Philosophie gethan werden kann, und der orientirende Ueberblick über die ganze Geschichte muß vor Allem dazu dienen, einen Jeden je nach seiner Natur und seiner besonderen Kenntniß den rechten Punkt finden zu lassen, an dem er sich auf diese Vertiefung einlassen möchte.

Kurz — der Leitfaden soll dem Studirenden wesentlich als ein Leitfaden zur weiteren eigenen Arbeit dienen. Er soll ihm sagen, welches die beachtenswerthen Hauptschriften der Philosophen sind, welches die Hauptausgaben ihrer Werke sind, in welchen Bänden derselben sich die einzelnen Hauptschriften finden und welche Hauptwerke über ganze Perioden und einzelne Vertreter derselben zu Rathe zu ziehen sind. Vorwiegend ist dabei auf die Angabe der neueren Literatur Gewicht gelegt, in der Ueberzeugung, daß die Benutzung dieser, wo es sich als nöthig herausstellt, zur Kenntnißnahme auch älterer guter Arbeiten von selbst zurückführen wird. Der Leitfaden verfolgt die Geschichte der Philosophie bis in die neueste Zeit und schließt mit Lotze ab, die noch lebenden Denker der Gegenwart blieben ausgeschlossen, ebenso auch die nicht mehr lebenden Vertreter neuerer Richtungen in England und Frankreich. Letzteres nicht etwa aus Geringschätzung, sondern nur aus vorläufig geltenden Gründen pädagogischer Zweckmäßigkeit und dem entsprechender Beschränkung.

Ist nun somit auch der Zweck des Leitfadens vorwiegend auf die Förderung selbstständigen Studiums der Geschichte der Philosophie auf der Universität gerichtet, so kann er doch zu gleichem Zweck einem Jeden dienen, der sich auf diesem Gebiete einigermaßen zu orientiren wünscht.

Der Leitfaden wird wohl auch anderen Lehrern der Philosophie denselben Nutzen bei ihren Vorträgen bieten können, den ich mir für die meinigen von demselben verspreche. Gewiß wird mancher meiner Collegen über die Auswahl des Wesentlichen und über Weglassung dieser oder jener Daten anders denken als ich, aber etwa Fehlendes läßt sich ja leicht ergänzend hinzuthun. Auch wird mir die Aeußerung sachlicher Bedenken in dieser Hinsicht stets willkommen sein und ich werde sie gebührend beachten und in Erwägung ziehen. Auch für die Hinweisung auf etwaige Irrthümer, die bei so kurz zusammengedrängter Angabe vieler Daten wohl kaum ganz vermieden sein werden, werde ich Jedem dankbar sein. Doch bitte ich, wo sich im Biographischen und Literarischen mitunter Abweichungen von verbreiteten Angaben finden, zunächst stets anzunehmen, daß meinen Angaben die genaueste Berücksichtigung neuester Untersuchungen und eigene Prüfung vorangegangen ist.

Sils-Maria, Engadin den 20. August 1882.

Der Verfasser.

Inhalts-Verzeichniß.

	Seite
Allgemeine Hülfsbücher	1—2
A. Philosophie der Völker des Orients	2—8
Allgemeines	2—3
Philosophie der Chinesen	3—4
„ der Inder	4—7
„ der Parsen	7—8
B. Philosophie des griechisch-römischen Alterthums	8—32
Theogonie, Kosmologie und Gnomik	9
Die ionischen Physiologen	
Thales, Anaximander, Anaximenes, Herakleitos	9—11
Die Pythagoreer	
Pythagoras, Philolaos, Archytas	11—12
Die Eleaten	
Xenophanes, Parmenides, Zenon, Melissos	12—13
Die Dynamiker	
Empedokles, Anaxagoras	13—14
Die Atomiker	
Leukippos, Demokritos	14
Die Sophisten	
Protagoras, Gorgias, Prodikos, Hippias u. A.	14—16
Sokrates	16—17
Sokratiker	
Eukleides, Antisthenes, Aristippos	18—19
Platon	19—21
Aristoteles	21—24
Platoniker (Akademiker), und Aristoteliker (Peripatetiker)	
Speusippos, Xenokrates, Polemon, Krates, Krantor, Arkesilaos, Karneades; — Theophrastos, Eudemos, Aristoxenos, Straton, Andronikos v. Rhodos — Alexander v. Aphrodisias, Porphyrios, Themistios, Syrianos, Simplikios	24—25

Stoiker
  Zenon, Kleanthes, Chrysippos, Panaitios; — L. Aennaeus
  Seneca, L. Aennaeus Cornutus, Musonius Rufus, Epiktetos,
  Marc. Aurelius Antoninus . . . . 25—27
Epikureer
  Epikuros, Metrodoros, Philodemos; — T. Lucretius
  Carus . . . . 27—28
Skeptiker und Eklektiker . . . . 28—30
  Pyrrhon, Ainesidemos, Sextus der Empiriker . . . . . 28—29
  M. Tullius Cicero . . . . 29—30
Alexandriner und Neuplatoniker . . . . 30—32
  Philon; — Apollonios v. Thana, Plutarchos a. Chaeronea,
  Claudius Galenus, Celsus, Numenios a. Apamea . . . . 30—31
  Ammonios Sakkas, Plotinos, Porphyrios, Jamblichos,
  Proklos . . . . 31—32

C. **Philosophie des Mittelalters** . . . . 33—45
  Die Philosophie der Kirchenväter . . . . 33—35
    Justinus, Athenagoras, Tertullian . . . . 33—34
    Clemens d. Alexandriner, Origenes 34
    Athanasius, Gregor, Augustinus . . . . 34—35
  Die Philosophie der Scholastiker . . . . 35—45
  Allgemeines . . . . 35—37
    Erigena, Roscellin 37
    Anselm v. Canterbury, Wilhelm v. Champeaux, Abälard . 38
    Petrus Lombardus, Alanus ab Insulis, Joh. v. Salisbury . 39
    Hugo, Richard u. Walther v. St. Victor, Alexander v. Hales,
    Bonaventura 40
    Albertus Magnus . . . . 40—41
    Thomas v. Aquino . . . . 41—42
    Duns Scotus, Roger Bacon . . . . 42—43
    Raymund Lull, Dante . . . . 43—44
    Wilhelm v. Occam, Joh. Buridan, Raymund v. Sabunde . 44—45

D. **Philosophie der Reformzeit** . . . . 46—65
  Humanisten . . . . 47—51
    Petrarca, Boccaccio, Joh. Malpighi, Chrysoloras, Gemistos
    Plethon, Bessarion, Marsiglio Ficino; — Lionardo Bruni,
    Georg v. Trapezunt, Theodoros Gaza, Johannes Argyro-
    pulos, Angelo Poliziano . . . . 47—48
    Andreas Caesalpinus, A. Zimara, Jak. Zabarella, C. Cre-
    monini, Averroes, Petrus Pomponatius, Simon Porta,
    Jul. Caesar Scaliger, Jacob Faber, Laurentius Valla . 48—49

	Seite
Petrus Ramus; — Johann Pico v. Mirandola, Joh. Reuchlin, Agrippa v. Nettesheim, Rudolph Agricola, Desiderius Erasmus, Ulrich v. Hutten	50—51

Die Reformatoren
    Luther, Melanchthon 51
Naturphilosophie u. Theosophie in Italien u. Deutschland   52—56
    Nicolaus v. Cusa, Hieronymus Cardanus, Bernardinus Telesius, Giordano Bruno, Thomas Campanella, Lucilio Vanini . . . . . 52—54
    Theophrastus Paracelsus u. s. Anhänger Rob. Fludd, Joh. Baptista u. Franz Mercur v. Helmont, Valentin Weigel, Nicolaus Taurellus . . . . . 54—55
    Jakob Böhme . . . . 55—56
Skeptizismus u. Empirismus in Frankreich u. England   56—60
    Michel de Montaigne, Pierre Charron . . . . . 56—57
    Franz Sanchez, De la Mothe le Vayer, Pierre Daniel Huet, Pierre Bayle . . . . . 57—58
    Petrus Gassendi, Franz Bacon v. Verulam . . . . 58—60
Rechtsphilosophie und Politik in verschiedenen Ländern.   60—65
    Machiavelli, Thomas Morus . . . . 60—61
    Jean Bodin, Hugo Grotius . . . . 62—64
    Thomas Hobbes . . . . 64—65

E. Philosophie der Neuzeit . . . . 66—137

1. Philosophie von Cartesius bis Kant . . . . . 67—101
    Allgemeines . . . . 67—68
    Cartesius und der Occasionalismus . . . . . . 68—71
        René Descartes . . . . 68—70
        Arnold Geulinx, Nicolaus Malebranche . . . 70—71
        Baruch Spinoza . . . . 71—72
        Isaak Newton 73
    Locke, Empirismus, Deismus u. Moralphilosoph. in England   73—80
        John Locke . . . . 73—75
        Samuel Clarke, John Toland . . . . . 76—78
        Shaftesbury, Francis Hutcheson . . . . . 78—79
        George Berkeley . . . . 79—80
    Neue Rechts- und Staatslehren . . . . 80—83
        Samuel Pufendorf . . . . 80—81
        Christian Thomasius . . . . 81—82
        Montesquieu . . . . 82—83
    Leibniz und die Aufklärungsphilosophie in Deutschland   83—90
        Gottfried Wilhelm Leibniz . . . . . . 83—85
        Christian Wolff, Herm. Samuel Reimarus . . 86—87

	Seite
Gotthold Ephraim Lessing	88—89
Moses Mendelssohn	89—90
Hume und die Philosophie des Gemeinsinns und Sensualismus in England	90—94
David Hume	90—91
Adam Smith	91—92
Thomas Reid, David Hartley, Josef Pristley	92—94
Deismus und Sensualismus in Frankreich	94—97
Francois Maria Arouet de Voltaire	94—95
Etienne Bonnot de Condillac, Jean Jacques Rousseau	95—96
Charles Bonnet	96—97
Materialismus in Frankreich	97—99
Julien Offroy de la Mettrie, Claude Adrien Helvetius	97—98
Paul Heinrich Dietrich v. Holbach	99
Die Encyklopädisten	
Jean le Rond d'Alembert, Denis Diderot	99—100
2. Die deutsche Philosophie seit Kant	101—137
Allgemeines	101—104
Immanuel Kant	104—106
Joh. Gottfr. v. Herder	107—108
Friedrich Heinrich Jacobi	108—110
Karl Leonhard Reinhold	110—111
Friedr. v. Schiller	111—113
Jakob Friedr. Fries	113—114
Joh. Gottlieb Fichte	114—117
Friedr. Wilh. Jos. v. Schelling	117—118
Franz v. Baader	118—120
Karl Christ. Friedr. Krause	120—122
Franz Wilh. Friedr. Hegel	122—124
Friedr. Ernst Daniel Schleiermacher	124—126
Ludwig Feuerbach	126—127
David Friedr. Strauß	127—129
Joh. Friedr. Herbart	129—131
Friedr. Eduard Beneke	131—133
Arthur Schopenhauer	133—135
Friedr. Adolf Trendelenburg	135—136
Rudolph Hermann Lotze	136—137

Druckfehler.

S. 49. Zeile 15 lies 1462 statt 1642.
S. 73. „ 23 „ E. Clarke statt J. Clarke.
S. 74. „ 39 „ 1688 statt 1668.

Allgemeine Hülfsbücher.

Ritter, H., Geschichte der Philosophie. 12 Bde. 1836—1853. (Bd. 1—4 alte Zeit; Bd. 5—8 christl. Philosophie; Bd. 9—12 neuere Philosophie). — Tennemann, W. G., Grundriß d. Gesch. d. Philos. für d. akad. Unterricht. 5 Aufl. ob. 3. Bearbeit. v. A. Wendt. 1820. (bes. reich an literar. Angaben). — Rixner, Thad. Ans., Handbuch der Geschichte d. Philosophie z. Gebrauche seiner Vorles. 3 Bde. 1822—23. 2. Aufl. 1829. Supplementbb. v. Gumposch 1850. (Schellingianer, giebt viele Citate aus d. Philosophen). — Reinhold, E., Geschichte der Philosophie nach d. Hauptmomenten ihrer Entwicklung. 3 Bde. 5. Aufl. 1858. — Fries, Jak. Friedr., Geschichte der Philos. 2 Bde. 1837—40 (vom Standpunkte Kant's). — Hegel, G. W. F., Vorlesungen über d. Geschichte der Philos., herausgeg. v. Michelet. 3 Bde. (in s. Werken Bd. 13—16) 1833—36. 2. Aufl. 1840—42.

Schwegler, A., Geschichte der Philos. im Umriß. Ein Leitfaden zur Uebersicht. 11. Aufl. ergänzt durch eine Darstellung d. Lehre Schopenhauer's. 1882. — Sigwart, H. C. W., Gesch. d. Philos. v. allgem. wissensch. u. geschichtl. Standpunkt. 3 Bde. 1844. — Ueberweg, Fr., Grundriß der Geschichte d. Philosophie v. Thales bis auf die Gegenwart. 3 Thle. 1864—66. (Th. 1. d. Alterthum. 6. Aufl. Hrsg. v. M. Heinze. 1880; Th. 2. d. mittlere ob. d. patrist. u. scholast. Zeit. 6. Aufl. 1881; Th. 3. d. Neuzeit. 5. Aufl. 1880.) — Erdmann, Joh. Ed., Grundriß der Geschichte der Philosophie. 2 Bde. 1866. (Bd. 1. Philos. d. Alterth. u. d. Mittelalters; Bd. 2. Philos. d. Neuzeit). 3. Aufl. 1878.

Zur Geschichte einzelner philos. Disciplinen.

Carus, Fr. A., Geschichte d. Psychologie. (Nachgel. Werke. Th. 3.) 1808. — Siebeck, J., Gesch. d. Psychologie. Th. 1. Abth. 1. Die Psychol. vor Aristoteles. 1880. — Harms, Fr., die Philosophie in ihrer Geschichte. Bd. 1. Psychologie. Bd. 2. Logik, hrsg. v. Lasson. 1878 u. 1881. — Prantl, K., Geschichte der Logik im Abendlande. 4 Bde. (bis in's 16. Jahrh.) 1855—1870. — Ueberweg, Fr., System d. Logik u. Geschichte der logischen Lehren. 5. Aufl. Hrsg. v. J. B. Meyer. 1882. — Zimmermann, Rub., Gesch. der Aesthetik als philos. Wissensch. 1858. (v. s. Aesthetik Th. 1). — Stäudlin, K. Fr., Gesch. d. Moralphilosophie. 1823. — Wuttke, Ad., Handb. d. christl. Sittenlehre. 2 Bde. (In Bd. 1. Abschn. III. Gesch. d. Sittenl.

u. des sittl. Bewußts. überh.). 3. Aufl. Hrsg. v. L. Schulze. 1874 u. 75.
— Feuerlein, Em., Die philos. Sittenlehre in ihren gesch. Hauptformen. 2 Thle. 1857—59. — Ziegler, Th., Geschichte b. Ethik. Abth. 1. Griechen und Römer. 1882. — Janet, P., hist. de la philos. morale et politique, dans l'antiquité et dans les temps modernes. 1858. — Stahl, Fr. J., Geschichte d. Rechtsphilos. 3. Aufl. 1856. (Bd. 1. v. s. Philos. d. Rechts). — Ahrens, H., Jurist. Encyklopädie. 1855. (Buch 2. Die Rechtsgeschichte). — Mohl, R. v., Gesch. u. Literatur d. Staatswissenschaften. 3 Bde. 1855—58. — Berger, Imm., Gesch. d. Religionsphilos. 1800. — Bunsen, Chr. C. J., Gott in d. Geschichte ob. d. Fortschritt des Glaubens an eine sittl. Weltordnung. 3 Thle. 1857 u. 58. — Scholten, J. H., Geschichte d. Religion u. Philosophie. Ein Leitfaden, a. d. Holländ. übers. v. Redepenning. 1868. — Pfleiderer, O., Religionsphilosophie auf geschichtl. Grundlage. 1878. (Th. 1. Gesch. d. neueren Religionsphilos.). — Stäudlin, K. Fr., Gesch. u. Geist des Skepticism. vorz. in Rücks. auf Moral u. Religion. 1794. — Jäsche, Der Pantheismus nach s. Hauptformen. 3 Bde. 1826—32. — General sketch of the history of pantheism. 2 vols. 1878 u. 79. Lange, Fr. A., Gesch. d. Materalismus u. Krit. s. Bedeutung in d. Gegenwart. 1866. (3. Aufl. 2 Bde. 1876 u. 77. Eine 4. Aufl. v. H. Cohen besorgt erscheint jetzt 1882).

A. Philosophie der Völker des Orients.
Literatur:
Duncker, M., Gesch. d. Alterthums. (5 Bde.) 5. Aufl. 1878—81. — Bluntschli, J. C., Alt-Asiat. Gottes- u. Weltideen in ihren Wirkungen auf das Gemeinleben der Menschen dargest. 5 öffentl. Vorträge. 1866. — Wuttke, Ad., Gesch. d. Heidenthums in Bezieh. auf Religion, Wissensch., Kunst, Sittlicht. u. Staatsleben. 2 Bde. (bes. Bd. 2.) 1852 u. 53. — Windischmann, C. Jos. Hieron., Die Philos. im Fortgang d. Weltgesch. Th. 1. Abth. 1—4. Die Grundlagen der Philosophie im Morgenlande. 1827—34. — Müller, Max, Vorlesungen über den Ursprung u. d. Entwickelung der Religion mit bes. Rücksicht d. Religionen des alten Indiens. 1880. — Köppen, C. F., Die Religion des Buddha. 2 Bde. 1857 u. 59. — Wassiljew, W., Der Buddhismus, s. Dogmen, Gesch. u. Literatur. A. d. Russ. übers. Th. 1. 1860. — Oldenberg, Herm., Buddha, s. Leben, Lehre, Gemeinde. 1881. — Pauthier, les livres sacrés de l'Orient (le Chou-king, les livres moreaux de Confucius; les lois de Manou; le Koran, trad. ou rev. et publ. p.) 1840. — Röth, Ed., Gesch. unserer abendl. Philos. Bd. 1. (Spekulationen der Perser u. Aegypter). 1843. — Twesten, Carl, Die religiösen, polit. und sozial. Ideen der asiat. Culturvölker u. der Aegypter in ihr. histor. Entwickelung. Hrsg. v. M. Lazarus. 2 Bde. 1872.

Das Dasein einer Philosophie der orientalischen Völker ist mit der wachsenden Kenntniß ihrer Literatur immer mehr zur Anerkennung gekommen. Daß dieselbe mit den religiösen Volksanschauungen eng verschmolzen erscheint und selten einen streng wissenschaftlichen Charakter angenommen hat, unterscheidet zwar den Charakter dieser Philosophie von dem der späteren Philosophie des Abendlandes, hebt aber den philosophischen Charakter der Grundgedanken dieser Weltanschauungen nicht auf. Für die Betrachtung des Culturwerthes der streitenden philosophischen Weltanschauungen ist gerade der Vergleich der abendländischen und morgenländischen Philosophie besonders lehrreich. Aus diesem Grunde ist wenigstens über die Anschauungen der drei Hauptculturvölker des Orients, nämlich über den moralischen Rationalismus der Chinesen, über den Pantheismus und Quietismus der Inder und über den Dualismus der Parsen ein kurzer Ueberblick zu geben. Die alte Priesterweisheit der Aegypter, von der nur wenige Züge einer aus den Naturbedingungen des Landes entsprungenen Naturphilosophie und einer sich besonders in der Lehre von der Unsterblichkeit, von der Seelenwanderung und dem Todtengericht aussprechenden Ansicht über die sittliche Weltordnung deutlich hervortreten, sowie die eigenthümliche ethische Glaubensstellung der Juden zu den philosophischen Problemen sind ebenfalls kurz zu berühren.

Philosophie der Chinesen.

Literatur.

Stuhr, Die chines. Reichsreligion u. d. Systeme der indischen Philosophie. 1835. — Pauthier, Exquisse d'une histoire de la philosophie chinoise. 1844. — Schott, Werke des Kung-fu-tsü u. s. Schule. 1826. — Lao-tse, Tao-te-king, d. Weg zur Tugend. A. d. Chines. übers. u. erkl. v. Reinh. v. Plaendner. 1870. — Dass. v. Vict. v. Strauß. 1870. — Confucius, Ta-hio. Die erhabene Wissensch. A. d. Chines. übers. u. erkl. v. R. v. Plaendner. 1875. — Confucius, Tchöng-Yöng. Der umwandelbare Seelengrund; ebenso von demselben. 1878. — Plath, Joh. H., Confucius u. s. Schüler Leben u. Lehren. I. histor. Einl. (A. d. Abhandl. d. k. bayer. Akad. d. W. 1. Cl. XI., XII. u. XIII. Bd. 1867—73). — Faber, Ernst, Der Naturalismus bei d. alten Chinesen sowohl nach b. Seite des Pantheismus als des Sensualismus ob. d. sämmtl. Werke des Philos. Licius zum erstenmale vollst. erkl. u. übers. 1877.

Als älteste Schriften von theilweis philosophischem Inhalt gelten das Y-king und das Schu-king. Das Y-king (Buch der Umwandlungen) erklärt den Ursprung der Dinge dualistisch aus Himmel und Erde, activen und passiven Prinzipien; es wird dem Fo-hi (Erfinder

der chinesischen Schriftzeichen) zugeschrieben (3000 v. Chr.). — Das Schu-king (Buch d. Annalen, betitelt die hohe Lehre) entstanden 1100 v. Chr. entwickelt besonders Ansichten über die Composition der Dinge aus den Elementen. — Im 6ten Jahrhundert trat als Lehrer auf: Lao-tse; sein Werk Tao-te-king (Schule der Vernunft oder Pforte des Seins) enthält eine pantheistisch-religiöse Weltlehre, bemüht das Wesen der Dinge aus einem Prinzipe zu erklären. — Speculative Fragen abweisend tritt später als Begründer einer Tugendlehre für das irdische Leben auf: Kung-fu-tsü, (Confucius), geb. 551 v. Chr., Sohn eines vornehmen Mandarinenhauses, erhielt die gelehrte Schulbildung der chinesischen Staatsgelehrten, trat früh in den Staatsdienst als Kornamtmann in einem armen Regierungsbezirk. Unter seiner Verwaltung hob sich das Land. Aus Schmerz über den Tod seiner Mutter verließ er den Staatsdienst und vertiefte sich drei Jahre lang in wissenschaftliche Studien. Im 30. Jahre etwa erkannte er als seinen Beruf, durch Lehren und Beispiel die Menschen zur Tugend anzuleiten. Später berief der König Ting-Kung ihn zu höheren Staatsämtern bis zum Posten eines Ministers, den Kung-fu-tsü rühmlichst zum Nutzen des Landes verwaltete. Nach dem Tode dieses Königs schwand sein Ansehen bei Hofe; er verließ seine Stellung, reiste unter harten Entbehrungen im Reiche umher und starb in seiner Heimath im Jahre 479 v. Chr. Er veranlaßte besonders die Sammlung des Kanons der classischen Schriften: Y-king, Schu-king, Schi-king. Eine andere Sammlung, Sche-schu, von seinen Schülern veranstaltet, soll seine Aussprüche enthalten, die erste dieser Schriften Ta-hio (das große Studium) dient zur Schule im richtigen Denken und zur Erziehung in der Tugend, die zweite Tschong-Yong lehrt die Moral der Mitte, die dritte Lün-Yu bringt philosophische Unterredungen. — Die moralische und politische Lehre des Kung-fu-tsü ward im Jahre 203 v. Chr. zur chinesischen Staatsreligion und Staatslehre erklärt. —

Aehnlich wie Kung-fu-tsü lehrte sein Nachfolger Meng-tse, der um 315 v. Chr. 84 Jahre alt starb. — Später unter den Kaisern der Dynastie Sung (960—1279 nach Chr.) entwickelte Tschu-hi neu die früheren speculativen Lehren im Kampf mit den eingewanderten Lehren des Buddhismus.

Philosophie der Inder.

Literatur.

Lassen, Indische Alterthumskunde. 3 Bde. 1847—58. (2. Aufl. Bd. 1 u. 2. 1866 u. 1873.) — Bohlen, P. v., Das alte Indien.

2 Thle. 1830. — Weber, A., Indische Literaturgesch. 1852. Indische Skizzen. 1857. — Schlegel, F., über Sprache u. Weisheit der Inder. 1808. — Rhode, J. G., über relig. Bildung, Mythologie u. Philosophie der Hindu's. 2 Bde. 1827. — Colebrooke, Essays on the religion and philosophy of the Hindus. N. ed. London 1858. — Wurm, P., Geschichte der indischen Philosophie im Umriß. 1874. — Asmus, P., Die indo-german. Religion in b. Hauptpunkten ihrer Entwickelung. Ein Beitrag z. Religionsphilosophie. 2 Bde. 1875 u. 76. — Humboldt, W. v., über die Baghavabgita 1826 in s. gesamm. Werk. Bd. 1. — Rig-Veda, übers. v. Graßmann. 2 Thle. 1876; desgl. v. Ludwig. 2 Bde. 1876. — Im Laufe des Jahres 1882 soll erscheinen: P. Deußen, d. System des Vedânta nach d. Brahma-Sûtrâni des Bâdarâyana u. dem Commentare des Çankara über dieselben als ein Compend. d. Dogmatik des Brahmanismus z. Gebrauche f. Sanskritgelehrte, Philosophen und Theologen.

Die ältesten Zeugnisse der Arier über ihre Vorzeit sind in der Rig-Veda (Gebete, Lobgesänge) enthalten, entstanden zwischen 1800 u. 1500 v. Chr. In ihnen werden die Geister des Lichtes verehrt, denen früh eine sittliche Bedeutung beigelegt ward.

Die Veda (d. h. das Wissen) ist die Sammlung, welche etwa im Laufe des 12. Jahrhunderts die alten Gesänge zusammenfaßte; es sind in ihr die für die verschiedenen Momente der Opferung vorhandenen Anrufungen, Gebete und Sprüche gesondert zusammengestellt. Sie enthält das Wissen der Priester in drei Theilen. Die Rig-Veda enthält das für den Hotar erforderliche Wissen, die Sama-Veda das Wissen des Udgatar (die Gebete während des Opfers), die Jadschur-Veda das Wissen des Abhvarju (die Sprüche für die einzelnen Akte der Ceremonie). Später kam noch eine vierte, die Atharva-Veda hinzu. — Die Einheit des Gottes Varuna wird allmählich mit der Idee des Beters (Brahma) zur Vorstellung des Brahm als Weltseele entwickelt. Schwerlich ist diese Ansicht 1000 Jahre früher als v. Chr. im Kreise der Priester entstanden und zur Lehre des Brahmanismus durchgeführt.

Aus dem Bemühen den Einklang dieser neuen Lehre mit den alten Gesängen der Veda's, der Grundlage des positiven Glaubens, zu beweisen und festzuhalten entstanden in den verschiedenen Priesterschulen Commentare der Veda's, Brahmana genannt. Aus diesen gingen die Kalpa, kurz zusammengefaßte Ritualbücher, hervor. Beiden wurden angefügt die Upanischad (d. h. Niedersitzung), Vorträge der Meister an ihre in demüthig sitzender Stellung zuhörenden Schüler. Diese Upanischad müssen vor dem Abschluß des 7. Jahrhunderts v. Chr. entstanden sein. Diese Commentare nun führten zu Streitigkeiten der Schulen und aus diesen entwickelte sich die philosophische Spekulation der Inder. Die philosophischen Systeme, zu welchen dann die Inder im 7. und 6. Jahrhundert v. Christi gelangten, liegen uns erst in der Form späterer Ueberarbeitung vor. Es scheint nicht möglich die Zwischenstufen dieser Entwickelung zu verfolgen, aber die Aufeinanderfolge und der wesentliche Inhalt dieser Systeme steht fest.

Das älteste System der Inder trägt den Namen Vedanta, d. h. Endziel der Veda, auch Mimansa, d. h. Forschung genannt. Unterschieden sind folgende Theile: die Karma-Mimansa (Werk-Forschung, der theol. Commentar), die Uttara oder Brahma-Mimansa (d. Brahmanen-Forschung, der speculat. Theil). Die Vedanta-Lehre stellt das Brahman als geistigen und stofflichen Weltgrund dar, der eins, ewig durch sich selbst und stets sich selbst gleich ist und sich zur Welt entwickelt, die als vergänglicher Schein keinen Bestand hat, demgemäß die Abkehr von ihr und das Aufgehen in die Weltseele das Ziel der Lebensweisheit sein muß.

Im Gegensatz zu dieser Vedanta-Lehre behauptete das Sankhja-System des Brahmanen Rishi Kapila die Wirklichkeit der Einzeldinge, das Dasein der Materie oder Natur (Prakriti) neben der Seele (Purusha). Eine dualistische Erklärung der Welt mit diesen beiden Prinzipien wird versucht. Doch erscheint auch diesem Systeme die Natur, das Leibliche so werthlos, daß es Aufgabe der wahren Erkenntniß bleibt, die Seele von den Fesseln des Leibes zu erlösen.

Scharfsinnige Untersuchungen über die Methode des Wissens führten noch zu einem System der Logik, Njaja, das an Schärfe und Spitzfindigkeit der Kategorieen den logischen Arbeiten im Abendlande nicht nachstehen soll.

In schärfsten Gegensatz zu dem Brahmanenthum trat endlich der Buddhismus, begründet durch den 623 v. Chr. in einem kleinen Fürstenthum des nordöstlichen Indiens geborenen Königssohn Sarvarthasiddha (Siddhartha), d. h. in allen Dingen vollendet. Wahrnehmungen des menschlichen Elends bestimmten ihn in seinem 29. Jahre seinen Palast und seine Familie zu verlassen, um in Einsiedeleien und Brahmanenschulen sich in die Lehren der Weisheit zu vertiefen. Er nannte sich nun Çakjamuni, d. h. Einsiedler aus dem Geschlechte der Çakja. Ueberzeugt davon, daß die Erde ein Jammerthal sei, forschte er dem Grunde des Uebels nach und glaubte denselben in dem Verlangen zu erkennen, somit das Heil in dem Auslöschen jeglichen Verlangens suchen zu müssen. Damit wird der Grund des Seins vernichtet und die Seele verliert sich in's Nichts (Nirvana), denn außer den Einzelwesen giebt es keine Götter und keine Weltseele. Auf dieser Grundlage entwickelte Çakjamuni humane Sittenregeln und ließ die Kastenunterschiede in der Idee einer allgemeinen Menschheit verschwinden. Namentlich durch diese Seite scheint er für seine Lehre großen Anhang unter den Völkern des Orients gefunden zu haben. Er selbst nahm nach Gewinnung dieser Weisheit den Namen Buddha, d. h. der Erleuchtete an, durchzog lehrend als Bettler das Land, bis er nach zwölf Jahren in seine Vaterstadt heimkam. Der Hof und viele seines Volks nahmen die neue Lehre an, die erst nach seinem 477 v. Chr. erfolgten Tode aufgezeichnet wurde und allmählich sich vielfach verändert unter die Völker Asiens verbreitete. Aus dem eigentlichen Indien verbrängt hielt sich der Buddhismus auf Ceylon, kam von hier nach Hinter-Indien, nach Java und drang im Norden vor nach Nepal und Tibet, woselbst er im Lamaismus seine hierarchische Blüthe trieb. Nach China kam der Buddhismus im 1. Jahrhundert v. Chr. Dem Buddhismus huldigen noch jetzt $1/5$, wo nicht $1/4$ unserer Mitmenschen.

Einen Versuch den Buddhismus mit dem Brahmanismus zu verbinden, machte das Joga-System, als dessen Urheber Jadschnavalkja, genannt Jogandra, d. h. Fürst des Joga gilt. Eine etwas ältere aus dem 3. Jahrhundert stammende Fassung dieser Lehre ist die Episode Bhagavadgita im Epos Mahabharata. In Betracht kommt endlich noch für das ganze bürgerliche und religiöse Leben das Gesetzbuch des Manu, das aus der priesterlichen Ueberarbeitung der Aufzeichnung alter Rechtsgewohnheiten bei den Brahmanen entstand, wahrscheinlich schon in der zweiten Hälfte des 7. Jahrhunderts.

Philosophie der Parsen.
Literatur.

Rhode, J. H., Die heilige Sage oder das gesammte Religionssystem der alten Baktrer, Meder, Parsen oder des Zendvolks. 1820. — Spiegel, Fr., Avesta, die heiligen Schriften der Parsen. 3 Bde. 1852—63. — Haug, M., Die fünf Gâthâ's ob. Samml. v. Liedern u. Sprüchen Zarathustra's, seiner Jünger u. Nachfolger. 1858—60.

Die heiligen Bücher der Parsen sind Ueberreste von alten heiligen Schriften Jrans, die unter den 226 n. Chr. auf den Thron gekommenen Sassaniden wieder gesammelt wurden. Schon damals konnten dieselben nicht mehr vollständig hergestellt werden und auch von den damals gesammelten sind nur Fragmente erhalten. Die Parsen nennen diese Schrift Zendavesta; die ältesten Stücke derselben, die fünf Gatha's, standen schon im 6. Jahrhundert v. Chr. fest, sind aber selbst bereits zu abstrakt, um als älteste religiöse Speculation gelten zu können. Wahrscheinlich ist das Zendavesta in Ostiran etwa im 7. Jahrhundert in seinen wesentlichen Theilen zusammengestellt. Als Reformator des alten Feuerdienstes und als Begründer des neuen Glaubens wird Zarathustra (Zoroaster) genannt, der wahrscheinlich in der ersten Hälfte des 13. Jahrhunderts v. Chr. seine Lehre in Baktrien verkündet hat. Diese Lehre nimmt ein gutes und ein böses Prinzip (Ormuz und Ahriman) an und sucht mit dieser dualistisch die Natur der überirdischen und irdischen Welt zu erklären.

B. Philosophie des griechisch-römischen Alterthums.

Literatur.

Brandis, Chr. Aug., Handbuch der Gesch. der griech.-römisch. Philos. 3 Thle, 1835—60. — Derselbe, Geschichte der Entwicklungen der griech. Philosophie u. ihrer Nachwirkungen im röm. Reiche. 2 Bde. 1862—64. — Zeller, Ed., Philosophie d. Griechen in ihrer geschichtl. Entwicklung. 3. Aufl. 3 Thle. 1869—81. (Th. 1. 4. Aufl. 1876.) — Schwegler, Alb., Geschichte der griech. Philosophie. 1859. (3. Aufl. hrsg. v. Köstlin. 1882.) — Diogenis Laertii de vitis, dogmatibus et apophthegmatibus clarorum philosoph. libri X. ed. Hübner. 2 vols. 1828—31. idem, ex Italicis codicib. nunc primum excussis recens. C. Gabr. Cobet. gr. et lat. c. indicib. 1850. — Stobaei Florilegium ed. A. Meineke. 1855—57; Eclogae physicae et ethicae ed. A. Meineke. 2 vll. 1860 u. 64. — Ritter et Preller, Historia philosophiae graecae et romanae ex fontium locis contexta. ed. 6 (v. Teichmüller.) 1879. — Mullach, F. G. A., Fragmenta philosophorum graecorum. 3 voll. 1860 67, 81. — Doxographi Graeci, colleg., recens. prolegom. indicibusque instr. H. Diels. 1879.

Byk, S. A., Die vorsokrat. Philosophie der Griechen in ihrer organ. Gliederung. Th. 1. Die Dualisten. 1876. Th. 2. Die Monisten. 1877. — Emminger, Alph., Die vorsokrat. Philosophen nach d. Berichten d. Aristoteles. 1878. — Schanz, Martin, Beiträge z. vorsokr. Philosophie aus Platon. Heft 1. Die Sophisten. 1867. — Heinze, M., Die Lehre vom Logos in d. gr. Philosophie. 1872. — Walter, Jul., Die Lehre v. d. prakt. Vernunft in d. gr. Philos. 1874. — Gilow, Herm., Ueber d. Verhältn. d. gr. Philosophen im Allgem. u. der Vorsokratiker im Bes. z. gr. Volksreligion. 1876. — Chauvet, Emm., des théories de l'entendem. humain dans l'antiquité. 1855. — Denis, J., Hist. des théor. et des ideés mor. dans l'antiquité. 2 tms. 1856. — Schmidt, Leop., Die Ethik d. alt. Griechen. Bd. 1. 1882. (Der 2. (Schluß-)Band ersch. im Laufe des Jahres.) — Hildenbrand, Karl, Gesch. u. System d. Rechts- u. Staatsphilosophie. Bd. 1. D. klass. Alterthum. 1860.

Theogonie, Kosmologie und Gnomik.

Die Homerischen, Hesiodischen, Orphischen Dichtungen. (Herodot II, 53. „Homer und Hesiod haben den Hellenen ihre Theogonie gebildet.") — **Pherekydes** von der Insel Syros um 600 v. Chr., schrieb eine Kosmogonie in Prosa.

Es wurde die Frage aufgeworfen, ob die Welt aus dem Besten als ihrem Urgrunde geworden sei oder ob sie sich fortschreitend zum Besten entwickelt habe, s. Aristot. Metaph. 14, 4. — Die sieben Weisen: **Thales, Bias, Pittakos** und **Solon, Kleobulos, Myson** (oder nach Anderen **Periander**) und **Chilon** (auch Andere werden genannt). Zu den Gnomikern des sechsten Jahrhunderts gehören auch **Phokylides** und **Theognis**. Bekannte Gnomen (Sinnsprüche) der Ersten waren: Erkenne dich selbst; — Nichts zu viel, das Vortreffliche übe; — Schlecht sind die Meisten. — Das Mittelmaaß ist das Beste, der Mittelstand der glücklichste; Gerechtigkeit ist der Inbegriff aller Tugenden (Phokylides). — Die Treue und die Sittsamkeit, die Wahrhaftigkeit und die Gottesfurcht haben die Erde verlassen, die Hoffnung allein ist geblieben; vergebens suchst du die Schlechten zu belehren; das Beste für den Menschen ist die Einsicht, das Schlimmste die Thorheit; ungerecht wie die Menschen ist auch das Schicksal, den Guten wie den Schlechten geht es gleich in der Welt; mit Glück richtet man mehr aus als mit der Tugend, der Reichthum ist das Einzige, was die Menschen bewundern; das Beste wäre daher für den Menschen, nicht geboren zu sein, das Nächstbeste so früh wie möglich zu sterben. (Theognis).

Die ionischen Physiologen.
Literatur.

Ritter, H., Geschichte der jonischen Philosophie. 1821.

Sie grübeln über den Urstoff der Dinge, aus dem Alles wird. Aristot. Metaphysik 1, 3. „Die meisten von den ersten Philosophen hielten das Materielle allein für Prinzip aller Dinge. Denn Dasjenige, sagen sie, woraus zuerst alles Seiende entsteht und worin es zuletzt vergeht, indem die Wesenheit bleibt, den Affectionen nach sich verändert, sei das Element und das Prinzip des Seienden; und deswegen glauben sie auch, daß Nichts weder entstehe noch vergehe, indem eine solche Natur sich immer erhalte." — **Thales,** von Milet, geb. 640 v. Chr., wegen seiner astronomischen und mathematischen Kenntnisse gerühmt, soll die nach neueren Berechnungen am 28. Mai

585 eingetretene Mondfinsterniß vorhergesagt, beim Uebergange des Krösus über den Halys die Abdämmung dieses Flusses geleitet haben (Herodot 1, 74. 75. Diog. L. 1, 38). — Als Zeugniß seiner politischen Weisheit wird gerühmt, daß er den von den Persern bedrängten Joniern zur Errichtung eines Bundesrathes in Teos gerathen (Herod. 1, 170). — Eine Schrift ist von ihm nicht überliefert. Aristot. Metaph. I, 3 bezeichnet ihn als den Urheber der ionischen Physiologie: „er setzt das Wasser als Prinzip, weswegen er auch lehrte, die Erde sei auf dem Wasser. Diese Ansicht entnahm er wohl daraus, daß er sah die Nahrung von Allem sei feucht und das Warme selbst entstehe hieraus und lebe hiervon; Prinzip von Allem aber ist Dasjenige, woraus es entsteht. Außerdem ergriff er aber auch deswegen diese Meinung, weil die Saamen aller Dinge feuchter Natur sind, das Wasser aber Naturprinzip für das Feuchte ist."

Anaximander, aus Milet, geb. um 611 v. Chr., ein angesehener Mitbürger des Thales. Auch er beschäftigte sich mit Astronomie und Geographie, soll zuerst eine Erdtafel und eine Himmelskugel entworfen, auch die Hellenen mit der bei den Babyloniern schon gebrauchten Sonnenuhr bekannt gemacht haben. — Sein Buch „über die Natur" wird als erste philosophische Schrift der Griechen bezeichnet, aus derselben ist der Satz erhalten: „Woraus die Entstehung ist den Dingen, in eben Dasselbe muß auch der Untergang geschehen nach der Billigkeit; denn sie müssen einander Buße und Strafe geben um der Ungerechtigkeit willen nach der Ordnung der Zeit." (Bei Simplic. in Aristot. Physik. Fol. 6. A.) — Seine weiteren philosophischen Ansichten sind nur aus indirekter Mittheilung bekannt. Er nahm als Urgrund alles Gewordenen einen der Qualität nach unbestimmten Stoff an (das Unbegrenzte).

Anaximenes von Milet, jünger als der vorige und vielleicht sein Schüler. Aus einer Schrift desselben ist uns der Satz überliefert: „Wie unsere Seele, die Luft ist, uns zusammen hält, so umfaßt Hauch und Luft das Weltall". (Bei Stob. Eclog. phys. p. 296). — Er erklärte die Luft für den Urstoff der Dinge und ließ aus ihr durch Verdichtung und Verdünnung Feuer, Wind, Wolken, Wasser und Erde sich bilden. — Diogenes von Apollonia, im 5. Jahrh. v. Chr., wiederholte und vertheidigte diese Ansicht.

Heraklit, von Ephesus, geb. um 500 v. Chr., aus vornehmem Geschlecht. Er lehrte das ewige Werden der Dinge und betrachtete das Feuer als den Stoff dieser rastlosen Bewegung. Nach dem Satze des Heraklit: „Alles fließt" nennt Platon (Theaetet. 181 A.) die

Herakliteer scherzweise „die fließenden". Kratylos, ein Anhänger des Heraklit und Lehrer des Platon, steigerte den Satz des Meisters, daß man nicht zweimal in denselben Fluß steigen könne, dahin, daß dies auch nicht einmal möglich sei (Aristot. Metaphys. IV, 5). — Heraklit entwickelte seine Ansichten in einer Schrift „über die Natur", die bei den Alten in großem Ansehen stand, dem Verf. aber den Beinamen des Dunkeln zuzog. Bruchstücke der Schrift hat Schleiermacher gesammelt, mitgetheilt in: Wolfs und Buttmanns Muf. d. Alterthumswiff. Bd. 1, abgedr. in Schleierm. Werk., Abth. VII, Bd. 2, 1838. — Bernays, Jak., Heraclitea. 1848; Neue Bruchstücke d. H. im Rhein. Museum. N. F. VII. 1850. — Einen Versuch die Fragmente in ihrer ursprüngl. Ordnung wieder herzustellen machte: P. Schuster in d. Acta societ. phil. Lips. T. III. 1873. — Bes. zu beachten die Sammlung der Fragmente v. Bywater, Heracliti Ephesii reliquiae. 1877. — Ein Werk schrieb Ferd. Lassalle über „die Philosophie Herakleitos des Dunkeln." 2 Bde. Berlin 1858.

Die Pythagoreer.

Literatur.

Ritter, H., Geschichte der pythagoreischen Philosophie. 1826. — Rothenbücher, Ad., Das System der Pythagoreer nach d. Angaben des Aristoteles. 1867. — Chaignet, A. Ed., Pythagore et la philos. Pythagoricienne, conten. les fragments de Philolaos. et d'Archytas. 2 vlms. 1873.

Sie erkennen in den Zahlen die Prinzipien aller Dinge, die Grenze und das Unbegrenzte, erklären aus Zahlverhältnissen das Wesen der Dinge, die Einheit des Mannigfaltigen und die Harmonie der Sphären des Kosmos. Auch die Seele ist durch Zahl und Harmonie mit dem Leibe verbunden, die mathematische Erkenntniß derselben von hervorragender Bedeutung; ihre sittlichen Begriffe sind durch Zahlen zu bezeichnen.

Pythagoras von Samos, geb. um 582 v. Chr., wird von Einigen ein Schüler des Pherekydes und Anaximander genannt, soll auf einer Reise nach Aegypten mit der Weisheit der dortigen Priester bekannt geworden sein. Besser verbürgt ist seine Stiftung eines ethisch-religiösen Bundes zu Kroton in Unteritalien um 529 v. Chr. Nachdem Pythagoras gegen zwanzig Jahre hier lehrend gewirkt hatte, vertrieben ihn seine demokratischen Gegner. Er starb bald darauf in Metapont. — Aehnliche Verfolgungen hatten seine aristokratischen Anhänger früher oder später auch in anderen italischen Städten zu erdulden. In Folge dieser Vertreibungen kamen Pythagoreer nach Griechenland, so Lysis der Lehrer des Epaminondas, und Philolaos, ein Zeitgenosse des Sokrates, der zuerst das philosophische System der Pythagoreer in einer Schrift dargestellt haben soll, von der uns noch Bruchstücke erhalten sind (mitgetheilt in A. Böckh, Philolaos des Pythagoreers Lehren 1819), deren Echtheit freilich bestritten wird. — Ein Jahrhundert nach Pythagoras hatte das politische Ansehen seiner Schule in Italien aufgehört. Nur in Tarent fand dieselbe noch zur Zeit des Platon einen Halt an dem als Strategen seiner Stadt, als Feldherrn und als Begründer der wissenschaftlichen Mechanik berühmten Archytas.

Die Eleaten.

Sie lehrten: Alles Seiende ist Eins, das Viele und Wechselnde ist Schein, es giebt kein Werden und keine Bewegung. Nur der Sinnentrug verleitet die Menschen zur Annahme des scheinbar Vielen, des Werdens und der Bewegung. Das Denken erkennt das eine Sein.

Xenophanes aus Kolophon in Kleinasien, lebte im 6. Jahrh. v. Chr., durchwanderte Hellas als Rhapsode, ließ sich nieder zu Elea in Unteritalien, starb in hohem Alter. — Er bekämpfte in seinen philosophischen Gedichten die vermenschlichenden Göttervorstellungen des Homer und Hesiod. Die wenigen erhaltenen Bruchstücke der Gedichte hat Karsten gesammelt (Philosophorum graecorum operum reliquiae 1835).

Parmenides, aus Elea in Unteritalien am Tyrrhenischen Meere, im letzten Viertel des 6. Jahrh. v. Chr., soll auf Gesetzgebung und Sitte seiner Vaterstadt einen wohlthätigen Einfluß geübt haben. Platon läßt ihn in hohem Alter bei einem Besuch in Athen mit dem noch jungen Sokrates zusammentreffen. Das Alterthum bewunderte seinen Geist und seinen Charakter, sprichwörtlich redete man von einem Parmenideischen Leben. — Er entwickelte seine Ansicht in einem Gedichte „von der Natur", dessen erster Theil die Lehre vom Sein oder das Gebiet der Wahrheit, dessen zweiter das Gebiet des Nichtseienden oder des Scheins behandelte. Von demselben sind uns Bruchstücke erhalten, 158 Verse in Karsten's Sammlung (1835).

Zeno, geb. in Elea um den Anfang des 5. Jahrh. v. Chr. Er begleitete seinen Lehrer Parmenides bei dem Besuch in Athen. Bei einem Unternehmen gegen einen Tyrannen ergriffen soll er auf der Folter große Standhaftigkeit bewiesen haben und nach einigen Berichten getödtet sein. — Zeno widerlegte indirekt die Annahme des Vielen und der Bewegung. (1. Die Bewegung kann nicht beginnen. 2. Der schnellfüßige Achilleus kann die langsame Schildkröte nicht einholen. 3. Der fliegende Pfeil ruht. 4. Der halbe Zeitabschnitt ist gleich dem ganzen.)

— Aristoteles soll ihn den Erfinder der Dialektik genannt haben (Diog. L. 9, 25).

Melissos, von Samos, Staatsmann und Feldherr seines Landes, befehligte die samische Flotte bei dem Sieg über die Athener 442 v. Chr. (Thucyd. I. 117), verfaßte eine Schrift „über das Seiende", von der Simplicius in seinem Commentar zur Physik des Aristoteles Bruchstücke mittheilt, die Brandis und Mullach gesammelt haben.

Die Dynamiker.

Während die früheren Physiologen besonders den Urstoff suchten, aus dem Alles werde, suchten die späteren Naturphilosophen besonders den Ursprung der Bewegung zu erklären und fanden denselben in einer Naturkraft oder in dem Geist.

Empedokles, geb. zu Agrigent in Sicilien, lebte zwischen 496 und 432 v. Chr. Mit seiner Familie gehörte er zur demokratischen Partei seiner Stadt, weltliche Würden verschmähte er, galt als gottbegabter Weiser und Wundermann. Später soll dennoch die Ungunst des Volkes ihn genöthigt haben, seine Vaterstadt zu verlassen, er soll in den Peloponnes gegangen und dort gestorben sein. Eine spätere Sage ließ ihn plötzlich nach einem Opfermahl in Sicilien verschwinden; um ihn als prahlerischen Betrüger erscheinen zu lassen, knüpften Gegner an die Sage die Behauptung, er sei in den Aetna gesprungen. Seine Hauptschrift ist ein Lehrgedicht „über die Natur", von dessen 5000 Versen etwa 450 erhalten sind, gesammelt von Sturz 1805 (418 Verse), von Karsten 1838 (448 Verse), von Stein 1852 (451 Verse). — In demselben entwickelte er die Lehre von den vier Elementen, Erde, Wasser, Luft und Feuer, als stofflichen Urgründen aller Dinge und von Liebe und Haß (Anziehung und Abstoßung) als den bewegenden Kräften.

Anaxagoras, von Klazomenä in Kleinasien, geb. um 500 v. Chr. aus angesehenem Geschlecht, lebte später in Athen befreundet mit Perikles. Von den Gegnern desselben vor dem Ausbruch des peloponnesischen Krieges wegen Gottlosigkeit angeklagt, verließ er Athen und ging nach Lampsakus, wo er um 428 v. Chr. starb. — Seine Schrift „über die Natur" wird von Platon in der Apologie 26 und im Phädon 97 erwähnt. Die Fragmente derselben haben Schaubach 1827, Schorn 1829 gesammelt. — Er nimmt unendlich viele Urstoffe alles Gleichartigen (wie Gold, Fleisch, Holz) an, und als bewegendes, weltordnendes Prinzip den Geist (Nous). In Rücksicht auf diese teleologische Erklärung der Weltordnung sagt Aristot. Metaph.

1, 3 von ihm, er sei wie ein Nüchterner im Vergleich mit den früheren ohne Bedacht Redenden erschienen. Aber Platon wie Aristoteles vermissen die Durchführung dieser geistigen Weltansicht (Platon Phädon 97, Aristot. Metaph. 1, 4).

Die Atomiker.

Sie sind die ersten wissenschaftlichen Vertreter der rein quantitativen mechanischen Weltauffassung. Als Urstoff nehmen sie qualitativ gleiche, nur quantitativ verschiedene Atome an, welche durch Druck und Stoß in Bewegung gerathen. Sie erklären aus diesen Prozessen auch das Seelische. Das sittliche Lebensziel des Menschen suchten sie in der Pflege von Gerechtigkeit und Bildung.

Leukippos und Demokritos von Abdera in Thrakien. Letzterer um 460 v. Chr. geb., bereiste um Menschen und Länder zu sehen Aegypten und den Orient, lebte dann in seiner Vaterstadt den Studien und gemeinnützigem Wirken ergeben und erreichte ein hohes Alter. Diog. Laert. giebt ein Verzeichniß seiner zahlreichen Schriften, die fast alle Gebiete des damaligen Wissens betrafen. Die auf uns gekommenen wenigen Bruchstücke hat Mullach gesammelt (1843); s. auch Burchard, Democriti philos. de sensib. fragm. 1830; Fragmente d. Moral d. Dem. 1834. — B. ten Brinck, Dem. rel. in Schneidewin's Philolog. VI, 577 ff, Dem. de se ipso testim. ebd. 589 ff. VII, 354 ff., Dem. liber II. περὶ ἀνθρώπου φύσιος ebd. VIII, 414 ff.

Die Sophisten.

Literatur.

Wecklein, N., Die Sophisten u. d. Sophistik nach d. Angaben Platons. 1866. — Schanz, M., Beiträge zur vorsokrat. Philos. aus Platon. Heft 1. Die Sophisten. 1867. — Siebeck, H., D. Problem des Wissens bei Sokrates u. d. Sophistik. Realsch.-Progr. 1870. — Bethe, W., Versuch einer sittl. Würdigung der sophist. Redekunst. 1873. — Blaß, Fr., Die attische Beredsamkeit Bd. 1 von Gorgias bis z. Lysias. 1868 u. Bd. 3. Nachträge. 1880.

Sie bestreiten die Möglichkeit einer objektiven Wahrheit und führen demgemäß alles Erkennen und alles sittliche Urtheil auf wechselnde sinnliche Wahrnehmung und auf subjektive Meinung des interessirten Einzelwesens zurück. Es giebt nur relative Wahrheit. Nichts gilt für gut oder schlecht an sich, sondern nur durch Gesetz oder willkürliche Uebereinkunft. Alle Belehrung ist demnach nur eine geschickte Ueberredung. Die Sophistik wird somit zur Kunst, für und gegen jede Sache zu sprechen, und den schwächeren Rechtsgrund zum stärkern zu machen. **Platon** und **Aristoteles** bezeichnen deshalb die Sophistik als Scheinweisheit, deren Stärke nicht auf positivem Wissen des Wahren, sondern auf der Kunstfertigkeit gewandter Rede beruhe. Ueber die historische Bedeutung der Sophisten für die geistige Entwicklung der Griechen wird neuerdings nach dem Vorgange **Hegel's** und **Grote's** (in s. Gesch. Griechenl.) unbefangener geurtheilt. Den Alten schien besonders auch Das anstößig, daß die Sophisten auf ihren lehrenden Wanderungen für die Mittheilung ihrer Weisheit Geld nahmen, was bis dahin für den Unterricht in der Philosophie nicht üblich gewesen.

Protagoras von Abdera, geb. um 481 v. Chr., gest. 411 v. Chr., wirkte als Lehrer der Redekunst in Sicilien, Italien und Athen, er selbst kündigte sich als Tugendlehrer an (Platon's Protagoras 317b., 328b.). Wegen seines Buches „über die Götter" wurde er in Athen der Gottlosigkeit angeklagt und das Buch auf dem Marktplatze verbrannt. Er selbst entfloh, kam aber auf der Ueberfahrt nach Sicilien um. — Von ihm herrührende Hauptsätze sind: Der Mensch ist das Maaß aller Dinge — wie einem Jeden ein Jegliches scheint, so ist es für ihn — Alles ist gleich wahr — die Existenz der Götter ist ungewiß.

Gorgias, aus Leontium in Sicilien, kam während des peloponnesischen Krieges 427 v. Chr. als Gesandter seiner Vaterstadt nach Athen um Hülfe gegen Syrakus zu erbitten. Durch die Kunst seiner Rede erregte er großes Aufsehen. Er kam später wiederholt nach Athen und erwarb sich zuletzt in Thessalien durch öffentliche Prunkreden Ansehen und Geld. — In einer Schrift „vom Nichtseienden oder von der Natur" sucht er auf Grund der Eleatischen Beweise zu zeigen, daß Nichts sei — daß, wenn etwas sei, es doch nicht erkennbar — und wenn auch dies, so doch die Erkenntniß nicht mittheilbar sei. — Ein Verdienst um die Ausbildung der Redekunst ist ihm zuzuerkennen.

Prodikos, von der Insel Keos, tritt besonders als Tugendlehrer auf, am bekanntesten ist seine Schilderung des „Herkules am Scheidewege" (s. Xenoph. Memorab. II, 1). Bei seinen Zeitgenossen stand er in hoher Achtung. Durch Untersuchungen über sinnverwandte Wörter hat er auch die Sprachwissenschaft gefördert.

Hippias, von Elis, ein jüngerer Zeitgenosse des Protagoras, öfters in Athen, tritt als eitler und ruhmrediger Vielwisser auf, der durch Vorträge über alle möglichen Gegenstände allerlei Kenntnisse zu verbreiten sucht.

Unter den übrigen Sophisten sind noch hervorzuheben: Trasymachus, von Chalkedon, und Polos aus Agrigent als Lehrer der Redekunst, Euthydem und Dionysodor, die von Platon lebhaft geschilderten Streitkünstler; zu ihren Anhängern gehörte Kritias, der Führer der Oligarchen zu Athen.

Sokrates.

Sokrates, geb. in Athen um 469 v. Chr., trieb eine Zeit lang Bildhauerei wie sein Vater, nahm mit Ruhm an den Feldzügen nach Potidäa (zwischen 432 und 429 v. Chr.), Delium (424 v. Chr.) und Amphipolis (422 v. Chr.) Theil. Alkibiades in Platon's Gastmahl rühmt seine auf diesen Feldzügen bewiesene muthige Ausdauer und Tapferkeit. Ein Amt im Staate bekleidete er nur einmal als Mitglied des Rathes zur Zeit der Volksherrschaft. Damals widersetzte sich Sokrates allein dem ungerechten und ungesetzlichen Volksbeschluß, der die zehn Feldherren verurtheilte, welche durch den Sturm verhindert waren die in der Seeschlacht bei den Arginusen Gefallenen zu bestatten. Ebenso widersetzte er sich später, als die dreißig Oligarchen zur Herrschaft gekommen waren, einem ungerechten Befehl derselben (Apologie 32). Nach solchen Erfahrungen glaubte er, daß derjenige, der die Sache des Rechts verfechten wolle, nur als Privatmann wirken müsse. Er fand seinen Lebensberuf darin, dem verderblichen Einfluß der Sophisten gegenüber in der Stadt umherzuwandern, um die Jüngeren wie die Aelteren zu überreden, nicht früher noch eifriger um den Körper oder um Reichthum sich zu bemühen als um die Seele, daß sie möglichst veredelt werde, indem er lehrte, daß nicht den Menschen aus Reichthum Tugend erwächst, sondern aus Tugend Reichthum und alle andern Güter, so dem Einzelnen wie dem Staate (das. 30). Dazu glaubte er sich durch eine innere göttliche Stimme, sein Dämon, berufen.

Von dem Inhalt seines Philosophirens im Gegensatz zur vorgängigen Naturphilosophie sagte Cicero (Acad. post. I, 4, 15; Tuscul. V, 4, 10) treffend, Sokrates habe die Philosophie vom Himmel auf die Erde herabgerufen, sie in die Städte und Häuser eingeführt und genöthigt über das Leben und die Sitten, über die Güter und Uebel zu forschen. Auch Aristoteles (Metaph. I, 6) bezeichnet die Moral als das Hauptgebiet seiner Forschung. Seine Grundansicht war, daß die Tugend auf Einsicht beruhe (Aristot. Nik. Ethik VI, 13). — Die Erfüllung der Forderung des delphischen Gottes „Erkenne dich selbst" galt ihm als Bedingung praktischer Tüchtigkeit (Xenoph. Memorab. IV, 2, 24). Bevor dieses Ziel erreicht, schien ihm alles andere Wissen und Streben nach Wissen gering. In diesem Sinne meinte er, habe die Pythia ihn den Weisesten genannt, weil er wisse, daß er Nichts wisse. — Um sich und andere im Gespräch aufzuklären, bediente er sich des induktiven Verfahrens und der Definition, vermittelst deren er fragweise die richtige Einsicht aus dem Geiste zu entbinden suchte (Aristot. Metaph. XIII, 4). In Rücksicht darauf sagte er scherzend, er treibe die Kunst seiner Mutter, einer Hebamme, nämlich die geistige Hebammenkunst (Maeeutik). (Platon's Theätet 149.) Diese mit feiner Ironie gewürzte entwickelnde Fragmethode ist nach ihm die sokratische Lehrmethode genannt.

Sein rücksichtsloses Auftreten gegen die Schwächen der Zeitgenossen und das politische Auftreten mehrerer Schüler wie Kritias und Alkibiades brachten ihm Feinde. Wie verbreitet dieses Vorurtheil war, zeigt die 423 v. Chr. aufgeführte Komödie „die Wolken" des Aristophanes, in welcher Sokrates als Vertreter der leeren, zerstörenden Sophistik und einer verderblichen neumodischen Erziehungsweise dargestellt ist. — Auf Betrieb dieser Feinde wurde endlich Sokrates vor dem Volksgerichte angeklagt, er glaube nicht an die Götter des Staates, sondern führe neue dämonische Wesen ein und verderbe die Jugend. Gereizt durch den Stolz seiner Vertheidigung verurtheilten ihn die Richter zum Tode. Um dem Gesetz zu gehorchen wies Sokrates die mögliche Flucht von sich und leerte im Gefängniß den Schierlingsbecher, im Jahre 399 v. Chr. — Eine ergreifende Schilderung dieser letzten Lebensaugenblicke giebt Platon in seinem Phädon, eine Darlegung der Vertheidigung in der Apologie und im Kriton. Auch in anderen Dialogen des Platon ist Sokrates die Hauptperson. — Eine etwas realistischere Schilderung seines Lehrers giebt Xenophon in den Memorabilien, d. Vertheidigung des Sokrates u. d. Gastmahl. Aus den Schilderungen dieser beiden Schüler zusammen genommen mit den Angaben des Aristoteles läßt sich ein klares Bild von der Person und dem Wirken des Sokrates gewinnen. —

> Zur besonderen Literatur über denselben: Schleiermacher, üb. d. Werth des Sokrates als Philosophen in s. Werken. III, 2. 1838. — Lasaulx, E. v., des Sokrates Leben, Lehre u. Tod, nach d. Zeugnissen der Alten dargestellt. 1857. — Köchly, H., Sokrates u. s. Volk, akad. Vortrag. 1855, abgedr. in s. akad. Vortr. u. Reden I. 1859. — Ueberweg, Sokrates in Gelzer's Protest. Monatsblätt. Bd. XVI. Heft 1. Juli 1880. — Steffensen, ebend. Bd. XVII. Heft 2. — Fouillée, Alfr., La philosophie de Socrate. 2 Tms. 1874.

Sokratiker.

Euklides, von Megara, ein Schüler des Sokrates, zu dem nach dem Tode desselben mehrere Anhänger sich begaben, verbindet mit dem Prinzip des Sokrates die eleatische Lehre vom Einen. „Er behauptete, Eins sei das Gute mit vielen Namen benannt, bald Einsicht, bald Gott, bald Geist, bald anders noch. Das dem Guten Entgegengesetzte hob er auf, indem er sagte, es sei nicht." Diog. L. II. 106. — Cic. Acad. II. 42, 129: (Megarici) qui id bonum solum esse dicebant, quod esset unum et simile et idem semper. Durch diese Lehre ward Euklides Begründer der megarischen Schule, welche ihren Glanzpunkt durch den im vierten Jahrhundert lebenden Stilpo erhielt, der sich in seinen Grundsätzen den Cynikern näherte. Die Schule bestand noch bis in die erste Hälfte des dritten Jahrhunderts.

Antisthenes, zu Athen, lebte um 400 v. Chr., folgte erst dem Gorgias und schloß sich dann in späteren Jahren dem Sokrates an, dessen Sittenlehre er besonders praktisch zu entwickeln strebte. Die Tugend galt ihm als einziges Gut, demgemäß als Endzweck unseres Handelns und als hinreichend zur Glückseligkeit, die somit in äußerer Bedürfnißlosigkeit, in Verachtung der Lust und Abhärtung gegen Unlust gesucht wurde. Er forderte Rückkehr zur Einfachheit des Naturzustandes. Den bestehenden Staatsformen wie dem Glauben an die Volksgötter bleibt der Weise fremd, nur die allgemeine Menschentugend ist ihm Gesetz und Gottesdienst. (Diog. L. VI. 11 u. 12; Cic. über d. Natur d. Götter I, 13, 32.) — Nach Sokrates Tode lehrte er im Kynosarges, einem Gymnasium, das der Ringplatz nicht vollbürtiger Athener war. Von diesem Gymnasium, wohl auch mit Anspielung auf ihre Lebensweise, erhielten seine Schüler den Namen der Kyniker (von Kynes, Hunde). (Diog. L. VI, 13). — Am weitesten brachte es nach dieser Seite hin der bekannte Tonnenphilosoph **Diogenes** von Sinope, der wie Rousseau die Natur in Verwerfung von Sitte und Bildung suchte. Man nannte ihn den tollgewordenen Sokrates. Er scheint längere Zeit in Athen gelebt zu haben, soll dann auf einer Wanderung Seeräubern in die Hände gefallen sein, die ihn an den Korinthier Xeniades verkauften, in dessen Hause er als Erzieher der Söhne blieb. — Die Fortdauer der Schule läßt sich bis gegen Ende des dritten Jahrhunderts verfolgen.

Aristippos, geb. im üppigen Cyrene, wurde durch Sokrates Ruf nach Athen gezogen. Später hielt er sich oft am Hofe des älteren und des jüngeren Dionys in Sicilien auf, lehrte an verschiedenen Orten, besonders auch in seiner Vaterstadt. Im Gegensatz zum vorigen erkannte er gerade in der Lust das höchste Gut und den Zweck des Lebens, schätzte aber sokratisch Einsicht und Bildung, weil sie zur Herrschaft über die Lust und dadurch zur höchsten und am besten gesicherten Lust führen. Als Mittel zur Lust ist auch die Tugend ein Gut (Cic. über die Pflicht. III, 33, 116). Das Wesen der Lust bezeichnet er als eine sanfte zur Empfindung kommende Bewegung. Demgemäß besteht die Lust im Genuß des Augenblicks (Diog. L. II, 85. 66. 87. 89). Um die Frage nach der Beschaffenheit der zu erstrebenden Lust, ob dies die sinnliche oder die geistige Lust, ob die positive Lust oder die Schmerzlosigkeit sei, drehten sich in der Folge die Speculationen der Anhänger dieser Schule. Nach der Geburtsstadt des Stifters hießen die Vertreter derselben Cyrenaiker oder nach ihrer Lehre selbst Hedoniker (Lustlehrer).

Platon.

Die Lehre der Herakliteer von dem beständigen Flusse alles Sinnlichen veranlaßte den Platon mit den Eleaten das Beständige in dem Unsinnlichen zu suchen. Nur auf diesem Wege schien es möglich zu einem festen Wissen zu gelangen. Bei dem Suchen darnach leitete ihn Sokrates Bemühen dieses Wissen vom Wesen der Dinge in der Erkenntniß ihres Begriffs zu finden. Die so gewonnenen Begriffe betrachtete Platon nun als das wahre Sein der Dinge, als Ideen, deren er im Unterschiede von der Seinslehre der Eleaten unendlich viele annahm. Wo ein Vieles mit einem gemeinsamen Namen bezeichnet wird, setzt Platon eine gleichnamige Idee voraus (Rep. X. 596a); von Allem, was existirt, giebt es Ideen (Parmen. 130 ff.). Jedes Einzelding ist nur durch Theilnahme an seiner gleichnamigen Idee (Phaedon 100 c. d), ist ein Abbild derselben (Parmen. 132 d). Diese Ideen sind nicht blos Abstraktionen unseres Kopfes, logische Begriffe (dagegen besonders Parmenides 132), sondern das im Wechsel der Erscheinungen unveränderlich Beharrende und Vollkommene (Phaedon 75). Diese Ideen sind das allein Wesenhafte. Die höchste aller Ideen ist die Idee des Guten, das Prinzip der Weltordnung für den ordnenden Gott. — Diesen Idealismus hat Platon in seinen Dialogen dargelegt und auf den Gebieten der Dialektik, Physik und Ethik, als den seiner Darstellung zu Grunde gelegten Theilen der Philosophie durchgeführt.

Platon ist geboren zu Athen um 427 v. Chr., war Schüler des Sokrates bis zum Tode desselben, ging dann zum Euklid nach Megara, kam auf einer größeren Reise nach Cyrene und Aegypten, vielleicht auch nach Kleinasien und kehrte endlich nach Athen zurück.

Etwa 40 Jahre alt reiste er nach Italien zu den Pythagoreern, schloß in Sicilien einen Freundschaftsbund mit Dion dem Schwager des Tyrannen Dionys. Der Letztere, dessen Feindschaft er sich zugezogen hatte, ließ ihn durch den spartanischen Gesandten Pollis als Kriegsgefangenen in Aegina verkaufen. Von einem Freunde erlöst und nach Athen heimgekehrt, gründete er dort (387 oder 386 v. Chr.) seine Philosophenschule im Akademusgarten, nach welchem dieselbe den Namen „Akademie" erhielt. Seine Lehrweise blieb die dialogische. Die Hoffnung auf Verwirklichung seiner politischen Ideale scheint ihn noch zu zwei Reisen nach Syrakus an den Hof des jungen Dionys veranlaßt zu haben, 367 und 361 v. Chr., doch ohne Erfolg. Er lebte fortan in Athen ganz seiner philosophischen Lehrthätigkeit bis zu seinem wahrscheinlich im Jahre 347 v. Chr. erfolgten Tode.

Als Werke Platon's sind uns 35 Gespräche überliefert, über deren Echtheit und Zeitfolge noch sehr verschiedene Ansichten bestehen; außerdem 13 Briefe und eine Zusammenstellung von Definitionen. Als ältere griechische Gesammtausgabe sei genannt: die durch H. Stephanus besorgte, 3 vll. 1578, nach deren Seitenzahlen, die auch neueren Ausgaben beigedruckt werden, gewöhnlich citirt wird. Neuere Ausgaben sind: ed. G. Stallbaum, Leipzig 1821—25, 1833ff; Platonis dialogi secund. Thrasylli tetralogias dispositi ex recogn. C. Fr. Hermanni. 6 vll. 1862—66. — v. Baiter, Orelli, Windelmann. 1. Bd. 1839. — Gr. et lat. ex recens. Hirschig, Schneider, A. Hunziger, Dübner. 3 vll. c. indice. 1872 und 73. — Eine neue krit. Ausgabe erscheint von M. Schanz seit 1875, (bis jetzt vol. I, II, V, VII, VIII und XII). — Ein Lexicon Platonicum sive vocum Platonicarum index ersch. v. Fr. Ast. 3 vll. 1835—38. — Als deutsche Uebersetzungen sind zu nennen: Platon's Werke von J. Schleiermacher (Uebers. u. Einl.) 3 Thle in 6 Bden. (2. Aufl.) 1817—28. Platon's sämmtl. Werke übers. v. H. Müller mit Einleit. und Leben Platon's v. K. Steinhart. 9 Bde. 1850—73. Ausgewählte Schriften in der Sammlung der Klassiker des Alterthums. Stuttgart, Metzler's Verl. 1857, 1859 u. ff. Plato's ausgew. Werke, deutsch v. K. Prantl. Stuttgart. Hoffmann'sche Verlagsh. 1854 ff. — Griech. u. deutsch. Th. 1—24 u. 26. Leipzig. Engelmann. 1841—57 (seitdem theilweise 2 Aufl.). — In d. Philos. Bibl. hrsg. v. J. v. Kirchmann. Bd. 27. Plato's Staat, übers. v. Schleierm. 1870; Bd. 83. Gastmahl, übers. u. erl. v. A. Jung. 1880; Bd. 87. Theaetet, übers. u. erl. v. Kirchm. 1880.

Es handeln die Dialoge: Protagoras (üb. die Tugend Schleierm. I. 1. Müller 1.), Charmides (üb. d. Besonnenheit S. I. 2. M. 1.), Laches (üb.

b. Tapferkeit S. I. 1. M. 1.), Hippias der Größere (üb. b. Schöne S. II. 3. M. 1.) u. Hippias der Kleinere (üb. die Lüge ob. über b. Freiwilligkeit b. Unrechtthun S. I. 2. M. 1.), Alkibiades I. (d. angehende Staatsmann) S. II. 3. M. 1, Gorgias (vom Nutzen der Staatsberedsamkeit, ob Rhetorik ob. Philosophie b. wahre Lebensaufgabe S. II. 1. M. 2.), Phädrus (über b. Kunst der Rede S. I. 1. M. 4.), Jon. (Begeisterung u. Reflexion S. I. 2. M. 1), das Gastmahl (die Lobreden auf b. Eros S. II. 2. M. 4.), Lysis (üb. b. Freundschaft S. I. 1. M. 1.), Menon (üb. b. Lehrbarkeit der Tugend u. die Erinnerung an ein früheres Dasein S. II. 1. M. 2.), Euthyphron (üb. b. Frömmigkeit S. I. 2. M. 2.), Phaedon (Sokrates Tod im Gefängniß, Gespräch üb. b. Unsterblichkeit S. II. 3. M. 4.), Kriton (Sokrates im Gefängniß, über b. Gehorsam gegen b. Gesetze S. I. 2. M. 2.), Apologie (Vertheidigungsrede des Sokrates S. I. 2. M. 2.), Kratylos (über die Wortbildung S. II. 2. M. 2.), Theaetet (üb. b. Wissen S. II. 1. M. 3.), Parmenides (üb. die Einslehre S. I. 2. M. 3.), Euthydem (Verspottung der Sophisten) S. II. 1. M. 2. — Der Sophist S. II. 2. M. 3. — Der Staatsmann S. II. 2. M. 3. — Philebus (über b. höchste Gut S. II. 3. M. 4.), der Staat (S. III. 1. M. 5.), die Gesetze (M. 7. 1. u. 2.), Timaeus (Naturphilosophie, Gott und Welt M. 6.), Kritias (die Urzeit der Menschheit M. 6.).

Gesammtdarstellungen seines Lebens und seiner Philosophie bieten: W. G. Tennemann, Syst. d. platon. Philos. 4 Bde. 1792—95. — Fr. Ast, Platon's Leben und Schriften. 1816. — K. F. Hermann, Gesch. u. System b. Platon. Philos. Th. I. Lebensentwickl. u. Verhältn. zu Vorgäng. u. Zeitgenossen). 1839. — G. Grote, Platon and the other companions of Socrates. 2 voll. 3 ed. 1875. — H. v. Stein, sieben Bücher z. Gesch. b. Platonismus. 3 Bde. 1862—75. — A. E. Chaignet, la vie et les écrits de Pl. 1871. — Frz. Susemihl, Die genet. Entwickelung b. platon. Philos. 2 Thle. 1855 u. 60. — Sig. Ribbing, genet. Darstell. b. platon. Ideenlehre. 1863 u. 64. — G. Teichmüller, Die platon. Frage, eine Streitschrift gegen Zeller. 1876.

Aristoteles.

Er bestreitet die Anschauung seines Lehrers Platon, daß die Ideen getrennt von den ihr nachgebildeten Einzelwesen und für sich existiren, betrachtet vielmehr die Ideen als die gestaltenden Kräfte (formgebenden Prinzipe) in den Dingen. Die Idee verwirklicht sich zugleich als bewegende Ursache und als Zweck in dem Stoff, der ihr als formempfängliches Prinzip (als eine je nach dem Verhältniß dieser Empfänglichkeit förderliche oder hinderliche reale Naturpotenz) entgegen kommt. Durch diese Lehre ist Aristoteles der Begründer eines teleologischen Ideal-Realismus geworden. Weil seine philosophische Speculation im Bunde mit der Erfahrung sich auf fast alle Disciplinen damaligen Wissens erstreckt hat und überall grundlegende Gesetze von ihm gefunden worden sind, ist er mit Recht der Vater der Wissenschaften genannt worden.

Aristoteles ist geboren 384 v. Chr. zu Stagira in Thrakien, sein Vater Nikomachos war Arzt am Makedonischen Königshofe. Achtzehn Jahr alt kam Aristoteles nach Athen und blieb 20 Jahre lang Schüler des Platon. Nach dessen Tode lebte er drei Jahre bei seinem Freunde Hermias, dem Herrscher von Atarneus und Assos in Mysien. Als dieses Land unter persische Herrschaft kam, ging er nach Mitylene, und von dort 343 ob. 342 v. Chr. zum König Philipp nach Makedonien, der ihn zum Erzieher des jungen Alexander bestimmte. Einige Jahre nach dessen Regierungsantritt gründete er in Athen seine philosophische Schule in einem dem Apollon Lykeios gewidmeten Gymnasium, dem Lykeion. Nach seiner Gewohnheit in den Baumgängen des Lykeion umhergehend zu lehren, erhielt seine Schule den Namen der peripatetischen, und seine Schüler den Namen der Peripatetiker. Zwölf Jahre stand er der Schule vor. Als dann die antimakedonische Partei nach Alexanders Tode gegen ihn eine ungerechtfertigte Anklage über Irreligiosität vorbereitete, entzog er sich der Verfolgung, damit, wie er an Sokrates denkend sagte, die Athener nicht zum zweiten Male sich an der Philosophie versündigten. Er ging nach Chalkis auf Euböa, woselbst er bald darauf (322 v. Chr.) gestorben ist.

Schriften: Die bedeutendste griech. Gesammtausgabe der Werke des Aristoteles ist die im Auftrage der Berlin. Akadem. d. Wissensch. v. J. Bekker u. Brandis veranstaltete. 5 Bde. 1831—70. Vol. I enthält gr. ex rec. I. Bekkeri: Die logischen Schriften — d. Physik — über d. Himmel — über Entstehen u. Vergehen — d. Meteorologie — über d. Weltall — über d. Seele — über Wahrnehmung u. d. Wahrnehmbare u. d. kleineren psycholog.-physiolog. Schriften — d. Thiergeschichte — über d. Theile der Thiere — üb. die Entwickelung der Thiere. — Vol. II enthält außer kleineren Schriften bes. d. Metaphysik — die Nikomach. Ethik — die große Ethik — die Eudemische Ethik — die Politik — die Rhetorik u. die Poetik. — Vol. III enthält lateinische Uebersetzungen des Aristoteles. — Vol. IV die v. Brandis gesammelten Scholien. — Vol. V die von V. Rose gesammelten Scholien, ein Supplement z. d. Scholien u. den v. H. Bonitz geordneten Index. — Nach dieser Ausgabe pflegt citirt zu werden durch Angabe der Seite, Spalte a oder b, und der Zeile, so daß bei correcter Angabe jede angeführte Stelle sicher und rasch zu finden ist. — Die Hauptschriften des Aristoteles hat Bekker auch separat edirt. — Eine andere neuere Gesammtausgabe ist die in Paris bei Didot erschienene: Arist. cum fragm. ed. Dübner, Bussemaker, Heitz, 4 vll. und vol. 5 contin. indicem nomin. et rerum. 1848—74. — Zur Zeit ersch. in d. Bibliotheca scriptor. graec. et roman. Teubneriana eine neue Ausgabe von Schriften des Aristoteles. — Unter den älteren Gesammtausgaben ist noch hervorzuheben die von J. Th. Buhle mit krit. Bemerkungen u. lat. Uebers. herausgegeb. 5 voll. 1791—1800, deren Bd. 1 auch die Lebensbeschreibungen des Aristot. von Diog. L., Ammonius u. And., sowie Abhandlungen über die Codices und die Interpreten arist. Schriften enthält. — Zu beachten noch V. Rose, Aristoteles pseudepigraphus, contin. fragmenta Aristot. 1863.

Von den einzelnen Schriften des Aristoteles sind folgende Ausgaben besonders hervorzuheben: Organon, von Th. Waitz. 2 voll. 1844—46. — Die Metaphysik. Grundtext, Uebers. u. Comment. nebst erläut. Abhandl. v. A. Schwegler. 2 Bde. 1847. — Metaphysica recogn. et enarr. H. Bonitz. 2. P. 1848 u. 49. — Physik. Gr. u. deutsch mit erklär. Anmerk. von K. Prantl. 1854. — Ueber das Himmelsgebäude und über Entstehen u. Vergehen, ebenso ders. 1857. — De anima ed. F. Ad. Trendelenburg. 1833. ed. II. besorgt v. Belger. 1877; dies. Schrift ed. Ad. Torstick. 1852. — Eth. Nicom. ed. et comment. contin. instrux. G. Ramsauer. 1848; — rec. Fr. Susemihl. 1880. — D. Polit. Gr. u. deutsch m. sachertl. Anmerk. v. Susemihl. 2 Bde. 1879. — Rhetorik v. Spengel. 1867. — Poetik. Gr. u. deutsch v. Susemihl. 2. Aufl. 1874; — ebenso von M. Schmidt. 1875. — ed. Joh. Vahlen. 2 ed. 1874; — ed. Ueberweg. 2 ed. 1875; — rec. G. Christ. 1878. — Meteorologica ed. Ideler. 2 voll. Lipsiae 1874. — Thierkunde. Krit. berichtigter Text mit Uebers., Erklär. u. Index. Von Aubert u. Wimmer. 2 Bde. 1868. — Von der Zeugung u. Entwickelung der Thiere. Gr. u. deutsch mit sachertl. Anmerk. v. denselben. 1860. — Ueber die Theile der Thiere. Gr. u. deutsch v. Frantzius. 1853. —

Von deutschen Uebersetzungen sind noch zu nennen: — Das Organon (Schriften z. Logik) übersetzt von Zell. 6 Bdchen. 1836 —41. Dasselbe umfaßt: Die Kategorieen (über d. Grundformen der Vorstellungen); von der Rede (als Ausdruck der Gedanken); die Analytiken (über d. Schluß, Beweis, die Definition u. Division, die Erkenntniß der Prinzipien); die Topiken (über die Wahrscheinlichkeitsschlüsse); über die Trugschlüsse der Sophisten. Vergl. dazu Trendelenburg, Elementa logices Aristoteleae ed. 6. 1863 u. Erläuterungen zu den Elementen der aristot. Logik. Zunächst f. d. Unterricht in Gymnasien. 3. Aufl. 1876. — Metaphysik, übers. v. E. W. Hengstenberg. Bonn 1824. — Ueber die Seele, übers. u. mit Anm. v. Weiße. 1829. — Rhetorik u. Poetik, übers. v. Roth u. Walz. 1833 u. 40. — Ethik (Nikom.), übers. v. Chr. Garve. 2 Bde. 1798—1801; u. dies. übers. u. erl. v. A. Stahr. 1863. — Politik, übers. u. erl. v.

C. u. A. Stahr. 1860. — Politik. 1—3. Buch m. erklär. Zusätzen überſ. v. Jac. Bernays. 1872. — In der v. J. H. v. Kirchmann herausgeg. Philoſ. Biblioth. ſind von demſ. überſ. u. erl. erſchlen.: Metaphyſik. Bd. 38 u. 39. 1871; — Ueber d. Seele. Bd. 43. daſ. 1871; — Nikomach. Ethik. Bd. 68 u. 69. 1876; — Kategorien u. Hermeneutik. Bd. 70 u. 71. daſ. 1876. — Die Analytiken. Bd. 72. 73. 77 u. 78. 1877; — Politik. Bd. 84 u. 85. 1880; — Die Dichtkunſt, überſ. u. erl. v. Ueberweg. Bd. 19. 1869.

Geſammtdarſtellungen ſeines Lebens u. ſ. Lehre bieten: A. Stahr, Ariſtoteles. 2 Thle. 1630 u. 32; Ariſtot. b. d. Römern. 1834. — G. Grote, Aristotle. 2 voll. 1872. — Frz. Bieſe, Die Philoſ. des Ariſtoteles. 2 Bbe. 1835 u. 42. — F. Ravaisson, essai sur la métaphys. d'Aristote. 2 voll. 1837 u. 46. — Edw. Wallace, outlines of the philosophy of Aristotle. 2 edit. 1880. — Alex. Grant, Ariſtoteles. Autoriſ. Ueberſ. v. Imelmann. 1878.

Platoniker (Akademiker) und Ariſtoteliker (Peripatetiker).
Die Nachfolger des Platon werden nach ihrer Schule Akademiker genannt, man unterſcheidet eine ältere, mittlere und neuere Akademie. In der älteren Akademie ward Anfangs beſonders über die Ideenlehre unter Bezugnahme auf die Pythagor. Zahlenlehre ſpeculirt und theologiſche Myſtik beigemiſcht, ſpäter wurden mehr ethiſche Probleme erörtert, beſonders zu nennen ſind: Speuſippos nach Platon Vorſteher der Schule von 347—339 v. Chr.; Xenokrates von Chalkedon (339—314 v. Chr.); nach ihm waren Polemo und Krates aus Athen Vorſteher der Schule. Berühmter war des letzteren Mitſchüler Krantor, deſſen Schrift über die Trauer beſ. Anklang fand (Cic. Acad. II, 44, 135). Die mittlere Akademie nimmt eine ſkeptiſche Richtung, beſonders zu nennen ſind: Arkeſilaos geb. um 315 v. Chr. (lehrt, daß wir nichts wiſſen können, ſogar dieſes nicht, nach Cic. Acad. post. I, 12); Karneades von Cyrene, v. 214—129 v. Chr. kommt 156 v. Chr. als Geſandter nach Rom (hält an einem Tage eine Rede zum Lobe der Gerechtigkeit, am zweiten Tage eine Gegenrede, erklärt alles Wiſſen für unmöglich und entwickelt die Lehre von der Wahrſcheinlichkeit). Die neuere Akademie kehrt zum Platoniſchen Dogmatismus zurück, verbindet denſelben mit Ariſtotel. und Stoiſchen Sätzen und bildet ſo den Uebergang zum Neuplatonismus.

Ariſtoteliker (Peripatetiker). Dieſelben fördern beſonders die verſchiedenen empiriſchen Wiſſenſchaften der Naturkunde, der Ethik, Muſik und liefern ſpäter Erklärungen zu den Schriften des Ariſtoteles. Zu nennen beſonders: Theophraſt von Lesbos iſt nach Ariſtoteles Jahre lang Vorſteher der Schule, ſtarb um 288 v. Chr., durch seine Schrift „über Pflanzengeschichte" Begründer der wissenschaftlichen Pflanzenkunde, bekannter durch die vielleicht aus seinen ethischen Schriften auszüglich entnommenen „Charakterschilderungen" ἠθικοί χυρακτῆρες, ed. Dübner. Paris 1842; ed. Foss. Leipzig 1858; ed. E. Petersen. Leipzig 1859. — Ueber s. Schriften s. Usener, Analecta Theophr. 1858. — Ferner zu nennen: Eudemos von Rhodos, Aristoxenos, der Musiker aus Tarent, Straton aus Lampsakus, der Physiker. — Unter den späteren Erklärern der Schriften des Aristoteles sind hervorzuheben: Andronikos von Rhodos um 70 v. Chr., der eine Ordnung der Schriften vornahm; — Alexander von Aphrodisias, um 200 n. Chr., der unter Septimius Severus den Lehrstuhl für peripatetische Philosophie in Athen bekleidete; — und später aus der Schule der Neuplatoniker: Porphyrius, geb. in Syrien um 233 n. Chr.; Themistius, geb. um 317 n. Chr.; Syrianos aus Alexandrien, Nachfolger des Plutarch im Lehramt zu Athen und Lehrer des Proklus, im 5. Jahrh. n. Chr.; Simplicius aus Kilikien im 6. Jahrh. n. Chr.

Die Stoiker.

Literatur.

Tiedemann, Das System d. stoisch. Philosophie. 3 Bde. 1776. — Ravaisson, F., essai sur le stoicisme. 1856. — Leferriére, F., Mém. concern. l'influence du stoicisme sur la doctrine des jurisconsultes romains. 1880. — Dourif, J., du stoicisme et du christiame. consid. dans leurs rapports etc. 1863. — Schmidt, C., D. bürgerl. Gesellsch. in d. altröm. Welt u. ihre Umgestaltung durch d. Christenth. A. d. Franz. übers. von Richard. 1857. — Franke, K., Stoicismus u. Christenthum. 1876. — Windler, H., Der Stoicismus eine Wurzel des Christenthums. 1879.

Ihre Physik sucht Platon's Dualismus von Idee und Erscheinung, Aristoteles Dualismus von Kraft und Stoff aufzuheben, hält Idee, Kraft und Stoff für untrennbar verbunden, und betrachtet demgemäß die ganze Welt (den Kosmos) als ein einiges beseeltes Wesen, hervorgegangen aus einem vernünftigen Urgrund, der Weltvernunft oder Gott, den die Einzelnen zugleich mehr oder weniger naturalistisch als allverbreiteten Hauch oder als zweckwirkend bildendes Urfeuer dachten. Das Entstehen und Vergehen der Welt beherrscht ein Gesetz unbedingter Nothwendigkeit als Verhängniß (εἱμαρμένη) und Vorsehung (πρόνοια) zugleich. — Ihre Logik entwickelt die Erkenntnißlehre sensualistisch. — Vorzüglich pflegen sie die Ethik. Als höchstes Gut bezeichnen sie die Tugend, tugendhaftes Handeln soll die Bestimmung des Menschen sein. Die Tugend allein gilt als Gut, als ausreichend zur Glückseligkeit. Die Lust ist kein Bestandtheil, sondern nur eine gleichgültige Folge der Tugend. Diese besteht im naturgemäßen Leben, welches auf der Uebereinstimmung des menschlichen Verhaltens mit dem Naturgesetz beruht. Die Cardinaltugenden sind: Weisheit (φρόνησις), Tapferkeit (ἀνδρία), Besonnenheit (σωφροσύνη), Gerechtigkeit (δικαιοσύνη). Nur der Weise erreicht sie in bewußter Erfüllung seiner Pflicht und wird dadurch frei.

Stifter der Schule ist: Zenon, in Citium auf Cypern, wahrscheinlich um 342 v. Chr. geb., war zuerst Handelsmann, soll in Folge eines Schiffbruchs in Athen zurückgehalten, hier von den Schriften der Sokratiker angeregt sein, sich der Philosophie zu ergeben. Hier stiftete er die stoische Schule, so genannt nach ihrem Versammlungsort, der von Polygnot bemalten Säulenhalle (στοὰ ποικίλη). Er starb um 270 v. Chr. Seine Schriften sind bis auf geringe Bruchstücke verloren gegangen.

Kleanthes von Assos in Troas, übernahm nach Zenon's Tode die Leitung der Schule. Ein Verzeichniß seiner meist moral. Schriften giebt Diog. VII. 174 f.

Chrysippos, von Soli oder Tarsus in Kilikien, geb. um 280 gest. um 206 v. Chr. förderte die eigentlich wissenschaftliche Ausbildung des Systems. — **Diogenes**, der Babylonier, kam 155/6 v. Chr. mit dem Akademiker Karneades und dem Peripatetiker Kritolaos als Gesandter der Athener nach Rom. Durch ihre Vorträge wurde daselbst größere Theilnahme für die griechische Philosophie erweckt. Der ältere Cato und die altrömischen Republikaner hielten diese neue Bildung für verderblich; ein Senatsbeschluß von 161 v. Chr. hatte alle fremden Philosophen und Lehrer der Redekunst aus Rom verwiesen.

Panaetius, von Rhodos, geb. um 180, gest. um 110 v. Chr., Schüler des Diogenes, Hauptbegründer des römischen Stoicismus, lebte in Rom längere Zeit im Hause des Scipio Africanus, gewann ihn und Laelius zu Freunden und begleitete den Scipio, 143 v. Chr. auf seiner Gesandtschaftsreise nach Alexandrien. Nach Antipater's Tod übernahm er die Leitung der Schule in Athen. Cicero (de fin. IV, 28) rühmt von dem Panaetius, daß er der Finsterkeit und Rohheit der Stoiker abhold, die Härte ihrer Ansichten und die spitzfindige Form ihrer Untersuchungen gemildert habe. — **Posidonius**, aus Apamea in Syrien, ein Schüler des Panaetius, der zu Rhodos seine Schule hielt, wo ihn Cicero und Pompejus aufsuchten. Seneca ep. 90, 20 sagt von ihm: Posid., ut mea fert opinio, ex his, qui plurimam philosophiae contulerunt. Aus seinen zahlreichen und vielgelesenen Schriften schöpften Zeitgenossen und Spätere einen großen Theil ihrer Kenntniß der früheren Philosophie.

Römische Stoiker sind: L. Annaeus Seneca, aus Corduba in Spanien, lebte von 3—65 n. Chr. Von seinen Schriften besitzen wir: 7 Bücher quaestionum naturalium, 3 Bücher de ira, 7 Bücher de beneficiis, 3 Trostschreiben an seine Mutter Helvia, an den Polybius und an die Marcia, ferner Abhandlungen de providentia, de animi tranquillitate, de constantia sapientis, de otio aut secessu sapientis, de clementia, de brevitate vitae, de vita beata und die für die Kenntniß der Philosophie vielfach lehrreichen und anregenden 124 epistolae ad Lucilium. Neuere Ausgaben der Schriften erschienen von: Fidert. 3 Bde. 1842—45; F. Haase. 3 Bde. 1852 u. 53. Seine Schriften sind übersetzt von J. M. Moser, A. Pauly und A. Haakh (Samml. Röm. Prosaiker, Stuttgart, Metzler) in 17 Bändchen 1821—51. — L. Annaeus Cornutus, im ersten Jahrh. n. Chr. in Rom, schrieb in griech. Sprache eine noch vorhandene Schrift „über die Natur der Götter", ed. v. Osann, 1844; sein Schüler und Freund ist der Satiriker A. Persius Flaccus. — Musonius Rufus, 65 n. Chr. mit anderen Philosophen von Nero aus Rom verbannt, später zurückberufen, von Vespasian's Philosophenbannung ausgenommen, befreundet mit Titus. — Epiktet, aus Hierapolis in Phrygien, ein freigelassener Sklave, lehrte in Rom bis zur Austreibung der Philosophen durch Domitian im Jahre 94 n. Chr. Seine „Unterredungen" ($\delta\iota\alpha\tau\varrho\iota\beta\alpha\acute{\iota}$) sind von Arrian aufgezeichnet und nach dem Tode Epiktets in 8 Büchern veröffentlicht, von denen vier erhalten sind. In dem $\mathrm{E}\gamma\chi\varepsilon\iota\varrho\acute{\iota}\delta\iota o\nu$ (Manuale) stellte Arrian ferner die Hauptpunkte des Epiktet in kurzen Sätzen zusammen. Beide Schriften mit dem Commentar des Simplicius zu Letzterem ed. J. Schweighäuser 1799 u. 1800; das Handbuch auch C. G. Heyne, 1776 u. 83. Aus dem griechischen übertr. die Unterredungen von Enk. Wien 1866. — Kaiser Marc. Aurelius Antoninus, geb. 121 v. Chr. zu Rom, gest. 180 n. Chr. zu Wien auf den Feldzügen gegen die Markomannen; von ihm eine Schrift kurzer Selbstbetrachtungen ($\tau\grave{\alpha}$ $\varepsilon\grave{\iota}\varsigma$ $\dot{\varepsilon}\alpha\upsilon\tau\acute{o}\nu$), ed. v. J. M. Schultz, 1802, übersetzt von J. C. Schneider. Meditationen 3. A. 1874 u. v. A. Wittstock mit Einl. u. Anm. 1879. Eine beachtenswerthe Schrift über ihn schrieben: de Sudau 1858 und E. Renan 1881.

Epikureer.

Die Naturlehre Epikurs schließt sich der Atomistik an. Alles logische Denken wird aus Wahrnehmungen abgeleitet. Eigenthümlich ist seine Ethik in der Vertretung des Prinzips der Lust. Als höchstes Gut gilt Glückseligkeit, diese besteht in der Lust, nach der von Natur alle empfindenden Wesen streben. Die Tugend hat nur den mittelbaren Werth eines sicheren Mittels zur Lust. Im Unterschiede von Aristipp soll nach Epikur nicht die Lust des Augenblicks, sondern nur diejenige Lust, die als dauernder Zustand unser Gesammtleben erfaßt, wahre Glückseligkeit geben. Epikur erklärte ferner nicht die körperliche, sondern die geistige Lust, nicht die möglichst gesteigerte, sondern die maßvolle Lust für die höchste und beste.

Epikuros, geb. 341 v. Chr. im Athenischen, auf Samos erzogen, kam achtzehnjährig nach Athen, verweilte daselbst aber nur kurze Zeit. Mit 32 Jahren trat er in Mitylene, bald darauf in Lampsakus als Lehrer der Philosophie auf, um 306 v. Chr. gründete er seine Schule in Athen, starb daselbst 270 v. Chr. Er schrieb „über die Natur", aus 9 Büchern der Schrift besitzen wir Fragmente, veröffentlicht in: Herculanensium volumin. quae supersunt, Neap. t. II, 1809, t. X. 1850, coll. alt. t, VI. 1866. Die Fragmente der Bücher 2 u. 11 eb. aus dem t. II. J. C. Orelli. Leipzig 1818. Neue Bruchstücke des Epikur v. Gomperz in d. Sitzungsber. d. Wien. Akab. Bd. 83. 1876, u. aus der Ethik von Comparetti in der Rivista di filologia. T. VII. 1879. Beachtenswerth schrieb über Epikur: Gassendi, de vita et moribus Epicuri. 1646. — Guyau, la morale d'Epic. et ses rapports avec les doctr. contemp. 1878.

Unter seinen zahlreichen Anhängern sind hervorzuheben: sein Schüler Metrodoros aus Lampsakos, den Cic. fin. II, 28, 92 paene alter Epicurus nennt; — ferner Philodemos aus Gabara in Coelesyrien, der zu Cicero's Zeit in Rom lebte, von dessen philos. Schriften sich noch ungezählte Bücher in der Epikurischen Bibliothek zu Herculanum befinden und der römische Dichter T. Lucretius Carus nach Sauppe (Prooem. z. Index schol. Götting. aest. 1880) geb. 94 u. gest. 54 v. Chr. S. Schrift: Das Wesen der Dinge (de rerum natura) eb. v. C. Lachmann. 1850. 3. Aufl. 1860; Jal. Bernays. 2. A. 1857 nebst Comment., Metr. übersetzt von G. Bossart-Derben. Berlin 1865; von W. Binder, 1868 u. M. Seydel. 1881. Ueber ihn s.: H. Lotze im Philologus. VII. 1852; C. Martha, le poëme de Lucrèce, morale, religion, science. 2 ed. 1873.

Skeptiker und Eklektiker.

Die Skeptiker, die verschiedenen skeptischen Elemente der früheren Philosophie zusammenfassend, behaupten die Unmöglichkeit der Erkenntniß des wahren Seins der Dinge oder die gleiche Wahrheit der einander widersprechenden Sätze, suchen demgemäß durch Ent haltung vom Urtheil die zum tugendhaften und glücklichen Leben nothwendige Gemüthsruhe zu erwerben. Die Eklektiker schränken den Skepticismus ein und verbinden ihn mit ausgewählten positiven Lehrsätzen verschiedener Philosophen. —

Skeptiker sind: **Pyrrhon** aus Elis, begleitete den Demokriteer Anaxarchus im Gefolge Alexander d. Gr. bis nach Indien, lebte später in seiner Vaterstadt geehrt, aber arm. Er entwickelte seine Ansichten nur mündlich, wir kennen sie bes. aus den Berichten seines Schülers **Timon** von Phlius, der in Chalkis als Lehrer auftrat und später in Athen lebte. Seine Schule hatte keine Dauer. — **Aenesidemus**, aus Knossus auf Kreta, lehrte in Alexandrien, Ende des ersten Jahrh. v. oder Anfang des ersten Jahrh. nach Chr., schrieb 8 Bücher Pyrrhonischer Lehrsätze ($\pi\nu\varrho\varrho\omega\nu\epsilon\iota\omega\nu$ $\lambda\acute{o}\gamma\omega\nu$ $\dot{o}\varkappa\tau\grave{\omega}$ $\beta\iota\beta\lambda\iota\alpha$), und faßte darin die Hauptgründe gegen die Möglichkeit des Wissens in zehn Tropen (Beweisformen) zusammen, die hauptsächlich die Relativität der Wahrnehmung und Erkenntniß des Natürlichen behaupten. Sein späterer im 2. Jahrh. n. Chr. lebender Nachfolger **Agrippa** erklärt besonders deshalb jede Wissenschaft für unmöglich, weil in's Unendliche jeder Beweis eines neuen bedürfe. — Später, im dritten Jahrh. nach Chr., hat besonders der Arzt **Sextus**, mit dem Beinamen der Empiriker, den Skepticismus weiter ausgebildet, seine noch erhaltenen Schriften sind: Pyrrhoneische Skizzen 3 Bücher, Gegen die Dogmatiker 11 Bücher ($\Pi\nu\varrho\varrho\acute{\omega}\nu\epsilon\iota\iota$ $\dot{\nu}\pi\sigma\tau\nu\pi\acute{\omega}\sigma\epsilon\iota\varsigma$, $\pi\varrho\grave{o}\varsigma$ $\delta\sigma\gamma\mu\alpha\tau\iota\varkappa\sigma\acute{\nu}\varsigma$) ex rec. J. Bekker. 1842. Die Pyrrh. Grundzüge, übers. mit Einl. u. Erl. v. E. Pappenheim (Philos. Bibl. Bd. 47). 1877.

Als **Eklektiker** sind besonders M. Tullius Cicero und sein Freund M. Terentius Varro zu nennen. **Cicero**, 106—43 v. Chr., trieb besonders zu Athen und Rhodos philosophische Studien, lernte verschiedene Epikureer, Akademiker, Stoiker seiner Zeit kennen und beschäftigte sich selbst besonders in seinen letzten Lebensjahren mit der Philosophie. Ueber seine philosoph. Schriften sagt Cicero selbst in seiner Schrift de divinatione II, 1: — „in dem von mir Hortensius betitelten Werke habe ich nach meinen Kräften zu der Beschäftigung mit der Philosophie ermahnt; und welche Art des Philosophirens mir am wenigsten anmaßlich und doch am meisten folgerecht und scharfsinnig scheine, habe ich in 4 akadem. Büchern gezeigt. Und da die Grundlage der Philosophie die Lehre vom höchsten Gute ist (de finibus bonorum et malorum), so ist auch diese Frage von mir in 5 Büchern behandelt worden, aus denen man sehen kann, was von jedem, und was gegen jeden Philosophen gesagt werde. Eine gleiche Zahl Bücher Tusculanischer Fragen ist hierauf gefolgt, und hat die wichtigsten Erfordernisse zum glücklichen Leben in's Licht gesetzt. — Nach diesen Büchern habe ich drei andere von der Natur der Götter vollendet, welche diesen Gegenstand umfassen. Um ihn aber vollständig zu erschöpfen, habe ich in den gegenwärtigen Büchern von der Divination zu schreiben unternommen; und wenn ich diesen, wie meine Absicht ist, noch etwas von dem Fatum beifüge, so glaube ich dieser ganzen Frage vollkommen Genüge gethan zu haben. Auch sind diesen Büchern noch 6 andere vom Staate beizuzählen, als ich das Ruder des Staates hielt. — Soll ich auch noch der Trostschrift erwähnen? mir selbst ist sie höchst heilsam; und auch Anderen glaube ich wird sie sehr nützlich sein. Dazwischen habe ich auch zunächst das Buch vom Alter (Cato major sive de senectute) eingeschoben, das ich meinem Atticus zugeschrieben habe. Vorzüglich aber ist auch, da der rechtschaffene und tapfere Mann durch die Philosophie gebildet wird, mein Cato in die Reihe dieser Schriften zu stellen (eine Lobschrift auf M. Cato Uticensis, erwähnt im Briefe an Atticus XII. 4). Und da Aristoteles und Theophrast — mit der Philosophie den Unterricht in der Beredtsamkeit verbunden haben, so mögten wohl auch meine rhetorischen Schriften hierher gerechnet werden können. Dies sind alsdann 3 Bücher vom Redner, der Brutus ein viertes, das fünfte der Redner." — Dazu kommen dann noch: Laelius od. de amicitia und die an seinen Sohn gerichteten 3 Bücher de officiis.

Neuere Ausgaben sind: — die zweite Orelli'sche 4 vll. 1845—61, von Orelli und Baiter begonnen und nach Orelli's Tod von Baiter u. Halm fortgef., davon vol. I. libros rhetor. contin. 1845, vol. II. p. 1. u. 2. orationes 1854 u. 55, vol. III. epistol. 1845, vol. IV. libri qui ad rem public. spectant; — oder — opera quae supers. omnia edid. J. B. Baiter et C. L. Kaiser. 11 vol. 1860—69, dav. vol. VI—VIII philosophica et politica. 1863 u. 65 u. vol. XI. fragmenta, index, 1869. — Seine philosophischen Schriften in deutschen Uebertragungen von Verschiedenen herausg. v. R. Klotz. 2 Thle. 1840 u. 41. — Eine Zusammenstellung der auf die Geschichte der Philosophie bezügl. Aeußerungen Cicero's gab: Fr. Gedike. 1782. Ueber s. philos. Bedeutung s. bes. Herbart Werke. Bd. XII. — Ueber s. philos. Schriften: R. Hirzel. Th. I. 1877. Th. II. 2 Abthlgen. 1882.

Alexandriner und Neuplatoniker.

Gfrörer, Aug., Philon u. d. alexandr. Theosophie. 2. A. 1835. — Dähne, Aug. F., Gesch. Darst. d. jüd. alex. Religions=

Philos. 1834. — Matter, l'école d'Alex. 2 ed. 1840—48. — Simon, J., hist. de l'école d'Alex. 1843—45. — Vacherot, E., hist. crit. de l'école. d'Alex. 1846—51.

Gemeinsam ist diesen letzten heidnischen Philosophen der Juden, Griechen und Römer der Zug der Theosophie. Jüdische Theologie, neu Pythagoreische und Platonische Philosopheme mischten sich unter dem vorragenden Einfluß orientalischer Phantasieen zu einer eigenthümlichen Welt- und Gottesanschauung.

Philon, der Jude, geb. um 25 v. Chr., lebte in Alexandrien, war im J. 39 ob. 40 n. Chr. als Gesandter der alexandrin. Juden an den Kaiser Caligula (Gaius Caesar) in Rom. Er entwickelte die bei den Juden schon übliche allegorische Deutung der fünf Bücher Moses und verband damit in seiner Gotteslehre Platonismus und Judaismus. Ein zweites größeres Hauptwerk entwickelte in Fragen und Antworten den Inhalt der beiden ersten Bücher Moses. Irrthümlich ist ihm zugeschrieben eine Schrift über die Unvergänglichkeit der Welt, über die Welt, über das beschauliche Leben und das erste Buch über die Vorsehung. Die bequemste Ausgabe seiner Schriften ist die von Richter. 2 Bde. Leipz. 1851—53. — Als ersten Erneuerer des Pythagoreismus unter den Römern nennt Cicero (v. All. c. l.) den Grammatiker P. Nigidius Figulus, der im ersten Jahrh. v. Chr. lebte. Hauptvertreter im ersten Jahrhundert ist Apollonius von Thana, dessen Person und neupythagoreisches Ideal Flavius Philostratus in einem nach ihm benannten philosophisch-religiösen Tendenzroman um 217 n. Chr. geschildert hat. — Unter den pythagoreisirenden und eklektischen Platonikern sind besonders zu nennen: Plutarch aus Chaeronea, geb. um 50, gest. um 120—125 nach Chr. (Moralia in s. Werken ed. von Dübner. Bd. III u. IV. 1841; über ihn: Volkmann, Leben, Schriften u. Philos. des Pl. 2 Thle. 1869); Claudius Galenus, der Arzt, 131—200 n. Chr.; Celsus, der Gegner des Christenthums, im 2. Jahrh. n. Chr. (Celsus wahres Wort, älteste Streitschr. antiker Weltansch. gegen b. Christenth. v. J. 178 n. Chr. wiederhergest., a. d. Gr. übers., unters. u. erl. v. Theod. Keim. 1873); Numenius aus Apamea, gegen Ende des 2. Jahrh. n. Chr.

Begründer des Neuplatonismus ist Ammonius Sakkas, lebte ungefähr 175—250 n. Chr. zu Alexandrien. Seine nur mündlich vorgetragenen Lehren entwickelte schriftlich sein Schüler Plotin, geb. 204 ob. 205 n. Chr. zu Lykopolis in Aegypten, wandte sich in seinem 28. Lebensjahre der Philosophie zu und fand endlich in Ammonius den gesuchten Lehrer, später schloß er sich dem vergeblichen

Zuge des Kaisers Gordianus gegen die Perser an, um deren Philosophie kennen zu lernen, rettete aber nach dem unglücklichen Ausgange nur sein Leben durch Flucht nach Antiochien, lehrte seit 244 n. Chr. in Rom. Er fand hier Schüler, gewann auch den Kaiser Gallienus und dessen Gemahlin Salonina für seine Lehre, machte den Kaiser sogar geneigt in Campanien eine Philosophenstadt nach Platonischen Ideen zu gründen. In Rom blieb er bis 269 n. Chr., ging dann nach Campanien und starb 270 n. Chr. Seine Schriften hat sein Schüler Porphyrius, geb. um 233, gest. um 304 n. Chr., in sechs Enneaden herausgegeben, auch ein Leben des Plotin geschrieben. Pl. opera recogn. Ad. Kirchhoff. 2 voll. 1856. Die neueste Ausgabe ders. mit einer Uebers. lieferte J. E. Müller, 2 Bde. Text, 2 Bde. Uebers. 1878 u. 80. Porphyrii opuscula tria recogn. A. Nauck. 1860. — Ueber Plotin arbeitete neuerdings bes. A. Richter, Neuplatonische Studien; Heft 1. Ueber Leben und Geistesentw. d. Pl.; Heft 2. Pl. Lehre v. Sein; Heft 3. Die Theol. u. Physik d. Pl.; Heft 4. Die Psychol. d. Pl.; Heft 5. Die Ethik d. Pl. 1864—67. — Ein Schüler Jamblichus aus Chalkis in Coelesyrien verband pythagoreische Zahlenmystik mit Neuplatonismus, begründete mit demselben den polytheistischen Cultus und rechtfertigte speculativ allerlei griechischen und orientalischen Aberglauben, hielt wahrscheinlich in seiner Vaterstadt selbst eine Schule, mag annähernd um 330 nach Chr. gestorben sein. — Der letzte bedeutende Neuplatoniker war Proklus, geb. zu Konstantinopel 410 n. Chr., lernte in Alexandrien und Athen, lehrte dann selbst hier und starb 485 n. Chr. (Procli opera edid. V. Cousin. 6 voll. 1819—25 u. opera inedita. Paris. 1869.)

Im Jahre 529 nach Chr. schloß Kaiser Justinian durch ein Edikt die heidnische Philosophenschule zu Athen und verbot daselbst Philosophie zu lehren. Die namhaftesten damaligen Neuplatoniker wanderten nach Persien aus zum Könige Chosroes, der im Rufe eines philosophischen Fürsten nach den Ideen Platons stand, kehrten aber später enttäuscht wieder heim.

C. Philosophie des Mittelalters.

Literatur: Ritter, H., Die christliche Philosophie. 2 Bde. 1858–59. — Stöckl, A., Geschichte der Philosophie des Mittelalters. 3 Bde. Mainz. 1864—66.

Das philosophische Denken dieser Zeit ist darauf gerichtet, das Verhältniß des neuen christlichen Glaubens und der Vernunfterkenntniß zu klären, es sucht auch die Lehren der alten Philosophie dieser Aufgabe dienstbar zu machen. Wir unterscheiden die Philosophie der Kirchenväter (der Patristik), die Philosophie der Scholastiker.

Die Philosophie der Kirchenväter.

Literatur: Huber, Joh., Die Philosophie d. Kirchenväter. 1859. — Matter, J., Hist. crit. du gnostic. 3 vols. 2. éd. 1843. — Baur, F. Chr., D. christl. Gnosis ob. Religionsphilos. 1835; das Christenth. d. 3 ersten Jahrh. 2. A. 1860; die christl. Kirche des Mittelalters. 1861. — Lipsius, d. Gnosticismus, s. Wesen, Ursprung u. Entwickelungsgang. 1860. (in Ersch u. Grub. Encyklop.) — Möller, W., Gesch. d. Kosmologie in d. gr. Kirche bis auf Origenes. 1860. — D. Fr. Strauß, D. christl. Glaubenslehre in ihrer geschichtl. Entwickelung. 2 Bde. 1840 u. 41. — Nitzsch, Friedr., Grundriß d. christl. Dogmengesch. Th. 1. d. patrist. Periode. 1870. — Gaß, W., Gesch. d. christl. Ethik. Bd. 1. (bis z. Reformat.) 1881:

Kirchenväter heißen mit Bezug auf 1. Korinth. 4, 15 diejenigen Kirchenschriftsteller der ersten sieben Jahrhunderte unserer Zeitrechnung, welche ausgezeichnet durch Frömmigkeit des Lebens zugleich zur Begründung der kirchlichen Lehre und Verfassung wesentlich beigetragen haben. Das philosophische Denken dieser Männer vertheidigt die neue Wahrheit gegen Juden und Heiden und unterstützt die theologische Dogmenbildung.

Hervorzuheben sind:

Justinus (Martyr), geb. 103 nach Chr. in der samarischen Stadt Sichem von griechischen Eltern, durch seine Ausbildung in Griechenland und Kleinasien mit der alten Philosophie bekannt, vertheidigte nach seiner Bekehrung zum Christenthum dasselbe philosophisch in seinen beiden Apologien und in dem Gespräch mit dem Juden Tryphon. Er starb als Märtyrer zu Rom um 166 n. Chr.

(f. Semisch, K., Justin d. Märtyrer. 2 Bde. 1840—42. — Aubé, M., Justin philos. et martyr. Paris. 1861). — Aehnlich trat Athenagoras von Athen auf in seiner vermuthlich 177 n. Chr. an den Kaiser Marc. Aurel und dessen Sohn und Mitregenten Commodus gerichteten Apologie der Christen gegen die Anschuldigung des Atheismus und der unzüchtigen Schwelgerei. — Als eifriger Gegner der alten Philosophie ist zu nennen: Tertullian, geb. um 150 n. Chr. zu Karthago von heidnischen Eltern, um 190 n. Chr. zu Rom Christ geworden, wirkte er als Presbyter in seiner Vaterstadt. Die Philosophie galt ihm als Mutter aller Ketzerei. Die Vernunft hielt er dem Glauben gegenüber für so unzulänglich, daß ihm gerade die Unbegreiflichkeit zum Glaubenszeugniß wird (credo quia absurdum est). (f. Hauck, A., Tertullian's Leben und Schriften. 1877.)

Ein fester Sitz der Vertheidigung und philosophischen Rechtfertigung der christlichen Wahrheit bildete sich in der nach gewöhnlicher Annahme von Pantänus um 180 n. Chr. angelegten Katechetenschule zu Alexandrien. Hier wirkte seit 189 n. Chr. Clemens, der Alexandriner, der besonders in seinen acht Büchern „Stromata" den christlichen Glauben im Verhältniß zur griechischen Philosophie betrachtete. — Eben dort lehrte nach ihm sein Schüler Origines, geb. 185, gest. 254 n. Chr. Von seinen Schriften haben philosophische Bedeutung eine Schrift „über die Grundlehren der christlichen Religion", eine wissenschaftlich zusammenhängende Darstellung der Glaubenslehre, und die Schrift „wider den Celsus", eine Vertheidigung des christlichen Glaubens gegen die Einwürfe eines Platonikers. (f. Redepenning, Origenes, eine Darstellung seines Lebens u. seiner Lehre. 1841—46.)

Als das Christenthum an Bestand gewann, trat die Apologie desselben gegen Juden- und Heidenthum mehr zurück vor dem Bestreben philosophische Elemente zur positiven Dogmenbildung zu verwerthen. Besonders zu nennen ist: Athanasius, geb. zu Alexandrien um 296 n. Chr., seit 328 Bischof daselbst, gest. 373 n. Chr., er bekämpfte die ketzerischen Ansichten des Arius auf und nach dem Concil von Nicäa 325 n. Chr. (f. Möhler, J. A., Athanas. d. Gr. u. d. Kirche s. Zeit. 2.A. 1844. — Boehringer, Fr., Athanas. u. Arius od. d. erste große Kampf d. Orthodoxie u. Heterodoxie. 1874.) — Erst nach dem Tode des Athanasius ward durch die Bemühungen der beiden Gregore, von Nyssa und Nazianz, das Nicaeum auf der Synode zu Konstantinopel, 381 n. Chr., bestätigt. Der Hauptvertreter dieser theologisch-philosophischen Speculation ist Gregor, Bischof von Nyssa,

333—394 n. Chr. — Ihren Höhepunkt erreichte endlich die Patristik in Augustin, geb. 354 n. Chr. zu Thagaste in Numidien, Sohn eines heidnischen Vaters und einer christlichen Mutter, der durch ihre Frömmigkeit und durch das Verhältniß zu ihrem Sohne berühmt gewordenen Monica. Durch klassische Studien gebildet trat Augustin zuerst in seiner Vaterstadt, dann in Karthago und Rom, und von 384—386 n. Chr. in Mailand als Lehrer der Beredsamkeit auf. Nachdem Skepticismus und Neuplatonismus seine Seele beunruhigt hatten, befestigten ihn hier die Predigten des Bischof Ambrosius im christlichen Glauben. Er widmete sich nun dem Dienste der Kirche, ward 391 n. Chr. Priester, 395 n. Chr. Bischof zu Hippo regius (jetzt Bona) in Afrika. Hier wirkte er bis an seinen Tod 430 n. Chr. Seine eigene Entwickelung hat Augustin geschildert in dem um 400 n. Chr. verfaßten Confessionum libri X. (Ausg. v. K. v. Raumer 1856, aus dem Lateinischen übers. von Rapp. 7. Aufl. 1878; v. Merschmann 1866). Als seine Hauptschrift kommt philosophisch in Betracht die Schrift de civitate Dei (eb. v. Dombart. 2. Aufl. 1877), welche mit Widerlegung der heidnischen Weltanschauung das Verhältniß des Reiches Gottes zum Reiche der Welt darstellt und von Manchen als eine Art Theodicee oder Philosophie der Geschichte angesehen ist. (s. Bindemann, C., D. heil. Augustinus. 3 Bde. 1844, 55 u. 69. — Nourrisson, F., La philosophie de St. Aug. 2 vols. Paris. 1865. — Dorner, August, s. theolog. System u. s. religionsphilos. Anschauung. 1873.)

Auf diese Zeit der Dogmen bildenden Thätigkeit der Patristik folgte eine Zeit des Commentirens und encyklopädischen Zusammenstellens, der es an schöpferischer Fortbildung der Philosophie fehlte.

Die Philosophie der Scholastiker.

Literatur: Hauréau, B., de la philosophe scolastique. 2 vols. 2. A. Paris. 1872. — Kaulich, W., Gesch. der scholast. Philosophie. Th. 1. (Von Erigena bis Abälard.) 1863. — Köhler, H. O., Realismus und Nominalismus in ihrem Einfluß auf die dogmat. Systeme des Mittelalters. 1858. — Barach, Zur Gesch. d. Nominal. vor Roscellin. 1866. — Loewe, J. H., Der Kampf zwischen b. Realism. und Nominalismus im Mittelalter. 1876. — Maywald, M., Die Lehre v. d. zweifach. Wahrheit, ein Vers. d. Trennung v. Theol. u. Philos. im Mittelalter, ein Beitrag z. Gesch. d. schol. Philos. 1871. — Ritter, H., Kurze Uebersicht über die Geschichte b. scholast. Philosophie (Raumer's histor. Taschenb. XXVII. 1856). — Ozanam, M. A. F., Dante et la philosophie catholique au 13. siècle n. éd. 1845. — Reuter, H., Gesch. d. relig. Aufklärung im Mittelalter v. Ende d. 8. Jahrh. bis zum Anfange des 14. Jahrh. 2 Bde. 1875—77.

Scholastik wird die christliche Schulweisheit genannt, welche im Mittelalter die doctores scholastici (die Lehrer der sieben freien Künste und der Theologie) mit Verwendung von Ideen der alten Philosophie (des Platon oder des Aristoteles) im Dienste der Kirchenlehre (philosophia ancilla theologiae) ausbildeten. — Der Streit über den Anschluß an Platon oder Aristoteles bestimmte den Hauptgegensatz der Realisten und Nominalisten. Die Ersten (wie Scotus Erigena, Anselm v. Canterbury, Wilh. v. Champeaux) behaupteten, gestützt auf Platon's Ideenlehre, die Realität der Allgemeinbegriffe; die Gegner (Roscellin, Wilh. v. Occam) wollten mit Aristoteles die Allgemeinbegriffe nur als Bezeichnungen (voces, nomina) unserer Abstraction gelten lassen. Jene behaupteten, die Allgemeinbegriffe machten das Wesen der Dinge aus (seien vor den Dingen); diese meinten, dieselben würden erst von den Dingen durch unser Denken abstrahirt (seien nach den Dingen). — Andere (wie Abälard, Alb. Magnus, Thomas Aquino, Duns Scotus) suchten zu vermitteln durch die Behauptung, daß die Gattungsbegriffe vor den Dingen seien im göttlichen Geiste, in den Dingen als irdische Wirklichkeit, und nach den Dingen als Begriffe des denkenden Menschengeistes.

Religionsphilosophisch wichtiger waren die Bemühungen der Scholastik, das richtige Verhältniß von Glauben und Vernunft-Erkenntniß zu bestimmen. Nach Scotus Erigena sollten wahre Religion und wahre Philosophie zusammen fallen. Nach Anselm v. Canterbury sollte der Glaube dem Erkennen und Wissen vorausgehen (credo ut intelligam), aber der Glaube die Vernunfterkenntniß suchen (fides quaerens intellectum). Abälard suchte diese Rechtfertigung der Glaubenssätze durch philosophische Dialektik auszuführen. — Der Kampf der Meinungen darüber gab Anlaß zum Versuch durch Zusammenstellung der verschiedenen Aeußerungen bedeutender Kirchenlehrer in sogenannten theologischen „Summen" eine Lösung vorzubereiten; unter diesen Summisten sind Petrus Lombardus, Alanus, Joh. v. Salesbury hervorzuheben. Neben diesen Summisten (als den Dogmatikern) treten als Mystiker hervor die Victoriner (Hugo, Richard und Walther v. St. Victor) und später Bonaventura. Während jene mehr den Inhalt (das Dogma) des Glaubens fest zu stellen suchen, betonen diese mehr den Zustand des Glaubens selbst. Raymund Lull suchte endlich wiederum mehr wie Erigena die Einheit der Philosophie und wahren Religion zu vertheidigen. — Dagegen suchen die bedeutenderen Scholastiker dieser späteren Zeit (Alb. Magnus, Thomas Aquino, Duns Scotus) eine schärfere Scheidung der natürlichen Vernunfterkenntniß und der Offenbarungswahrheiten, der Philosophie und der Theologie vorzunehmen, was endlich bei Wilh. v. Occam zu einer so strengen Sonderung der Gebiete des Wissens und des Glaubens führt, daß die Loslösung der Philosophie zu einer selbstständigen von der Theologie unabhängigen Wissenschaft nothwendig wurde. — Eine Differenz der Ansichten des Thomas Aquino und des Duns Scotus über das Verhältniß von Vernunft und Wille im göttlichen und menschlichen Geiste (Determinismus oder Indeterminismus) bestimmt die verschiedenen Richtungen der Thomisten und Scotisten. — Neue Versuche zur Belebung der Scholastik machen Roger Bacon und Raymund Lull. — Ihren letzten großartigen poetischen Ausdruck fand diese mittelalterliche Weltanschauung der Scholastik in Dante's göttlicher Komödie.

Joh. Scotus Erigena, geb. zu Anfang des 9. Jahrhunderts, wahrscheinlich in Irland. Karl der Kahle berief ihn um 843 nach Paris an die von Karl d. Gr. gegründete Palastschule. Seine Richtung, besonders die in einer 851 verfaßten Schrift über die Prädestination geäußerten Ansichten zogen ihm die Feindschaft der Geistlichkeit zu. Diese Gegnerschaft bewirkte die Verdammung seiner Lehre auf der Synode zu Valence im Jahre 855. Vier Jahre später trat auch die Synode von Langres dem Beschluß gegen Erigena's Schrift bei. Das Gerücht über seine ketzerischen Ansichten drang bis Rom und veranlaßte im Jahre 860 oder 862 den Papst Nikolaus I. vom Könige die Hinsendung Erigena's nach Rom oder doch seine Entfernung von Paris zu verlangen. Der König aber scheint die bereits erfolgte Entlassung Erigena's von der Leitung der Palastschule für genügend erachtet zu haben. Einige Jahre später schrieb Erigena sein Hauptwerk de divisione naturae (zuerst herausgegeben von Th. Gale 1681 zu Oxford, neuerdings 1838 von Schlüter zu Münster. Ueberf. u. mit Abhandlg. über Leben und Schriften des Erigena von L. Noack in der Philos. Biblioth. Bd. 40. 2 Abthlgn. 1870 und 74). Wahrscheinlich ist Erigena in Frankreich geblieben und daselbst bald nach 877 gestorben. — Eine Biographie Erigena's schrieben: Taillandier, St. Réné, Scot. Erig. et la philos. scolast. 1843. — Christlieb, Th., Leben und Lehre des J. Sc. Erig. Gotha 1860. — Joh. Huber, München 1861.

Roscellin, geboren in der Niederbretagne, lebte eine Zeit lang (um 1089) als Canonicus in Compiègne, später in Besançon, lehrte auch in Tours und in Locmenach bei Vannes in der Bretagne. Durch seine Anwendung des Nominalismus auf das Trinitätsdogma erregte er Anstoß und wurde auf der Kirchenversammlung zu Soissons 1092 zum Widerruf genöthigt.

Anselm von Canterbury, geb. zu Aosta in Piemont 1033, theologisch gebildet in Avranches und im Kloster Bec (Normandie), daselbst Prior 1063, Abt 1078, später Erzbischof von Canterbury um 1093 bis zu seinem Tode 1109. — Eine Biographie von ihm schrieb: Hasse, F. R., 2 Thle. 1843. 52. — Rémusat, Ch. de, Anselme de Cant., tableau de la vie monast. et de la lutte du pouv. spirit. avec le pouv. temp. au XI s. 2. ed. 1868.

Wilhelm von Champeaux, daselbst geboren 1070, trat zuerst zu Paris in der Domschule, dann in der von ihm gegründeten Klosterschule von St. Victor als Realist gegen seinen Lehrer Roscellin auf. Er starb 1121 als Bischof von Chalons sur Marne. Ueber ihn: Michaud, Guill. de Ch. et les écoles de Paris au 12. s. 1868.

Abälard (Pierre de Pallet), geboren 1079 zu Pallet in der Grafschaft Nantes, lernte unter Roscellin und Wilh. v. Champeaux und suchte die entgegengesetzten Ansichten derselben zu vermitteln. Er trat als Lehrer der Dialektik in Melun und Corbeil, dann in Paris auf, bald auch mit großem Erfolg als Lehrer der Theologie. Sein Verhältniß zur Heloise, der Nichte des Canonicus Fulbert, zog ihm die rachsüchtige Verfolgung des Letzteren zu, in Folge deren Abälard und Heloise in ein Kloster gingen. Abälard's Versuch im Kloster St. Denys das weltliche Leben der Mönche zu bessern zog ihm die Feindschaft dieser zu. Durch Bitten seiner Schüler veranlaßt trat er eine Zeit lang wieder als Lehrer auf im Kloster St. Ayeuil. Die Herausgabe einer Schrift „Einleitung in die Theologie", die seine Ansichten über die Anwendung der Dialektik auf die Theologie aussprach und demgemäß auch das Geheimniß der Trinität zu erklären suchte, erregte Anstoß. Die Provinzialsynode zu Soissons (1121) verdammte sein Werk und schickte ihn zur Strafe auf Lebenszeit in's Kloster St. Médard. Bald darauf wurde ihm diese Strafe erlassen unter der Bedingung der Rückkehr in's Kloster St. Denys. Der Sturm, den eine neue ketzerische Behauptung gegen ihn erregte, trieb ihn zur Flucht aus dem Kloster. Er fand Aufnahme bei dem Grafen v. Champagne. Ein neuer Abt von St. Denys verstattete ihm wieder zu leben, wo er wolle. Abälard wählte eine Einöde bei Nogent-sur-Seine zum Aufenthalt, erbaute hier ein Bethaus der heiligen Dreieinigkeit, das er Paraklet oder den Tröster in der Wüste nannte.

Von allen Seiten strömten ihm hier Schüler zu. Sein Erfolg rief die Feindschaft der Lehrer des nahen Rheims hervor. Zum Abt des Klosters St. Gildas in der Bretagne gewählt, suchte er auch dort vergeblich das Mönchsleben zu heben (1126). Den durch den Abt von St. Denys vertriebenen Nonnen von Argenteuil, zu denen Heloise gehörte, räumte er sein Bethaus Paraklet ein. Für diese gelehrten Nonnen schrieb er seine Abhandlungen über die Schöpfung. Später lehrte er wieder in Paris. Abermals erregten seine Ansichten Anstoß. Auf dem Concil von Sens (1140), dem Ludwig VII. selbst präsidirte, sollte er sich deswegen gegen den heiligen Bernhard von Clairveaux, der das Wissen nur in so weit schätzen wollte, als es der Erbauung diene, rechtfertigen. Abälard appellirte an den Papst. Das Concil verurtheilte seine Ansicht und Papst Innocenz II. verschärfte noch dieses Urtheil dahin, daß man seine Schriften verbrennen, ihn selbst einsperren solle. Abälard floh zum Abte von Clugny, Peter dem Ehrwürdigen, der ihn mit dem heiligen Bernhard aussöhnte und ihn veranlaßte, in's Kloster St. Marcel bei Chalons einzutreten, wo er 1142 starb. — Seine Biographie schrieb: Ch. de Rémusat, 2 vols. 1845.

Petrus Lombardus, geboren bei Novara in der Lombardei, studirte in Bologna, Rheims und Paris, ward 1159 Bischof von Paris, starb bald darauf 1164. Er ist besonders berühmt geworden durch seine „vier Bücher Sentenzen", die ihm den Namen Magister sententiarum schafften.

Alanus ab insulis (Allain de Lille), zuerst Professor in Paris, dann Cissterzienser-Mönch, nicht zu verwechseln mit Alanus, Bischof von Auxerre, gestorben im Cissterzienser-Kloster Clairveaux 1203. Sein Beiname doctor universalis.

Johannes von Salisbury, geboren daselbst in Südengland zu Anfang des 12. Jahrhunderts, suchte in den Schulen Frankreichs theologische und philosophische Bildung, studirte eifrig die alten Schriftsteller, besonders den Cicero. Später wandte sein Hauptinteresse sich mehr den praktischen kirchlichen Zeitfragen zu. Sein Verhältniß zu Thomas Becket brachte ihm selbst Lebensgefahr. Seit 1176 Bischof von Chartres, gestorben 1180. — Seine beiden Hauptschriften sind der Policraticus (sive de nugis curialium et vestigiis philosophorum), vollendet 1159, der die Nichtigkeiten der Hofleute durch kirchlich philosophische Gesinnung besiegen will, und der Metalogicus, der den Werth der Logik hervorhebt. — Seine Bio=

graphie schrieb: Schaarschmidt, C., Johann. Saresb. nach Leben u. Studien, Schriften u. Philos. 1862.

Hugo v. St. Victor, wahrscheinlich sächsischer Abstammung, trat 18 Jahr alt in das Augustinerkloster St. Victor zu Marseille, lebte später im Kloster St. Victor zu Paris, und starb daselbst 1141. (Ueber ihn: Liebner, A., Hugo v. St. B. u. d. theol. Richtungen s. Zeit. 1832. — Kaulich, W., Die Lehren d. Hugo u. Richard v. St. V. 1864. — Richard v. St. Victor, ein Schotte von Geburt, durch Vorgenannten gebildet, von 1162 bis zu seinem Tode 1173 Prior des letztgenannten Klosters. — Walther v. St. Victor, sein Nachfolger, bekämpfte in einer Schrift (contra quatuor labyrinthos Galliae) die Ketzereien des Abälard, Petrus Lombardus, Petrus v. Poitiers und Gilbert de la Porrée, 1142 Bischof daselbst, gest. 1154.

Alexander v. Hales, aus der Grafschaft Glocester gebürtig, studirte und lehrte in Paris, Franziskaner, starb daselbst 1245. Seine Summa theologiae enthält eine philosophische Begründung der kirchlichen Dogmen als Commentar zu Petrus Lombardus Sentenzen. Er zuerst zeigte eine Kenntniß der gesammten Philosophie des Aristoteles, auch der Commentare arabischer Philosophen. Sein Einfluß besonders auf Thomas Aquin ist von Belang. Er galt als doctor irrefragabilis.

Bonaventura. Johannes Fidanza, geb. zu Bagnarea im Toscanischen 1221. Eine wunderbare Heilung des vierjährigen Knaben soll den Stifter des Franziskanerordens, den heiligen Franz von Assisi zu dem Ausruf: O bona ventura veranlaßt haben, und darnach ihm der obige Name gegeben sein. Ward 22 Jahr alt Franziskaner und studirte in Paris unter Alexander v. Hales, und lehrte dann Theologie und Philosophie. Im Jahre 1256 ward er Ordensgeneral, 1273 durch Gregor X. Bischof von Albano und Cardinallegat. Er starb 1274 während des Concils zu Lyon. Unter Sixtus IV. wurde er canonisirt (1482). Sixtus V. gab ihm den Beinamen doctor seraphicus. (s. de Margerie, essai sur la philosophie de St. Bonav. 1855.)

Albertus Magnus (Albert v. Bollstädt), geb. in der schwäbischen Stadt Lauingen, wahrscheinlich 1193, studirte zu Padua. Das Studium des Aristoteles führte ihn zur Beschäftigung mit den Naturwissenschaften und mit der Medizin. Im Jahre 1223 trat er hier in den Dominikaner-Orden. Nun studirte er Theologie zu Bologna. Zum Lektor ernannt, kam er (um 1228—1230) in das Ordenshaus zu Köln, besonders um die weltlichen Wissenschaften zu lehren. In den Jahren 1232—43 sandte ihn der Orden zur Lehre nach Hildesheim, Straßburg, Freiburg, Regensburg. Auch soll er in dieser Zeit Paris zum Behuf seiner eigenen Studien besucht haben. Im Jahre 1243 übernahm er wieder die Leitung der Kölner Schule. Zwei Jahre darauf schickte ihn der Orden als Lehrer an die Universität Paris. Als er hier die höchste Würde eines Doktors der Theologie erlangt hatte, wurde er wahrscheinlich um 1248 nach Köln zurückgerufen. Der Orden hatte hier die hohe Schule gegründet, die 140 Jahre später zur Würde einer vollen Universität erhoben wurde. Urkundlich bezeugt ist seine Anwesenheit in Köln erst für April 1252. Im Jahre 1254 wurde Albertus vom Provinzialkapitel zu Worms zum Provinzial des Ordens für Deutschland gewählt. Als solcher hatte er zum Behuf der Beaufsichtigung und Leitung der vielen Ordensklöster die deutschen Länder zu bereisen. Selbst eine apostolische Mission nach Polen mußte er übernehmen. Im Jahre 1256 verweilte er zur Vertheidigung seines von der Pariser Universität angegriffenen Ordens am Hofe des Papstes Alexander IV. zu Anagni. Er hielt damals auch theol. Vorträge an der Curie und bekämpfte ebenso die pantheistische Lehre des Averroes. Ein Jahr ungefähr verweilte Albertus in Italien; für 1258 läßt sich seine Anwesenheit in Köln wieder nachweisen. Im Jahre 1260 mußte er nach langem Sträuben auf Befehl des Papstes das Bischofsamt zu Regensburg übernehmen. Zwei Jahre darauf wurde er auf wiederholtes Bitten vom Papst Urban IV. seines Bisthums enthoben. Nach einer kurzen Zurückziehung in ein Kloster wirkte Albertus dann eine Zeit lang als Prediger in Bayern, Schwaben und Franken. Endlich scheint er im Jahre 1267 seinen Wohnsitz wieder in Köln genommen zu haben. Hier starb er im Jahre 1280. — (Seine Biographie schrieben: Sighart, Alb. Magnus, sein Leben und seine Wissenschaft. Regensburg 1857. — Hertling, G. von, Alb. Magnus, Beiträge zu s. Würdigung. Festschrift. 1880. — Bach, Jos., Des Alb. Magn. Vers. z. Erkenntnißlehre d. Gr., Lat., Arab. u. Juden. Festschrift. 1881.) —

Thomas v. Aquino, Sohn des Grafen Landolf von Aquino, geb. um 1227, erhielt den ersten Unterricht von den Mönchen des Monte Cassino. Gegen den Willen seiner Eltern trat er 16 Jahre alt in den Dominikaner-Orden ein. Er studirte zu Paris und Köln. Von hier begleitete er im Jahre 1245 seinen Lehrer Albertus nach Paris, und mit ihm zurückgekehrt im Jahre 1248 trat er als Lehrer an der Kölner Schule auf. Vier Jahre darauf ward er abermals nach Paris geschickt zur Erlangung der theologischen Doktorwürde. Als Baccalaureus hielt er hier Vorlesungen mit großem Erfolg, doch verzögerten die Streitigkeiten seines Ordens mit der Universität seine Promotion bis zum Jahre 1257. Eine Zeit lang lehrte er noch in Paris, dann in verschiedenen Städten Italiens. Hier vollendete er seine Summa philosophica contra gentiles und veranstaltete Uebersetzungen des Aristoteles. In Bologna begann er sein theologisches Hauptwerk, die Summa theologica. Später lebte er in Neapel. Auf der Reise zum Lyoner Concil ist er im Cisterzienser Kloster Fossa nuova bei Terracina im Jahre 1274 gestorben. — Canonisirt ist er unter Johann XXII. im Jahre 1323; er erhielt den Beinamen Doctor angelicus. — Neuerdings hat Papst Leo XIII. in seiner Encyclika „Aeterni Patris" vom 4. August 1879 die Philosophie des Thomas von Aquino für die grundlegende Philosophie der katholischen Kirche erklärt. — Eine Rechtfertigung dieser Bestimmung versuchte Dr. Math. Schneid (Prof. d. Philos. am bischöfl. Lyceum in Eichstädt) in s. Schrift: Die Philosophie d. hl. Thomas v. Aq. u. ihre Bedeutung für die Gegenwart. 1881. Eine gegnerische Beurtheilung hatte schon zuvor veröffentlicht: P. Knoodt, D. Thomas-Encyclika Leo's 2c. 1880, die Schrift ist auf den Index gesetzt. Auch erschien von Fr. Hettinger (Prof. d. Theol. z. Würzburg) eine Schrift: Thomas v. Aq. u. d. europäische Civilisation. 1880. — Sein Leben schrieb: Werner, K., Der heil. Thomas v. Aquino. 3 Bde. Regensburg 1858. 59. — Seine Philosophie behandelte bes.: Ch. Jourdain. 1858; — seine Staatslehre neuerdings bes. J. J. Baumann. 1873.

Duns Scotus (Johannes), geb. um 1274 zu Dun im nördlichen Irland, Franziskaner, studirte zu Oxford. Im Jahre 1304 kam er nach Paris, wo er sich nach siegreicher Vertheidigung der Lehre von der unbefleckten Empfängniß Mariä den Namen Doctor subtilis erwarb. Auf dem Ordenskapitel zu Toulouse wurde er 1307 zum Regens der Schule bestimmt. 1308 ward er als Lehrer an die Schule zu Köln geschickt. Hier starb er im selben Jahre. (Sein Leben und Denken stellte dar: K. Werner. 1881.)

Roger Bacon, geb. 1214 bei Ilchester (Grafschaft Somerset), studirte in Oxford und Paris Mathematik, Medizin, kanonisches Recht, Theologie. Nach Erlangung des Doktorgrades kehrte er nach Oxford zurück. Er ward Franziskaner und lebte nach 1240 in einem Kloster dieses Ordens bei Oxford, den Naturstudien ergeben, für deren Betreibung er allmählich sein ganzes Vermögen hingab. Nach dem Tode seines Gönners Robert Greathead, Bischofs v. Lincoln, (1253) hinderte der Orden die Freiheit seiner verdächtigen Naturstudien. Von 1257—67 verweilte er in Frankreich. Vom Papste

Clemens IV., der zuvor als Legat in England von ihm gehört, aufgefordert seine Ansichten niederzuschreiben, verfaßte B. sein Opus majus, welches den Weg zeigen soll zur wahren, auch der Kirche nützlichen Philosophie. Der Tod des Papstes im Jahre 1268 raubte seinen Ansichten den nöthigen Schutz. Magischer Künste verdächtigt ward er nach dem Beschluß einer zu Paris gehaltenen Ordensversammlung im Jahre 1278 für mehrere Jahre eingekerkert. Bald nach seiner Befreiung (nach 1292) ist er gestorben. — S. über ihn: E. Charles, Roger Bacon, sa vie, sos ouvrages, ses doctrines. Paris 1861. —

Raymund Lull, geb. im Jahre 1235 auf der Insel Majorca, aus vornehmer Familie, trat früh in Hofdienste und brachte es bis zum Groß-Seneschal am Hofe Königs Jacob von Majorca. Nach selbst verschuldetem Lebensleid entschloß er sich durch Visionen erregt ein geistiger Streiter Christi zu werden, den Ungläubigen die Unvernunft ihrer Irrthümer und die Vernunft der christlichen Wahrheit zu beweisen. Zu diesem Zwecke studirte er die arabische Sprache und Logik. Der Wunsch, das schwere Lernen abzukürzen, verleitete ihn zu dem Glauben, daß er in einer Vision die Kunst entdeckt habe, nach einer sicheren Methode aus dem Allgemeinen das Besondere abzuleiten. Er entwickelte die Lehre dieser (Lullischen) Kunst und versuchte nun mit ihr für seine Missionsthätigkeit zu wirken. In Tunis und Bugia stritt er mit den gelehrtesten Saracenen, in Rom suchte er den Papst Bonifacius VIII. für seine Ideen zu gewinnen. Vergebens bemühte er sich ebenfalls um Theilnahme für dieselben bei dem König von Cypern und bei den 1311 zu einem Concil zu Vienne versammelten Cardinälen. Von den Saracenen ward er mißhandelt, eingekerkert, und starb bei einem dritten Missionsversuch in Folge der in Tunis erduldeten Martern auf der Rückfahrt im Jahre 1315. Canonisirt ward er 1419. — Ueber ihn schrieb: Perroquet, la vie et le martyre du doct. illuminé R. Lulle, avec une apologie de sa sainteté et de ses oeuvres. 1867. — Helfferich, Raymund Lull und die Anfänge der Catalon. Literatur. 1858. —

Dante (Durante Alighieri), geb. 1265 in Florenz, gest. zu Ravenna 1321. Nach dem Tode seiner Geliebten suchte Dante Trost in der Beschäftigung mit der Philosophie. In Paris zogen ihn besonders die Vorlesungen des Thomisten Siger an. Dieser Einfluß der scholastischen Lehren zeigt sich in der Divina commedia (beste Ausgabe von C. Witte. Berlin 1862; beste deutsche Uebersetzung von Philalethes, dem König Johann von Sachsen. 3 Bde. 1849.) — Von dem Verhältniß Dante's zur Philosophie handelt: Ozanam, Dante et la philos. cathol. au 13. siècle, nouv. ed. 1845. Sein Leben schrieb: Wegele, Dante's Leben und Werke, kulturgesch. dargest. 2. A. 1865.

Wilhelm v. Occam, geb. im Jahre 1347 zu Occam (Grafschaft Surrey) in England, studirte zu Oxford, bekleidete ein Pfarramt, trat in den Franziskanerorden, ward Anhänger des Duns Scotus, bestritt aber dann als Erneuerer des Nominalismus den Realismus seines Lehrers. Auch suchte er die Gebiete des Wissens und Glaubens auf's Schärfste zu sondern. Damit verband er freiere Ansichten über die Beziehungen von Kirche und Staat, bekämpfte z. B. in einer 1305 geschriebenen Disputation (inter clericum et militem) die Ansprüche Bonifacius VIII. und überhaupt die weltliche Herrschaft der Päpste. Später wollte er auch in geistlichen Dingen den Papst der Kirche unterworfen sehen. Zufolge dieser Polemik ward er in Avignon eingekerkert. Aus dem Kerker entflohen im Jahre 1328 fand er Schutz bei Ludwig dem Bayern in München, wo er 1347 gestorben ist. Spätere Nominalisten gaben ihm den Ehrennamen „venerabilis inceptor" oder „doctor invincibilis". —

Unter den ihm folgenden Nominalisten sind besonders zu nennen: — Johann Buridan, gegen Ende des dreizehnten Jahrh. geb. zu Bethune in Artois, Schüler und Lehrer der Artistenfakultät zu Paris, bekannt durch s. Summula de dialectica 1487, die den Namen der Eselsbrücke (pons asinorum) erhalten zu haben scheint, weil sie auch den Unbegabteren das Eindringen in die Logik, namentlich das Auffinden des Mittelbegriffs erleichtern sollte, und ebenso bekannt durch das an seinen Namen geknüpfte Bild des zwischen zwei gleiche Bündel Heu gestellten Esels zur Benutzung bei der Erörterung der Willensfreiheit, das sich aber in s. Quaestiones in X libros Ethic. Arist. 1489 nicht findet; — und Raymund von Sabunde, zu Barcelona gegen Ende des vierzehnten Jahrhunderts geb., Lehrer der Philosophie, Medizin und Theologie an der Universität zu Toulouse, besonders bekannt durch s. wahrsch. 1436 ersch. theologia naturalis s. liber creaturarum, welche den Einklang zwischen dem Buche der Natur und der Bibel darzulegen sucht, deren Prolog vom Tridentiner Concil auf den Index gesetzt ward.

Die Pariser Universität erließ im Jahre 1339 ein Verbot nach Occam's Büchern zu lehren, im Jahre darauf erfolgte die feierliche Verwerfung des Nominalismus. Trotzdem wuchs der Anhang unter Dominikanern und Augustinern, obschon sich die sonst mit einander streitenden Thomisten und Scotisten zum Kampf gegen diesen gemeinsamen Gegner verbanden. Den letzten Versuch diese Ueberzeugung gewaltsam zu unterdrücken machte Ludwig XI. durch ein Edikt vom Jahre 1473, das alle Lehrer der Pariser Universität eidlich auf den Realismus verpflichtete. Doch schon im Jahre 1481 wurde der Nominalismus wieder frei gegeben. — Die durch ihn schließlich auf die Spitze getriebene Scheidung von Kirchenlehre und Philosophie mußte zum selbstständigen Betrieb beider Disciplinen führen und mit dem Aufgeben des Grundsatzes der Scholastik, daß die Philosophie die Magd der Theologie sei, die Auflösung dieser selbst vorbereiten.

D. Philosophie der Reformzeit.

Literatur: Voigt, G., Die Wiederbelebung des klass. Alterthums oder d. erste Jahrhundert des Humanismus. 2 Bde. 2. A. 1880 u. 81. — Burckhardt, J., Cultur der Renaissance in Italien. 3. Aufl. 1878. — Carriere, M., Die philos. Weltanschauung der Reformationszeit in ihren Beziehungen zur Gegenwart. 1847. — Schultze, Fr., Geschichte der Philosoph. der Renaissance. Bd. 1. Plethon u. s. reform. Bestrebungen. 1874. — Erhard, H. A., Gesch. d. Wiederaufblühens wissenschaftl. Bildung, vorn. in Teutschland bis z. Anfange d. Reformation. 3 Bde. 1827, 30 und 32. — Meiners, C., Lebensbeschreibungen berühmter Männer aus den Zeiten der Wiederherstellung d. Wissenschaften. 3 Bde. 1795, 96, 97. — Ullmann, K., Reformatoren vor d. Reformation, vorn. in Deutschland und den Niederlanden. 2 Bde. 1841 u. 42. — Hagen, K., Deutschlands literar. u. religiöse Verhältnisse im Reformationszeitalter. 3 Bde. 1841, 43, 44. — Rixner u. Siber, Leben u. Meinungen berühmter Physiker im 16. und 17. Jahrh. 7 Hefte. 1819—26. — Apelt, Epochen d. Gesch. d. Menschh. 2 Bde. 1845. 46. — Kaltenborn, v., Vorläufer des Hugo Grotius. 1848. — Bluntschli, J. K., Gesch. d. allgem. Staatsrechts u. d. Politik (seit d. 16. Jahrh.) 1864. — Hinrichs, Gesch. d. Natur- u. Völkerr. 3 Bde. 1848—52.

Die Befreiung von der mittelalterlichen Schulweisheit begann mit einer von Italien ausgehenden Wiederbelebung der das klassische Alterthum betreffenden Studien im 14. Jahrhundert. Anfangs wurden mit tieferem Verständniß noch einmal die Lehren der verschiedenen alten Philosophen erneuert. Platoniker und Aristoteliker bekämpften einander; auch Neuplatonismus, Stoicismus, und Epikureismus fanden geistvolle Vertreter. Der Ertrag dieser Kämpfe bestand jedenfalls der Scholastik gegenüber in einer gesteigerten Kenntniß und freieren Auffassung der alten Philosophen. Die Förderer dieser Studien wurden im Gegensatz zu den Scholastikern Humanisten genannt. Sie trugen bald in allen Ländern der damaligen europäischen Civilisation zur Wiederbelebung der Wissenschaften und Künste bei und in Deutschland besonders auch zur Vorbereitung der religiösen Reform. In Folge dieser Anregungen schossen dann über=

all Keime neuer philosophischer Entwickelungen auf, so in Italien und Deutschland neue Ideen der Naturphilosophie und Theosophie, in Frankreich und England neue Versuche des Skepticismus und Empirismus, in allen Ländern endlich neue Ideen von Rechtsphilosophie und Politik. — Alle diese Bestrebungen, die in engster Verbindung standen mit den großen Ereignissen und Entdeckungen dieser Zeit, mit der Verdrängung griechischer Cultur nach Westen durch die Türken, mit der Erfindung und Anwendung des Compasses im 14. Jahrhundert, mit der Entdeckung neuer Erdtheile, mit der Erfindung der Buchdruckerkunst im 15. Jahrhundert, mit dem Sturz des Ptolemäischen Weltsystems durch Kopernikus und mit der Begründung und Ausführung der neuen Naturanschauung durch Keppler und Galilei im 15. und 16. Jahrhundert, endlich mit dem Durchbruch der Reformation und ihren kirchenpolitischen Folgen, kamen zusammen um die Weltanschauung des Mittelalters zu stürzen und die Philosophie der Neuzeit vorzubereiten.

Humanisten.

Petrarca, geb. 1304, gest. 1374, suchte der scholastisch-aristotelischen Schulphilosophie gegenüber eine Lebensphilosophie zu gewinnen, hob den Platon hervor, schätzte Cicero und Seneca (bes. s. Schriften: de sua ipsius et multorum ignorantia, de contemptu mundi, de vera sapientia, s. über ihn: J. Bonifas, de Petrarcha philosopho. 1863; Maggiolo, de la philos. mor. de Petrarque. 1864 und G. Koerting, Petr. Leben und Werke. 1878.) — Sein Freund Boccaccio (1313—1375) spottete wohl auch über die scholastischen Philosophen, hielt aber doch im Wesentlichen die Philosophie nur für die Kunst der scholastischen Dialektik und Aristoteles „in allen bedeutenden Dingen für die würdigste Autorität" (so vita di Dante). Dagegen schien ihm die christliche Lehre nur eine relative Wahrheit zu besitzen, in seinem Decamerone (I. nov. 3.) findet sich die später von Lessing im Nathan benutzte Geschichte von den drei Ringen. — Ein Zögling Petrarca's, Joh. Malpighi, lehrte mit Erfolg zu Padua und Florenz. — Der erste Grieche, der als öffentlicher Lehrer der griechischen Sprache und Literatur in Italien auftrat, war Manuel Chrysoloras, er starb 1415 zu Kostnitz. — Am Hofe des Cosimo von Medici (1389—1464) zu Florenz erneuerte Georg. Gemistos Plethon, geb. um 1355 in Konstantinopel, das Studium der platonischen und neuplatonischen Philosophie; seine Schrift „über den Unterschied der platon. u. aristot. Philosophie" gab den Anstoß zu einer eifrigen Fehde zwischen Platonikern u. Aristotelikern.

Es bildete sich aus einem Vereine dortiger Gelehrten, die sich bei den Augustinern von San Spirito zum Disputiren über Dialektik, Physik und Metaphysik versammelten, die florentinische Akademie, deren Name an Platon's Schule erinnerte. Als einflußreicher Anhänger des Platonismus wirkte Bessarion, geb. 1395 zu Trapezunt, 1436 Erzbischof von Nicaea, dann Patriarch von Konstantinopel, kam 1438 nach Florenz, von Papst Eugen IV. zum Kardinal gemacht, gest. 1472. Er wollte in seiner Schrift adversus calumniatorem Platonis. Rom 1469 Platon und Aristoteles verbinden. Die Seele der genannten Akademie wurde Marsiglio Ficino geb. 1431, den Cosimo als fähigen Knaben erziehen und zum Philosophen der Zukunft hatte vorbilden lassen. Derselbe übersetzte den Platon und Plotin. Er starb als Lehrer der Akademie 1499. —

Als Gegner des Platonismus und als Vertheidiger des Aristoteles traten auf: Lionardo Bruni, geb. 1369 in Arezzo, Schüler des Chrysoloras in Florenz, 1405 von Papst Innocenz VII. in's apostolische Sekretariat berufen, später wieder zu Florenz in angesehener Stellung, 1427 das. Staatskanzler, gest. 1444, dessen aristotelische Uebersetzungen sich rasch über Italien und weiter verbreiteten. Der Herzog von Glocester erbat sich von ihm ein Exemplar seiner aristotelischen Politik, Bruni selbst schickte ein Exemplar dem Könige von Aragon nach Spanien. — Georg v. Trapezunt, geb. 1395 auf Candia, lehrte zu Venedig, Padua, Vicenza und Florenz. Papst Eugen IV. rief ihn nach Rom, Nikolaus V., der Mäcen der Humanisten, war anfangs auch sein Gönner, bis seine Zwistigkeiten nöthigten ihn 1452 aus Rom zu verbannen, wozu nach seiner Rückkehr dem Papst Calixtus III. 1458 noch einmal Anlaß gegeben wurde durch seine „Vergleichung der Philosophen Aristoteles und Platon", an der besonders seine Verspottung des Cardinals Bessarion und seine Bevorzugung des Muhammed als Gesetzgebers vor Platon Anstoß erregte. Unter Pius ward ihm verstattet nach Rom zurück zu kehren, wo er 1484 starb. — Sein feindlicher Nebenbuhler in der Uebersetzungskunst Theodoros Gaza aus Thessalonich, der um 1430 nach Italien kam und 1450 von Nicolaus V. als Lehrer der Philosophie in Rom angestellt wurde, erwarb sich ebenfalls Verdienste um die Kenntniß des Aristoteles. Dasselbe ist zu sagen von: Johannes Argyropulos, aus Konstantinopel, Lehrer des Griech. am Mediceerhofe, gest. zu Rom 1486; Angelo Poliziano 1454—94.

Zu den berühmtesten Peripatetikern in Italien gehören der

als Naturforscher berühmte Andreas Caesalpinus, geb. zu Arezzo 1519, Leibarzt des Papstes Clemens VIII., gest. 1603; — M. A. Zimara, geb. 1460, gest. zu Padua 1532; — Jak. Zabarella, geb. zu Padua 1533, das. Lehrer, gest. 1589; — C. Cremonini, geb. im Herzogth. Modena, Lehrer in Padua, gest. 1631. (Ueber ihn: Mabilleau, la philos. de la renaiss. en Italie. (C. Cremonini.) 1881). Diese Männer faßten den Aristoteles meist im Sinne des arabischen Commentators Averroes (geb. zu Cordova 1126, gest. am Hof zu Marokko 1198) auf. Nach dieser averroistischen Auffassung wurde Gott pantheistisch als das Wesen der Dinge angesehen, als der thätige Weltverstand, der mit den Seelen der irdischen Einzelwesen ein und dieselbe Substanz bilde. (E. Renan, Averroës et l'Averroisme. 2 éd. 1865). —

Mehr im Sinne von Alexander v. Aphrodisias erklärte denselben Petrus Pomponatius aus Mantua, geb. 1642, Lehrer in Padua, gest. zu Bologna 1524. Durch die Behauptung seines tractatus de immortalitate animae Bonon. 1516, daß es nach Aristoteles keine Beweisgründe für die Unsterblichkeit der Seele gebe, gerieth er in einen heftigen Streit mit seinen kirchlich aristotelischen Gegnern, gegen die er sich durch die Unterscheidung zwischen natürlichem Wissen und positivem Glauben zu schützen suchte. Den Abstand des aristotelischen Systems von der kirchlichen Lehre sprach er bestimmt aus in seiner Schrift de fato, libero arbitrio, praedestinatione, providentia Dei etc. Bonon. 1520, auch erklärte er stets, daß ihm nicht Aristoteles, sondern die Kirche als Autorität gelte. — Aus seiner Schule gingen unter Anderm hervor: Simon Porta aus Neapel, gest. 1555, von dem eine Schrift erschien: de rerum naturalibus principiis, de anima et mente humana Flor. 1551 — u. Jul. Caesar Scaliger, geb. zu Ripa 1484, gest. 1559, der 1557 in einer bes. Schrift Cardanus bestritt. — „Für die Gallier restaurirte den Aristoteles der Stapulenser Faber", sagte Reuchlin. Jacob Faber wirkte als Lehrer der Philosophie an der Sorbonne bis 1507 und starb 1537. Er schrieb Einleitungen zu Aristoteles Ethik, Politik und den Büchern von der Seele. In seiner Richtung folgte er dem Nicolaus von Cusa. — Gleichzeitig ward von Anderen der scholastische Aristotelismus heftig bekämpft, so von: Laurentius Valla in der 1499 zuerst gebr. Schrift dialecticae disputationes contra Aristotelicos. Er soll 1407 zu Piacenza geboren sein, aufgewachsen ist er zu Rom. Später lebte er am Musenhofe König Alfonso's von Neapel, in dessen Dienst er getreten, nachdem er zuvor vergeblich bei Papst Martin um eine Stelle in der apostolischen Kanzlei angehalten, in Pavia seit 1431 zwei Jahre als Lehrer der Rhetorik gelehrt und sich vorübergehend in Mailand, Genua, Ferrara und Mantua aufgehalten hatte. Er schrieb Dialoge über die Wollust (und das wahrhaft Gute) 1431, welche die stoische und epikureische Lehre vergleichen; man hielt die Verherrlichung der Wollust für ihren eigentlichen Zweck und den dargelegten Sieg der christlichen Ethik für Schein. Gegen die hergebrachte Logik und Dialektik schrieb er s. „dialektischen Disputationen" oder „die Repastination der Dialektik". Mehr noch als seine Dialoge nahm eine Schrift vom Jahre 1440 gegen die Konstantin. Schenkung das päpstliche Rom und die Geistlichkeit gegen ihn ein, so daß er auf einer Reise nach Rom vor der Inquisition flüchten mußte. Erst Papst Calixtus machte ihn zum apostolischen Scriptor. Er starb 1457. (J. Vahlen, L. Valla, ein Vortrag. 1870). — In Frankreich ward später die dialektische Doktrin des Aristoteles heftig bekämpft von Petrus Ramus, geb. 1515, ermordet in der Bartholomäusnacht 1572. Er suchte besonders die aristotelische Logik praktisch zu vereinfachen. Als Logiker und Mathematiker hat er Verdienste. Er schrieb: animadversiones in dialecticam Aristot. lib. XX. Par. 1543 u. dialecticae partitiones ad Academ. Paris; später unter d. Titel: „institutiones dialecticae" herausg. 1543 und als Gegenschriften gegen die Schrift seines Gegners Carpentarius „descriptio universae naturae ex Aristotele" die Schriften: scholarum physic. libri VIII in totidem acroamat. libros Aristot. 1565 u. scholar. metaphysic. libri XIV in totidem metaphys. Aristot. libros. 1566. (Ueber ihn schrieb: Ch. Waddington, Petr. Ram., sa vie, ses écrits et ses opinions 1855 u. Ch. Desmaze, Petr. Ram., sa vie, ses écrits et sa mort. 1864.)

Kabbalistische Doktrinen verbanden mit Neuplatonismus: Johann Pico von Mirandola 1463—94 und Joh. Reuchlin, geb. zu Pforzheim 1455, gest. 1522. Sein Leben schrieben: E. Th. Meyerhoff, 1830, L. Geiger, 1870. — Im Anschluß an Reuchlin und Raymund Lull verbindet Mysticismus, Magie und Skepticismus Agrippa von Nettesheim, zu Köln geb. 1487, gest. 1535. Er schrieb de occulta philosophia 1510, de incertitudine et vanitate scientiarum 1531. Seine opera erschienen 1550, deutsch in Stuttgart 1856. Ueber ihn schrieb: H. Morlay, the life of H. C. Agrippa v. N. 2 vls. 1856. — In Deutschland wurden Philologie und Philosophie besonders neu belebt durch den schon genannten Reuchlin — durch Rud. Agricola 1442—85, dessen Schrift de inventione dialectica. Colon. 1527 besonders die Logik zu reinigen suchte — durch Desiderius Erasmus, geb. zu Rotterdam 1467, gest. 1536, von dem zu nennen sind: das Encomium Moriae (das Lob der Thorheit) Argent. 1511 und die Schrift de libero arbitrio (T. 9 u. 10 b. Opera ed. Le Clerc), die Luther bekämpfte. Ueber ihn schrieben: H. Durand de Laur, Erasme précurs. et initiat. de l'esprit moderne. 2 vls. 1872 u. R. B. Drummond, Er. his life and character. 1873. — Zu dem Kreise dieser Männer gehört der Richtung nach auch Ulrich von Hutten, geb. 1488, gest. 1523. Sein Leben schrieb Dav. Strauß. 3 Bde. 1858—60. 3. A. in 1 Bd. 1871 u. s. ges. Schriften. Bd. 7. 1877. Diese Männer schufen einen günstigen Boden für die Reformation. Aus diesem Kreise gingen die Epistolae obscurorum virorum 1515 u. 1517, hervor (beste Ausgabe von E. Böding, 2 Bde. 1869; deutsch v. W. Binder. 1876).

Die Reformatoren.

Luther, geb. 1483, gest. 1546, tadelt in seiner Schrift an den christlichen Adel deutscher Nation vom Jahre 1520 die philosophische Schulweisheit der Universitäten. Des Aristoteles Bücher über Physik, Metaphysik, die Seele und die Ethik sollen abgethan und nur dessen Logik, Rhetorik und Poetik behalten werden. Auch in den „Tischreden" hält er Dialektik und Rhetorik hoch. — Melanchthon, geb. 1497, gest. 1560, besaß eine höhere Meinung von der Philosophie und besonders vom Aristoteles und hat durch seine philosophischen Lehrbücher der Rhetorik 1519, der Dialektik 1520, der Physik 1540, der Ethik 1550 lange Zeit auf die philosophische Lehre der protestantischen und selbst der katholischen Schulen und Universitäten gewirkt. In einer Rede beim Antritt seines Wittenberger Lehramts 1518 vertheidigt er die neuen Humanitätsstudien im Gegensatz zu der alten, barbarischen Studienweise der Scholastik. In einer 1535 gehaltenen Rede „über den Nutzen der Philosophie" empfahl er das Studium derselben, wie das der Sprachen.

> Luther's Werke, vollst. hrsg. v. Walch in 24 Bdn. Halle 1740—53; Sämmtliche Werke herausgeg. von Enders und Irmischer. 67 Bände, Erlangen 1828—1870. — Melanchthon's Werke, neuerdings im Corpus reformat. von Bretschneider und Bindseil in 28 Bdn., philosoph. und ethische Schriften besond. Bd. 13 u. 16, Einzelnes auch Bd. 11 und 20. Halle und Braunschweig 1834—60. M's. Verdienste um die philosoph. Wissenschaften entwickelten: C. Schmidt in s. Leben u. ausgew. Schriften M's. Buch 5. Kap. 2. 1861 u. Arth. Richter, M's. Verdienste um d. philos. Unterricht. 1870.

Naturphilosophie und Theosophie in Italien und Deutschland.

Als Vater der deutschen Speculation wird wohl etwas übertrieben im Ausdruck mitunter Meister **Eckhart** genannt, geb. um 1260 wahrscheinlich in Thüringen, als Lehrer in Köln gest. 1327. (Seine Predigten und kleineren Schriften neuerdings herausg. in der von Pfeiffer herausg. „deutsch. Mystik b. 14. Jahrh. Bd. 2. 1857." Ueber ihn: Jos. Bach, M. Eckhart, der Vater der deutschen Speculation. 1864; — A. Lasson, Eckhart der Mystiker. 1868). — Ihm folgte H. Suso aus Schwaben gest. 1365 und Joh. Tauler, geb. um 1290, gest. 1361 zu Straßburg.

Nicolaus v. Cusa, geb. 1401 zu Cues an der Mosel im Trierschen, gebildet zu Deventer in der Schule der Brüder des gemeinsamen Lebens, studirte zu Padua die Rechte und Mathematik, ward dann Geistlicher, war zugegen auf dem Baseler Concil, ward 1448 Cardinal, 1450 Bischof von Brixen. Er war ein Vorläufer des Kopernikus und lehrte die räumliche und zeitliche Unbegrenztheit des All. Er starb 1464 zu Todi in Umbrien. — Seine Werke ersch. von Faber ed. Paris 1514, ferner Basel 1565, die wichtigsten Schriften, deutsch v. Scharpff. 1862. Ueber ihn schrieb: R. Falckenberg, Grundzüge d. Philos. des N. C. 1880. —

Hieronymus Cardanus, geb. 1501 zu Mailand, Mathematiker, Arzt und Philosoph, studirte und lehrte zu Pavia und Padua, lebte später als berühmter Arzt in Mailand bis 1554, dann wieder in Pavia, bis der Schmerz über die ungerechte Hinrichtung seines Sohnes im Jahre 1566 ihn forttrieb. In Bologna ward er selbst eingekerkert, freigesprochen ging er 1571 nach Rom, wo er 1576 starb. Er verfaßte eine interessante Autobiographie 1542 (fortges. 1575). S. philos. Schriften handeln: de subtilitate 1552 u. de rerum varietate 1556. S. Werke 10 vls. Lyon 1663.

Bernardinus Telesius, geb. 1508 zu Consenza im Neapolitanischen, studirte in Rom und Padua und lebte dann seit 1535 als Doktor in Rom, den neuen Naturstudien ergeben. Nach dem Erscheinen seiner Schrift de natura rerum 1565 ward er als Lehrer nach Neapel berufen, hier gründete er die naturforschende Consentiner Gesellschaft und lehrte bis an seinen Tod 1588. Er schrieb 9 Bücher de natura rerum iuxta propria principia. 1565 u. 1570 zu Rom theilweis und 1586 zu Neapel ganz erschienen. — S. Bartholmèss, de B. Telesio. Paris 1850. F. Fiorentino, B. Tel., 2 vols. 1872 u. 74.

Giordano Bruno, geb. 1548 zu Nola im Neapolitanischen, ward Dominikaner, verließ aber bald wieder den Orden, dessen Verhalten zur Wissenschaft ihn nicht befriedigte. Unruhig bereiste er seit 1578 lernend und lehrend viele Universitätsstädte der Schweiz, Frankreichs, Englands, Deutschlands. Die Annahme des Kopernikanischen Weltsystems vollendete seinen Bruch mit dem kirchlichen Dogma. Von der Inquisition verfolgt ward er in Venedig gefangen genommen und 1593 nach Rom ausgeliefert. Hier lag er sechs Jahre im Kerker der Inquisition und ward dann am 17. Februar 1600 auf dem Campo di Fiore verbrannt. —

S. hauptſ. philoſ. Schriften: della causa, principio et uno, und dell' infinito universo e mondi 1584. Die erste Schrift erſch. überſ. mit erl. Anmerk. v. Ad. Lasson in der Philoſ. Biblioth. Bd. 53. 1872. — Seine Schrift De umbris idearum eb. neu S. Tugini. 1868. — Die italienischen Schriften gab heraus A. Wagner. 1830 und zur Ergänzung die latein. Schriften: Gfrörer 1834; letztere seit 1879 vollständiger auch F. Fiorentino. Ueber ihn ſ.: Steffens, Nachgelassene Schriften 1846. — Chr. Bartholmèss, Jord. Bruno. 2 tms. 1846. 47. — Clemens, F. J., Giord. Bruno und Nicolaus v. Cusa. 1847. — D. Berti, Vita di G. Bruno de Nola. 1868. u. Documenti intorno a. G. B. 1880. — — Chr. Sigwart, die Lebensgeschichte G. Bruno's. Tübing. Progr. 1880 u. kl. Schrift. Th. 1. 1881.

Thomas Campanella, geb. 1568 zu Stilo in Calabrien, Dominikaner in den Klöstern des Ordens zu St. Giorgio und Conſenza, besonders ergeben dem Studium der alten Philosophen und der Schriften des B. Telesius, auf dessen Tod er eine Elegie dichtete, 1588. Zu Neapel schloß er sich der dortigen Telesianischen Akademie an und vertheidigte hier in einer Schrift: philosophia sensibus demonstrata 1590 zugleich die Lehre des Telesius. Unruhig wandernd lebte er dann eine Zeit lang in Rom, Florenz, Venedig, Padua, Bologna, überall schriftstellerisch thätig und an den religiösen und politischen Kämpfen seiner Zeit betheiligt. Im Jahre 1598 nach Stilo heimgekehrt, ward er der Theilnahme an einer Verschwörung gegen die spanische Regierung angeklagt, gefangen gesetzt und bis 1626 in zuerst strenger, später leichterer Haft gehalten. Befreit ging er nach Rom, mußte aber auch hier wieder aus anderen Gründen noch einige Jahre in Haft der Inquisition zubringen. Im Jahre 1635 ging er nach Paris und lebte hier im Dominikanerkloster St. Jacques geehrt bis an seinen Tod 1639. Seine Erkenntnißlehre, welche als Quellen der Erkenntniß Offenbarung und Natur unterschied, die erste als Fundament der Theologie, die letzte als Fundament der Philosophie, hat Fülleborn in seinen Beiträgen zur Geschichte der Philosophie St. VI. (Campan.

über die menschliche Erkenntniß, mit einigen Bemerkungen über dessen Philosophie) mitgetheilt. — Es erschien: Opere di Tommaso Campanella. herausg. von Aless. d'Ancona. 2 vls. 1854. — Ueber ihn schrieben: Baldachini, Vita e filosofia di Tomm. Campan. 2 vls. 1840. 43. — Sigwart, Christ., Thom. Campan. u. seine polit. Ideen, in s. kl. Schriften. Bd. 1. 1881.

Lucilio Vanini, geb. um 1585 in Taurisano bei Neapel, vertrat in seinen Amphitheatrum aeternae providentiae 1615 und in seinen Dialogen de admirandis naturae reginae deaeque mortalium arcanis 1616 eine naturalistische Doktrin, die als Atheismus angefeindet wurde. Er wurde 1619 zu Toulouse verbrannt. — Ueber ihn schrieben: J. Toulan, étude sur L. Vanini 1869 und E. Vaïsse, L. V., sa vie, sa doctrine, sa mort. (extr. des mém. de l'Acad. imp. des sc. de Toulouse) 1871.

Theophrastus Paracelsus (wahrsch. übers. aus Hohenheim), geb. 1493 zu Einsiedeln in der Schweiz, bereiste als Arzt und Naturkundiger viele Länder Europas, gründete und bekleidete in Basel einen Lehrstuhl der Medizin und Naturwissenschaften, verließ jedoch bald in Folge von Zwistigkeiten die feste Stellung wieder und starb nach abermaligem unstäten Umherwandern im Jahre 1541 zu Salzburg. Er trat im Gegensatz zu der nur aus den Alten und aus Büchern geschöpften Wissenschaft als Reformator der Naturkunde und Medizin auf, begründete neue Ansichten über Leben und Krankheit, indem er in phantastischer Weise das chemische und naturphilosophische Wissen seiner Zeit mit theosophischen Ideen verband. Die Lehre vom Makrokosmus und Mikrokosmus (der großen und der kleinen Welt, dem Weltall und der Menschenwelt), und von dem wunderbaren Verhältniß dieser Welten zu einander, bildete den Mittelpunkt seiner Speculation. —

> Seine Schriften erschienen von Huser ed. in Basel 1589, später ergänzt u. d. Ausg. v. 1663—5. — Ueber ihn: Lassing, Par. Leben u. Denken. 1839; — E. Schmeisser, d. Medizin d. P. im Zusammenh. mit s. Philos. (Berlin Dissert.) 1869; — Th. Mook, Th. Par., eine krit. Studie. 1876. — Sigwart, kl. Schr. Bd. 1.

Anhänger seiner Richtung waren: Rob. Fludd, geb. 1574 zu Milgate (Grafschaft Kent), trat auf seinen Reisen durch Frankreich, Deutschland, Italien mit den berühmtesten Gelehrten seiner Zeit in Verbindung, lebte später als Arzt in London, und starb daselbst 1637. — Joh. Baptista von Helmont, geb. 1577 zu Brüssel, studirte Medizin und ward noch jung berufen, dieselbe an der Universität Loewen zu lehren. Als er bei einer Krankheit die Wirkungslosigkeit der Heilmittel sah, gab er Amt und Studien auf und durchreiste Deutschland, die Schweiz und England, um bessere Weisheit zu suchen. Er lernte die Geheimnisse der Alchymie und die Lehren des Paracelsus kennen und wurde durch sie wieder zur Wissenschaft zurückgeführt. Um diesen Studien sich ungestört zu ergeben, zog er sich zurück in die kleine Stadt Vilvorden bei Brüssel. Trotz des von ihm aufgefundenen Mittels zur Verlängerung des Lebens starb er schon im Jahre 1644. — Sein Sohn Franz Mercur, geb. 1618, nach einem unstäten Leben gestorben zu Berlin 1699, theilte seine Ansichten und verbreitete sie durch seine Schriften „the paradoxal discourses concern. the macrocosm. and microc. 1685 und opusc. philos., quibus continentur princip. philos. antiquiss. et recentiss. 1690.

Valentin Weigel, geb. 1533 bei Dresden, lebte eine Zeit lang in Leipzig und Wittenberg, dann als Pfarrer in Zschopau. Er starb 1588. — Sein Leben schrieb: J. O. Opel, Val. Weigel, ein Beitrag zur Literatur- u. Culturgesch. Deutschl. im 17. Jahrh. 1864.

Nicolaus Taurellus (Ochslein oder Oechsle), geb. 1547 zu Mömpelgard, studirte Theologie in Tübingen, dann Medizin, ward 1570 Doktor der Medizin in Basel. In seiner daselbst 1573 erschienenen Schrift: philosophiae triumphus etc. feiert er den Triumph der Befreiung der Philosophie vom Aristotelismus und im evangelisch kirchlichen Sinne die Herstellung einer mit der Theologie harmonirenden Philosophie. Er will nicht christlich glauben und heidnisch denken. Später erhielt er einen Lehrstuhl der Physik und Medizin zu Altdorf. Um der Ruhe willen beschränkte er sich eine Weile auf diese Wissenschaften, griff aber dann 1597 in seiner Schrift Alpes caesae abermals den Aristotelismus in der Vertretung des Andr. Caesalpinus an. Später schrieb er noch lateinisch eine Kosmologie 1603, eine Ouranologie 1605 und eine von Leibniz geschätzte Schrift über die Ewigkeit der Dinge 1604. Er starb 1606. — Ueber ihn schrieb: Schmid aus Schwarzenberg: Nic. Taur., der erste deutsche Philosoph. 1864.

Jakob Böhme, geb. 1575 zu Altseidenberg bei Görlitz, als Schusterlehrling durchwanderte er deutsche Länder, ließ sich 1599 (nach Fechner) als Meister in Görlitz nieder. Allerlei mystische Schriften hatten schon auf der Wanderschaft seinen Geist erregt, ein besonderer Anlaß im Jahre 1610 trieb ihn Einheit und Ausdruck für seine Anschauungen zu suchen. Ein Jahrzehnt verging, bis ihm dies gelang, in einer Schrift „Aurora oder die Morgenröthe im

Aufgange". Die Gegnerschaft des Oberpredigers Richter veranlaßte den Görlitzer Magistrat ihm das Schreiben zu verbieten. Nach sieben Jahren erst widersetzte sich Böhme diesem Befehl durch Herausgabe neuer Schriften. Eine derselben „der Weg zu Christo" 1623 zog ihm abermals die Feindschaft der Ortsgeistlichkeit zu, gegen die sich Böhme durch eine Reise an den Dresdener Hof zu schützen suchte. Er starb 1624. —

  Seine Werke erschienen zuerst 1675 zu Amsterdam; neuerdings gab sie heraus Schiebler in 7 Bdn. 1831—47. Ueber ihn schrieben: Hamberger, J., die Lehre des deutsch. Philos. J. Böhme. 1844. — Fechner, H. A., J. Böhme, s. Leben u. s. Schriften. 1857. — Peip, A., J. Böhme, d. deutsche Philos., d. Vorläufer christl. Wissensch. 1860. — Ad. v. Harleß, J. B. u. d. Alchymisten. 2. Aufl. 1882. — H. Martensen, J. B., Theosoph. Studien. Autor. deutsche A. v. Michelsen. 1882.

Skepticismus und Empirismus in Frankreich und England.

Michel de Montaigne, geb. 1533 in Perigord auf der Besitzung seines Vaters, der Herrschaft Montaigne, bereiste Frankreich, Italien, die Schweiz, Deutschland, ward Maire von Bordeaux, Deputirter der Generalstände, gab 1580 die ersten Bücher, 1588 das dritte Buch seiner essais heraus, ward zur Zeit des Krieges und der Pest, die seine Besitzungen heimsuchte, daselbst im Jahre 1592 vom Tode ereilt.

  Seine viel gelesenen Essais erschienen oft, neuerdings: nouv. édit. précéd. d'une lettre à M. Villemain sur l'éloge de M. par M. Christian 1846. — u. Essais, avec les notes de tous les comment. choisies et compl. par M. Le Clerc, et une nouv. étude sur M. par Prévost-Paradol. 1865. — ferner M. essais, texte origin. de 1580, avec les variantes des édit. de 1582 et 1587, publ. par Dezeimeris et Barkhausen. 1870 ff. — Ueber ihn: A. Catalan, études sur M. anal. de sa philos. 1847. — A. Leveau, étude sur les essais de M. 1870 u. die Jenenser Dissertat. von H. Thimme u. A. Henning über M's. Skepticismus. 1876 u. 79.

Pierre Charron, geb. zu Paris 1541, Sohn eines Buchhändlers, studirte die Rechte zu Orleans, dann zu Bourges, dort zum Doktor promovirt kam er nach Paris, ward Advokat beim Parlament, blieb aber in dieser Stellung nur einige Jahre, da er keinen Erfolg sah. Er widmete sich nun dem geistlichen Stande, gewann Ruf als Prediger, wurde Chorherr in verschiedenen Städten. Die Königin Marguerite ernannte ihn zu ihrem Prediger, auch vor

Heinrich IV. predigte er wiederholt mit Erfolg. Seinem Eintritt in ein Kloster zu Paris stellten sich 1585 Hindernisse entgegen. In Bordeaux gewann er die Freundschaft Montaigne's. Sein erstes 1594 erschienenes Werk: les trois vérités contre tous athées, idolâtres, juifs, mahométans, hérétiques et schismatiques bewies die Existenz Gottes, die Wahrheit der christlichen und die ausschließliche Heilsgültigkeit der katholischen Religion. Der Bischof Ebrard von St. Sulpice machte ihn zum Domherrn seiner Kirche zu Cahors. Im Jahre 1600 und 1601 erschien dann seine unter dem Einfluß der Skepsis Montaigne's entstandene Schrift de la sagesse, eine zweite verstümmelte Ausgabe 1604, eine nach dem Manuscript des Autors wiederum vervollständigte und mit einer von ihm selbst geschriebenen Vertheidigung versehene Ausgabe 1608. Charron starb 1603 zu Paris. —

> Es erschienen: Toutes les oeuvres de P. Ch. Paris 1635 (mit einer Lebensbeschr. desselben von M. de la Rochemaillet). Eine neue Ausgabe der Schrift de la sagesse. 4 vols. v. Renouard, zu Dijon. 1801.

Franz Sanchez, geb. zu Bracara in Portugal, später Lehrer der Medizin und Philosophie zu Toulouse, starb daselbst 1632. Mit kräftigem Witz griff er den besonders auf Aristoteles gestützten Dogmatismus an in seinem: tractatus de multum nobili et prima universali scientia, quod nihil scitur. Lugd. 1581. Später erschien: tractatus philosophici. Rotterd. 1649. Seine Schriften enthalten auch bis jetzt noch nicht hinlänglich beachtete positive Keime einer empiristischen Erkenntnißlehre. Ueber ihn: Gerkrath, Fr. Sanchez, ein Beitrag z. Gesch. d. philos. Bewegungen im Anfange der neueren Zeit. 1860. — J. J. Lopes Praça, historia da philos. om Portugal. vol. I. 1868.

Als Skeptiker sind ferner zu nennen: François de la Mothe le Vayer, geb. zu Paris 1586, Erzieher des Herzogs von Anjou und später auch Ludwigs XIV., gest. 1672. Er schrieb: cinq dialogues faits à l'imitation des anciens par Horat. Tubero. 1671. Die beste Ausgabe seiner Werke ersch. in 15 vols. Dresden 1766. Ueber ihn schrieb L. Etienne einen Essai 1849. — Pierre Daniel Huet, geb. zu Caën 1630, Bischof von Avranches, Lehrer des Dauphin, des Sohnes Ludwig XIV., gest. zu Paris 1721. Bes. s. traité de la faiblesse de l'esprit humain, publ. après sa mort par l'abbé d'Olivet avec une éloge hist. de l'auteur. 1722. Ueber ihn schrieb: Chr. Bartholmèss, Huet, évéque d'Avr., ou le sceptic.-théolog. 1850; — K. S. Barach, P. D. Huet als Philos. 1862. — Pierre Bayle, geb. 1647, gest. 1706. Sein Hauptwerk ist s.: Dictionaire histor. et critique, beste Ausg. sind die von: Des-Maiseaux, avec la vie de Bayle. 4 vols. Amst. et Leyde 1740, u. die v. Beuchot. 16 vols. Paris 1820. Es erſch. oeuvres divers. 4 vols. 1725—31. Ueber ihn beſonders: L. Feuerbach, P. B., ein Beitrag zur Geſch. d. Philoſ. u. d. Menſchheit. 2. A. 1848. (W. Bd. 6.) — P. Damiron, Mém. sur B. et ses doctrines. 1850; — Ars. Deschamps, la genèse du sceptic. érudit chez B. 1878.

Gaſſendi, Petrus, geb. 1592 im Dorfe Champtercier bei Digne, ſtudirte Theologie und Philoſophie, erhielt 1617 den Lehrſtuhl der Philoſophie zu Aix. Die Entdeckungen des Kopernikus, Galilei und Keppler zeigten ihm die Unzulänglichkeit des Ariſtotelismus. Im Jahre 1624 griff er die Ariſtoteliker an in der Schrift: Exercitationes paradoxicae adversus Aristoteleos. Im Jahre 1628 bereiſte er mit einem Freunde Flandern, Holland und England, lernte auf dieſer Reiſe Hobbes und die Anſichten Fludd's kennen, die er in einer beſonderen Schrift widerlegte. Im Jahre 1633 wurde er Propſt der Kathedralkirche zu Digne. Als Anhänger des Atomismus griff er ſpäter die Anſichten des Carteſius an. Es erſchien von ihm 1647 ein Leben Epikur's und 1649 eine Darſtellung der Philoſophie des Epikur. Auch als Mathematiker, Phyſiker und aſtronomiſcher Beobachter trat Gaſſendi hervor. Im Jahre 1645 übernahm er einen Lehrſtuhl der Mathematik zu Paris, mußte aber aus Rückſicht auf ſeine Geſundheit denſelben ſchon 1648 aufgeben. Er ſtarb 1655.

Seine Werke erſchienen zu Lyon. 6 vols. 1858. Sein Freund Bernier publ.: abrégé de la philosophie de Gassendi. 8 vols. 1678.

Bacon von Verulam (Franz), geb. zu London 1561, der zweite der beiden Söhne von Nicolaus Bacon, Großſiegelbewahrer von England unter der Königin Eliſabeth. Seine Studien abſolvirte er in Cambridge von 1573—76. Zur Ausbildung unternahm er darauf eine Reiſe nach Frankreich, von der ihn zu Anfang des Jahres 1579 die Nachricht vom Tode ſeines Vaters zurückrief. Sein älterer Bruder erbte den Beſitz Gorhambury, er ſelbſt mußte daran denken, ſich durch einen praktiſchen Lebensberuf eine Stellung zu erwerben. In der Hoffnung auf Beförderung durch ſeinen Verwandten Burleigh begann er die gewöhnliche Rechtscarriere 1580. In den Mußeſtunden dachte Bacon ſchon damals an eine Reform der Wiſſenſchaften. Die alten ſcholaſtiſchen Univerſitätsſtudien in Cambridge hatten ihn nicht befriedigt, die Polemik des damals am Hofe Eliſabeth's verweilenden Giord. Bruno gegen Ariſtoteles Organon förderte seine Reformgedanken, so arbeitete er seit 1585 an seiner Instauratio magna. Im Jahre 1584 ward Bacon in's Parlament gewählt, in Folge einer von Ben=Jonson gerühmten oppositionellen Rede verlor er die ohnehin schon schwache Gunst Burleigh's. Vergeblich auch setzte er seine Hoffnung auf die Fürsprache des ihm befreundeten Essex, des neuen Günstlings der Königin. Unzufrieden zog er sich zurück und verfaßte seine Essays, die nach ihrem Erscheinen im Jahre 1597 seinen literarischen Ruhm begründeten. Schon zuvor 1593 war er wieder ins Parlament gewählt, jetzt unterstützte er die Forderungen der Regierung. Bei den zwischen der Königin und Essex über den Oberbefehl in Irland ausgebrochenen Zwistigkeiten suchte Bacon zu vermitteln, trat aber entschieden als Gegner und Ankläger seines Freundes auf, als derselbe im Jahre 1601 einen erfolglosen Aufstand versucht hatte, in Folge dessen er hingerichtet wurde. Unter Elisabeth's Nachfolger Jakob I. wuchs Bacon's Ansehen, im Jahre 1617 wurde er Großsiegelbewahrer, 1618 Lordkanzler und Lord von Verulam. Sein neues Glück wurde noch erhöht durch den Ruhm, den ihm sein 1620 veröffentlichtes Novum organum eintrug. Aber schon im folgenden Jahre brachte die Untersuchung eines Parlamentscomité's zu Tage, daß Bacon durch sein Amtssiegel den Monopolsmißbrauch des Königs und seines Günstlings des Minister Buckingham sanctionirt hatte. Wenige Tage darauf kam man auch der Bestechlichkeit Bacon's auf die Spur. Das Haus der Lords verurtheilte ihn (am 3. Mai 1621) einstimmig und Bacon selbst bekannte sich schuldig. Seine Aemter wurden ihm genommen und ihm untersagt zu wohnen, wo der Hof residire. Durch königliche Gnade wurde ihm die Strafe erleichtert, doch blieben seine Bemühungen um eine Rehabilitirung seiner politischen Stellung sowohl bei Jakob I. wie bei dem Nachfolger Karl I. vergeblich. Bacon blieb auf die Förderung seiner wissenschaftlichen Studien angewiesen. In dieser Zeit (1623) verfaßte er eine lateinische Uebersetzung seines 1605 englisch edirten Buches über den Werth und die Fortschritte der Wissenschaften (de dignitate et augmentis scientiarum) und verband dasselbe mit dem Novum Organum im Jahre 1623 zur Instauratio magna. In Folge einer Erkältung, die er sich bei einem naturwissenschaftlichen Experiment zugezogen hatte, starb er am 9. April 1626. —

Seine Schriften: essays moral, economical and political, zuerst ersch. 1597. (lat. unt. b. Tit. sermones fideles 1625), neue Ausg. v. W. A. Wright 1862; B. Whately. 6. edit. 1864; in's Deutsche übers. v. J. H. Pfingsten. Pesth 1783. — The two books of Fr. B. on the proficience and advancement of learning divine and human. Lond. 1605. (vollständiger lat. unter d. Titel de dignitate et augmentis scientiarum 1623); — de sapientia veterum 1609; — das novum organum scientiarum (entstanden aus den seit 1606 aufgeschriebenen und 1612 vollendeten cogitata et visa) 1620, (in's Deutsche übers. v. G. W. Bartholdy. Berl. 1793; von Brück. Leipz. 1830 und von J. H. v. Kirchmann, mit Erl. u. Lebensbeschr. in d. Philos. Biblioth. Bd. 32. 1870). — nach seinem Tode erschien die sylva sylvarum s. historia naturalis 1664. — Seine Werke gab heraus sein Sekretair W. Rawley (mit Biograph.) VI vols. Amsterd. 1663; Mallet (vollständiger, ebenf. mit Biogr.) V vols. 1765. Die vollständigste Ausgabe erschien in 14 Bdn. v. Ellis, Spedding and Heath. Lond. 1858—74; die von Bd. 8 an enthält: the letters and the life of Fr. B. including all his occasional works newly collect. and set forth in chronologic. order with a comment. biograph. and historic. by J. Spedding. 1862—74. (vol. I. enthält nov. organ.; vol. IV. die essays.) — Schriften über ihn: Jos. de Maistre, examen de la philosophie de Bac. Paris 1836 (7 ed. 1865.) — Macaulay critic. and histor. essays. vol. III. 1850. — Ch. de Rémusat, Bacon, sa vie, son temps, sa philosophie et son influence jusqu'à nos jours. 2. éd. Paris 1858. — K. Fischer, Fr. Bacon v. Berulam, die Realphilosophie u. ihr Zeitalter. Leipz. 1856; 2. völlig umgearb. Aufl., Fr. B. u. s. Nachfolger, Entwicklungsgesch. d. Erfahrungsphilos. 1875. — H. Dixon, the personal history of L. Bacon, from unpublished letters and documents. London 1861, u. dagegen: L. B. -life and writings, an answer to Mr. D. London 1864. — Ueber seine Bedeutung für die Entwicklung der Naturwissenschaft, s.: Lasson, über B. wissensch. Prinzipien (Progr. d. Luisenst. Realsch. zu Berlin) 1860. — Just. v. Liebig, über B. v. V. u. die Methode d. Naturforschung. 1863. — C. Sigwart, ein Philos. u. ein Naturforscher über B. in d. Preuß. Jahrb. Bd. XII, Heft 2. 1863, Bd. XIII, Heft 1. 1864. — E. Wohlwill, B. v. V. u. d. Gesch. d. Naturwissensch. in d. deutsch. Jahrb. f. Politik. u. Literatur Bd. IX. Hft. 3. 1863. Bd. X. Hft. 2. 1864. — H. Böhmer, über B. u. d. Verbindung d. Philos. m. d. Naturwissensch. 1864. — Einen interessanten Artikel schrieb: Schlottmann, B's Lehre v. d. Idolen u. ihre Bedeutung f. d. Gegenw., in Gelzer's protest. Monatsbl. Sept. 1864. — Ueber seine Philosophie schrieb: A. Dorner de Baconis philosophia. 1867.

Rechtsphilosophie und Politik in verschiedenen Ländern.

Nicolo Machiavelli, geb. 1469 zu Florenz, verlebte seine Jugend und seine Studienjahre zur glücklichsten Zeit der Medi=

ceischen Regierung. Schon in seinem 29. Lebensjahre ward er Staatssekretär, behielt auch diesen Posten nach Vertreibung der Medici. Doch lernte er inzwischen auf diplomatischen Reisen Frankreich und Deutschland kennen. Bei der Rückkehr der Medicis im Jahre 1512 verlor er seine Stellung, duldete Gefängniß und Folter, und ward aus der Stadt verwiesen. Arm zog er sich zurück auf seinen kleinen Landsitz von San-Casciano. Hier verfaßte er seine discorsi sopra la prima Decade di Tito Livio, in der er sein Ideal bürgerlicher Freiheit schilderte, und seine Idee von der Unabhängigkeit, Größe und Macht des Staates darstellte, gegenüber der Kirchenmacht, die er als Hinderniß der Einheit und Freiheit seines Vaterlandes betrachtete. Doch vermochte er bei dem gesunkenen Zustand seines Volkes die Herbeiführung eines solchen Staates nur von der absoluten Herrschaft eines Mannes, eines wahren Fürsten, zu hoffen. Den Weg und die Mittel dazu entwickelte er in der Schrift vom Fürsten. Nach dem Tode des Lorenzo v. Medici (1519) hat er wieder längere Zeit in Florenz gelebt, ein Buch über die Kriegskunst und für Leo X. (früher Cardinal Johann v. Medici) ein Memoire über die Reformen der florentinischen Verfassung geschrieben. Im Auftrage des Cardinals Julius schrieb er die florentinische Geschichte. Als derselbe Papst Clemens VII. geworden, gab er ihm den Auftrag Florenz zu befestigen. Als später nach der Einnahme Roms durch die kaiserlichen Truppen die Mediceer abermals vom Volke vertrieben wurden, verlor auch Machiavelli jeden Staatseinfluß. Er starb am 22. Juni 1527.

S. opere ersch. 1550. u. vollständig X vols. Milan. 1805. Firenze 1820. — S. Schrift il principe, deutsch übers. v. A. W. Rehberg. 1810; neuerdings von A. Eberhard 1868 und von Grützmacher in d. histor. polit. Biblioth. mit Friedr. II. Anti-Machiav. übersetzt v. Förster. 1870; s. Werke, deutsch v. Ziegler. 1832—41. Ueber ihn siehe: Friedrich d. Gr., Anti-Machiavell. — Trendelenburg, Machiav. u. Anti-Machiav., Vortrag z. Gedächtniß Fr. d. Gr. 1855. — Theod. Bernhardi, Machiav. Buch v. Fürsten u. Fr. d. Gr. Anti-M. 1864. — K. Twesten in d. Samml. gemeinv. Vorträge, hrsg. v. Virchow u. Holtzendorff. 1868.

Thomas Morus, geb. 1480 zu London, studirte zu Oxford, erlangte in der Gerichtscarriere bald Ruhm, ward Lordkanzler von England unter Heinrich VIII. Die förmliche Scheidung des Königs von seiner Gemahlin Katharina im Jahre 1533, nachdem derselbe schon seit zwei Jahren mit Anna Boleyn getraut gewesen war, miß=

billigte Morus öffentlich, entsagte demgemäß seiner Stellung und lebte von seinem geringen Vermögen in Chelsea. Im Kampfe gegen Rom hatte im November 1534 das Parlament dem König den Titel eines Oberhauptes der Kirche bestätigt, dessen Annahme derselbe im Januar 1535 feierlich verkündigen ließ. Wer dieses sein Supremat und die rechtmäßige Geburt der Prinzessin Elisabeth, Tochter von Anna Boleyn, nicht anerkennen wollte, wurde als Hochverräther bestraft. Dies Loos traf auch den Morus, der die Anerkennung durch Namensunterschrift verweigerte. In Folge dieser Weigerung ward er am 6. Juli 1535 hingerichtet. —

Sein Hauptwerk ist eine Jugendschrift, es erschien unter dem Titel: de optimo reipublicae statu, deque nova insula Utopia. Löwen u. Basel 1516. (deutsch von Oettinger 1846). — Ueber ihn: J. Mackintosh, life of Sir Th. M. 2 ed. 1844; — C. Dareste, Th. M. et Campanella. 1843.

Jean Bodin, geb. 1530 zu Angers, studirte und lehrte darauf die Rechtswissenschaft zu Toulouse, wirkte später als Advokat in Paris. Rasch gewann und verlor er wieder die Gunst Heinrich III. Als Deputirter des Tiers - Etat von Vermandois gewann er 1576 durch seine Forderung religiöser Duldung und staatlicher Gleichberechtigung der Confessionen und durch seine Vertretung der Volksrechte trotz seiner Vertheidigung des Königthums gegen die Aristokratie großen Einfluß auf die Versammlung der Generalstände von Blois. In Folge davon verlor er seine Stellung. Den Bruder des Königs, den Herzog von Alençon und Anjou, begleitete er auf einer Reise nach England. Bei seiner Rückkehr nach Frankreich wurde er 1584 Königlicher Anwalt in Laon. Trotz seines religiösen Freimuths vertheidigte er den astrologischen und daemonologischen Aberglauben seiner Zeit gegen den aufgeklärten Arzt Weyer in seiner démonomanie. Eine Zeit lang folgte er dem Revolutionssturm der Ligue, erklärte sich aber später für Heinrich IV. Er starb an der Pest 1596.

Sein Hauptwerk: de la republique. 1577 (lat. 1586). Er schrieb ferner: methodus ad facilem historiarum cognitionem. 1566; — démonomanie des sorciers. 1581; — theatrum universae naturae. 1596; — Colloquium heptaplomeres, seu dialogus de abditis rerum sublimium arcanis, zuerst ein Auszug veröffentlicht durch Guhrauer. Berlin 1841, vollständig im Originaltext von Noack 1857. — Ueber ihn: Baudrillart, J. Bodin et son temps, tableau des théories et des idées économ. du 16. s. Paris 1853.

Hugo Grotius (Hugo de Groot), geb. 1583 zu Delft in

Holland, Sohn des dortigen Bürgermeisters, der zugleich einer der drei Curatoren der Universität Leyden war. Im zwölften Lebensjahre bezog er die Universität Leyden, studirte Philologie und Rechtswissenschaft. Schon im 16. Jahre ward Grotius zum Doktor der Rechte promovirt. Der freisinnige Staatsmann Oldenbarneveld, Advokat von Holland, nahm ihn 1598 mit sich auf einer Gesandtschaft nach Paris. Im Jahre 1607 ward er Generaladvokat von Holland, Seeland und Westfriesland. Als solcher schrieb er 1609 sein mare liberum, in welchem er aus Gründen des Natur- und Völkerrechts einem Jedem das Recht bestreitet, den Niederländern den Handel nach Ostindien zu verwehren. Im Jahre 1613 ward er als Syndikus der Stadt Rotterdam Mitglied der Provinzialstände von Holland. In dem kirchlich-politischen Streite der Arminianer und Gomarianer galt er als ein Führer der ersteren, welche die menschliche Freiheit gegen die calvinistische Lehre von der Gnadenwahl vertheidigten. Entschieden mißbilligte Grotius die Unduldsamkeit und den Verfolgungseifer beider Parteien. Das Volk hielt es mit den Gomaristen und Fürst Moritz von Oranien, Statthalter von Holland, um seiner Herrschaft willen mit dem Volk. Der 72jährige Barneveld ward als Landesverräther 1619 hingerichtet, der 36jährige Grot zu lebenslänglichem Gefängniß verurtheilt, aus welchem er durch die List seiner Frau 1621 in einer Bücherkiste befreit wurde. In Paris fand er Zuflucht und Unterstützung. Hier schrieb er sein Hauptwerk: de jure belli ac pacis (zuerst erschien Paris 1625). Dieses Werk war zwar vorbereitet durch ähnliche Versuche von Joh. Oldendorp (geb. 1480, gest. 1567 als Prof. juris zu Marburg, elementaris introductio juris naturalis gentium et civilis. 1539), von Nic. Hemming (geb. zu Laland 1518, Schüler Melanchthon's, gest. 1600, de lege naturae methodus apodictica. 1562), von Bened. Winkler (Prof. der Rechte in Leipzig, gest. als Syndikus in Lübeck 1648, principiorum juris libri quinque. 1615), von Albericus Gentilis (geb. 1551 in der Mark Ankona, gest. als königl. Professor zu Oxford 1611, de jure belli libri III. 1589); doch ist das Buch des Grotius der erste bedeutende wissenschaftlich ausgeführte Versuch eines philosophischen Natur- und Völkerrechts. Schon während seiner Gefangenschaft verfaßte er auch theologische Werke, die Adnotationes in V. T.; in N. T. und die Schrift de veritate religionis christianae. Als der Cardinal Richelieu ihm 1631 die königliche Pension entzog, und trotz des Schutzes des Prinzen von Oranien seine Niederlassung in den Niederlanden unmöglich war, lebte er eine Zeit lang 1632 in Hamburg. Durch Oxenstierna auf Wunsch der Königin Christine nach Schweden berufen, trat er daselbst 1634 in schwedische Staatsdienste. Auf einer späteren Rückreise in seine Heimath starb er am 27. August 1645 zu Rostock.

Sein Hauptwerk „über das Recht des Krieges und des Friedens" erschien übers., mit erl. Anmerk. u. einer Lebensbeschr. von J. H. v. Kirchmann in der Philos. Biblioth. Bd. 15 und 16. 1869. — Ueber ihn: Burigny, de, vie de Mr. H. Grotius. 1752. — Luben, H., H. Grotius nach seinen Schicksalen und Schriften. 1806. Ein neueres Buch: A. Caumont, étude sur la vie et les travaux de Grotius. 1862. (v. Bluntschli getadelt). — Zu beachten ein Art. v. Hälschner in b. Allgem. deutsch. Biographie. Bd. 9. 1879.

Thomas Hobbes, geb. 1588 zu Malmesbury in Wiltshire, Sohn eines Geistlichen, studirte zu Oxford und gewann dort wie Bacon in Cambridge eine große Abneigung gegen die Scholastik der üblichen Studien. Im Jahre 1610 bereiste er als Begleiter eines jungen Edelmanns Frankreich und Italien. Nach seiner Rückkehr trat er in Verbindung mit Bacon. Auf einer späteren Reise in Italien lernte er Galilei und bei einem Aufenthalte in Paris 1634 Gassendi und Descartes kennen. Unwillig über die Revolutionsbewegung seines Landes begab er sich 1640 abermals nach Paris. Hier ließ er zuerst 1642 in wenigen Exemplaren seine Schrift de cive drucken, die erweitert 1647 bei Elzevir in Amsterdam erschien. Bald darauf 1651 (lat. 1668) erschien sein Leviathan or the matter, form and authority of Government (deutsch, Halle. 2 vols. 1794). Da diese Schrift ihm die Verfolgung der klerikalen Hofmänner zuzog, ging er nach England zurück 1653, das Cromwell regierte. Doch lehnte er als Monarchist seiner Gesinnung gemäß ab in den Dienst der Republik zu treten. Nach der Restauration Karl's II. gewann er Stellung und Ansehen, nur die Klerikalen und Republikaner blieben ihm feind. Er starb 1679.

Von ihm erschienen noch außer den genannten Schriften: Human nature or the fundamental elements of policy. 1650. — De corpore politico or the elements of law moral and politic. 1650. — On liberty and necessity a treatise. 1654. — Quaestiones de libertate, necessitate et casu. 1656. — Elementorum philosophiae sectio prima de corpore, engl. 1655, lat. 1668, sect. sec. de homine, engl. 1658, lat. 1668. — Die meisten seiner Werke mit Ausnahme der Schrift de cive erſch. geſammelt unter dem Titel: moral and political works. 1750. — Das Buch de cive, de corpore politico u. de natura humana ſind in's Franz. überſ. u. erſch. als oeuvres philosoph. et politiques de Th. Hobbes. 2 vols. 1787. Die Abhandl. „über den Bürger" hat a. d. Lat. überſ. u. mit Erl. verſehen J. H. v. Kirchmann. 1873. — Eine Geſammtausgabe hat neuerdings Molesworth veranſtaltet, engl. 11 vols, lat. 5 voll. 1839—45. — Eine Autobiographie verfaßte H. in lat. Verſen. 1679. Eine Vitae Hobbianae auctarium (wahrſch. v. J. Aubery) erſchien 1682. — Neuerdings erſchien: Rüſcheler, H., Monographie über Hobbes Staatstheorie. Zürich 1865. — Zu beachten iſt: Sigwart, H. C. W., Vergl. der Rechts- u. Staats-Theorieen des Spinoza u. Hobbes, nebſt Betracht. über d. Verhältn. zw. d. Staate u. d. Kirche. 1842.

E. Philosophie der Neuzeit.

Literatur: Erdmann, Versuch einer wissenschaftl. Darstellung der Geschichte der neueren Philosophie. 3 Bde. (jeder in 2 Abthlgn.) 1834—1853. — Fichte, J. H., Beiträge zur Charakteristik der neueren Philos., oder krit. Gesch. ders. v. Descartes u. Locke bis auf Hegel. 2. Ausg. 1841. — Ulrici, H., Grundprinzip d. Philosophie. 2 Bde. (Th. I. Gesch. u. Kritik d. Prinzipien der neueren Philos.). 1845 u. 46. — Fischer, K., Geschichte der neueren Philosophie. 6 Bde. 1854—77. (Bd. 1 in 2 Abtheilungen — Descartes u. s. Schule — 3. neu bearbeitete Aufl. 1878. 80; Bd. 2 — Leibniz u. s. Schule — 2. neu bearb. Aufl. 1867; Bd. 3 u. 4 — Kant — 3. neu bearbeit. Aufl. 1882; Bd. 5 in 2 Abtheilungen — Fichte u. s. Vorgänger — 1868. 69; Bd. 6 in 2 Büchern — Schelling — 1872. 77.) — E. Zeller, Gesch. der deutschen Philosophie seit Leibniz. 1873. (2. Aufl. 1875). — Windelband, W., d. Gesch. d. neueren Philos. in ihrem Zusammenh. mit d. allgem. Cultur u. den bes. Wissenschaften. Bd. 1 u. 2. 1878 u. 80. (ein dritter Bd. folgt).

Schlosser, F. C., Gesch. d. 18. u. 19. Jahrh. bis z. Sturz des franz. Kaiserreichs. Mit bes. Rücksicht auf d. Gang der Literatur. 3. Aufl. 1843—48. (bes. Bd. 1—4). — Hettner, H., Literaturgesch. des 18. Jahrh. 3 Thle. in 6 Bdn. (Th. 1. D. engl. Literat. v. 1660—1770; 3. Aufl. 1872; Th. 2. D. franz. Literat. 3. Aufl. 1872; Th. 3. D. deutsche Literat. in 4 Bdn. 3. Aufl. 1879). — Biedermann, K., Deutschland im 18. Jahrh. 2 Thle. in 4 Bdn. 1854—80. — Schmidt, Jul., Gesch. d. geistig. Lebens in Deutschland v. Leibniz bis auf Lessing's Tod. 2 Bde. 1862 u. 63.

Vorländer, Frz., Gesch. d. philos. Moral-, Rechts- u. Staatslehre der Engl. u. Franzos. mit Einschl. Machiavel's u. einer kurz. Ueberf. d. moral. u. social. Lehren d. neueren Zeit überh. 1855. — Damiron, Ph., Mémoires pour servir à l'hist. de la philos. au 18. siècle. 3 vols. 1858—64. — Cousin, V., Philos. sensualiste au 18. siècle. 3. éd. 1856. — Barni, J., Hist. des idées mor. et polit. en France. au 18. s. 3 vols. 1865—73. — Taine, H., Hist. de la litérat. anglaise. 4 vols. 1860—64. (bes. v. 3). — Rémusat, Ch. de, hist. de la philos. en Angleterre depuis Bacon jusqu' à Locke. 2 vols. 1875. — Cousin, V., Philos.

écossaise. 3. éd. 1857. — Mc. Cosh, J., the scottish philos. from Hutcheson to Hamilton. 1875. — Lechler, Gesch. d. engl. Deismus 1841. — Lecky, W. S. Hartpole, Gesch. d. Ursprungs u. Einflusses d. Aufklärung in Europa, übers. v. Jolowicz. 2 Bde. 1868. (bes. Bd. 2). — Buckle, H. Th., Gesch. d. Civilisation in England, übers. v. A. Ruge. 2 Bde. 1860 u. 61. — Leslie Stephen, the English thought in the 18. century. — Held, Ad., Zwei Bücher z. social. Gesch. Englands. 1881.

1. Philosophie von Cartesius bis Kant.

Die neuere Philosophie beginnt Cartesius mit dem Zweifel, der seine Grenze an der Gewißheit des Selbstbewußtseins findet. Das Denken des eigenen Geistes wird als gewisser erwiesen als das Dasein der Körper. Von diesem ersten festen Punkt ausgehend, entwickelt Cartesius eine streng dualistische Weltansicht von Gott, als der vollkommenen und ungeschaffenen Substanz, und der von ihm geschaffenen Welt, die aus den beiden gegen einander selbstständigen Substanzen des Denkens und der Ausdehnung besteht, welche beide nur in Gott ihre die Wechselwirkung erklärende Gemeinschaft haben. — Spinoza sucht diesen Dualismus aufzuheben durch seine pantheistische Lehre von der Einheit des Wesens aller endlichen Dinge, die als Modi der beiden vom menschlichen Geist allein erkennbaren zum Wesen gehörigen Attribute des Denkens und der Ausdehnung der einen unendlichen Substanz gefaßt werden. — In Bacon's Richtung begründet Newton die neue Naturphilosophie und im Einklang damit Locke den philosophischen Empirismus der Neuzeit. Locke bestreitet des Cartesius Lehre von den angeborenen Ideen und begründet durch seine Untersuchungen über den menschlichen Verstand den Empirismus, der alle Erkenntniß durch Reflexion aus der Sinnenwahrnehmung ableiten will. Auch die sittlichen Grundsätze gelten ihm nur als Erwerb aus der Erfahrung. — Berkeley wird durch eben diese auf das erkennende Subjekt zurückgreifende Erkenntnißlehre zu einem System des Idealismus und Phaenomenalismus geführt, dem die Welt nur als eine Welt vorgestellter Erfahrungen gilt. — Hume sucht auf dem Boden dieses Empirismus das zum Wissen führende Prinzip der Vorstellungsassociationen und der Begriffsbildung zu erforschen und giebt dem Empirismus eine in manchen Punkten dem Skepticismus dienende Neigung. Unter dem Einfluß Locke's und Hume's entwickelt sich zunächst in England und Schottland der besonders durch Clarke und Toland vertretene religiöse Rationalismus oder Deimus und in theilweiser Berichtigung und Fortbildung des Empirismus die Moralphilosophie und Associations-Psychologie oder die Philosophie des Gemeinsinns (common sense), als deren Hauptvertreter Shaftesbury, Hutcheson, Adam Smith, Reid zu nennen sind. Eine Neigung zum Materialismus gaben Hartley und Pristley dem Sensualismus, hielten aber dabei den Locke'schen Deismus aufrecht.

Gleichzeitig mit Locke verbreiteten in Deutschland Pufendorf und Thomasius wesentlich anknüpfend an Grotius und Hobbes die Grundgedanken moderner Rechtsphilosophie und letzterer zugleich in populärer Art die Grundgedanken philosophischer und religiöser Aufklärung. Strenger philosophisch entwickelt Leibniz im Gegensatz zu Spinoza's Ansicht von der Einheit der Substanz seine spiritualistische, eine Vielheit vorstellender Wesen annehmende Monadologie und bekämpft Locke's zum Sensualismus hinneigende Erkenntnißlehre. Wolff führt diese Ansichten dogmatisch und systematisch aus. Unter den Anhängern dieser von Leibniz ausgehenden Richtung treten durch selbstständige Entwickelung und durch ihre Bedeutung für die religiöse Aufklärung der Zeit besonders Reimarus, Lessing, Mos. Mendelssohn hervor.

In Frankreich entwickelt Montesquieu die politischen Lehren Locke's zur Grundlehre des modernen constitutionellen Staatsrechts, verbreitet Voltaire die naturphilosophischen Ansichten Newton's und die psychologischen Ansichten Locke's gegenüber den noch herrschenden Ansichten des Cartesius und vertreten Voltaire und Rousseau den Locke'schen Deismus gegenüber dem Materialismus und Atheismus ihrer Landsleute. Den Sensualismus der Erkenntnißlehre entwickeln Condillac und Bonnet. Zum Materialismus oder zum Skepticismus bilden denselben aus besonders De La Mettrie, Helvetius, Holbach und die Encyklopädisten wie D'Alembert und Diderot.

Cartesius und der Occasionalismus.

Cartesius (René Descartes), geb. den 31. März 1596 zu La Haye in Touraine, erzogen im Jesuitencollegium zu La Flèche in Anjou bis in sein 17. Lebensjahr. Nach einem kurzen Aufenthalte im Vaterhause trieb er zu Rennes die ritterlichen Uebungen, schrieb auch eine Abhandlung über die Fechtkunst. Im Jahre 1613 kam er nach Paris und lebte hier abwechselnd in Zerstreuung und Arbeit. Im Jahre 1617 ging er nach Holland und diente als Freiwilliger unter Moritz von Nassau, Sohn des Prinzen Wilhelm von Oranien. Nicht lange darauf 1619 ging er nach Deutschland, war zu Frankfurt a. M. bei der Kaiserkrönung Ferdinand II., trat in bayerische Kriegsdienste, war aber nicht immer bei der Armee, verweilte nach dem Winterquartier in Neuburg vom Juni 1620 einige Monate wissenschaftlichen Studien ergeben zu Ulm, zog dann mit dem vereinigten kaiserl. bayerischen Heere nach Böhmen und nahm Theil an der Schlacht bei Prag und zog dort am 9. November 1620 mit den Siegern ein. Im Frühling 1621 verließ er den bayerischen Dienst, begleitete die Truppen des Grafen Buquoy nach Ungarn, nahm aber schon im Juli seinen Abschied. — Nun bereiste er Mähren, Schlesien, Polen, Pommern, Brandenburg, Holstein, Friesland, Holland und kehrte dann 26 Jahre alt in sein Vaterland zurück, um seine Erbschaft anzutreten. Einige Monate lebte er in Paris, verkaufte dann seine Güter und begab sich nach Italien, um ein Gelübde in Loretto zu lösen. Gegen Ende 1624 verweilte er in Rom, 1625 kehrte er nach Paris zurück. Eine ihm angebotene militärische Stellung schlug er aus, um als Privatmann seinen Studien zu leben. Von denselben zog ihn indeß noch einmal das Interesse an der Technik der Kriegskunst ab, im Jahre 1628 nahm er als Zuschauer an der Belagerung von La Rochelle Theil. — Um hinfort ungestört den Studien sich zu widmen, begab er sich Ende März 1629 nach Holland, hier lebte er, wiederholt seinen Wohnsitz ändernd, zwanzig Jahre lang. Widerstrebend folgte er im Jahre 1649 einer Einladung der Königin Christine von Schweden; zufolge einer Erkältung starb er zu Stockholm am 11. Februar 1650.

Seine Schriften: Opera omnia 8 voll. Amstel. 1670—83, ibid. 9 voll. 1692—1701 u. 1713. — Opera philosophica. ed. IV. (Contenta: Meditationes, Epist. ad Voet., Princip. philos., Dioptr. Meteora, Tractat. de passion.) Amstel. 1664. — Oeuvres complètes de Descartes, publ. par Cousin. XI vols. (t. I et II méth., méditat., object. et répons., t. III princip. de la phil., t. IV pass. de l'âme, t. V dioptr. geom., t. VI—XI lettres etc.) 1824—25. — Oeuvres philos. de Descartes, publ. par Ad. Garnier, avec une biographie de Descartes. 4 vols. 1835. — Oeuvres morales et philosophiques de Descartes, précéd. d'une notice sur sa vie et ses ouvrages par Am. Prévost. 1855. —

Oeuvres inédites de Desc. précéd. d'une introd. sur la méth. par **Foucher de Careil**. 1859. — Discours sur la méthode 1637 (lat. 1644); Meditationes de prima philosophia 1641 (franz. 1648); Principia philosophiae 1644 (franz. 1647); Traité des passions de l'âme 1650 (1646 u. 49 verf.). — Epistolae. 2 Pts. 1668. — Die beiden ersten Schriften und die letzte Schrift sind franz. zusammen herausgeg. von J. Simon, oeuvres de Descartes, n. édit. 1860. — Desc. de la méth. et prem. méditat. n. édit. avec une not. biogr., une analyse des notes histor. et philos., des éclaircissem. sur la méth. et les princip. points de la phil. Cartés., dos extraits des autr. ouvr. par V. **Brochard**. 1881. — Die drei ersten Schriften erschienen in deutsch. Uebersetzung von K. **Fischer** unter dem Titel: René Descartes' Hauptschriften zur Grundlegung seiner Philosophie. 1863. — In der Philos. Biblioth. hg. von J. H. v. Kirchmann erschien übersetzt von bemf.: Bd. 25. 1. Lebensbeschr., Abhandl. über die Meth; 2. Unters. über die Grundlage d. Philos.; Bd. 26. 1. Prinzip d. Philos.; 2. Leidensch. d. Seele. 1870. — Seine innere Entwicklung schildert C. selbst in der Schrift über die Methode. — Eine ausführliche Biographie schrieb: **Baillet**, vie de Descartes. 2 vols. 1691. — J. **Millet**, Descartes, sa vie, ses travaux. 2 vols. 1867 u. 1870. — Seine Philosophie stellten dar: J. H. **Loewe**, D. spekul. System d. D., s. Vorzüge u. Mängel. 1855; — K. **Schmid**, R. Desc. u. s. Reform d. Philos. 1859; — L. **Liard**, Desc. 1882. — Hauptwerke über d. Geschichte des Cartesianismus sind: **Bouillier**, Fr., hist. de la philos. Cartés. 1854. — **Saisset**, E., précurseurs et disciples de Descartes. 1862.

Fortbildner des Systems zum System des **Occasionalismus**, d. h. der gelegentlichen Ursachen, durch welche die dualistischen Schwierigkeiten des Zusammenwirkens von Leib und Seele vermittelst der göttlichen Einheit gelöst werden sollten, sind:

Arnold Geuling, geb. 1625 zu Antwerpen, studirte in Löwen und lehrte daselbst seit 1646. Dort 1658 seines Amtes entsetzt, ging er nach Leyden, trat zur reformirten Confession über und bekleidete daselbst eine Professur der Philosophie bis an seinen Tod 1669.

Sein Hauptwerk Γνῶθι σεαυτόν sive Ethica ersch. 1655. — Ueber ihn: E. **Grimm**, G'8. Erkenntnißtheorie u. Occasionalismus. 1875. — E. **Pfleiderer**, G. als Hauptvertr. d. occas. Metaph. u. Ethik. 1882.

Nicolaus Malebranche, geb. zu Paris 1638, trat mit 22 Jahren in den Orden der Oratorier, starb im Jahre 1715. —

Seine Hauptschrift: De la recherche de la vérité où l'on traite de la nature, de l'esprit de l'homme et de l'usage qu'il doit faire pour éviter l'erreur dans les sciences erſch. 1674; davon erſchien die vollſtändigſte, 6. Aufl. 1712. — S. Oeuvres n. édit. précéd. d'une introd. par J. Simon. 2 vols. 1852. — Ueber ihn: L. Ollé-Laprune, la philos. d. M. 2 vols. 1870.

Spinoza.

Spinoza (Baruch), geb. zu Amſterdam am 24. November 1632. Seine Eltern gehörten zu den portugieſiſchen Juden, die in den Niederlanden eine Zuflucht gegen die religiöſen Bedrückungen ihrer Heimath geſucht hatten. Spinoza ward in der Talmudſchule von dem berühmten Rabbi Levi Morteira unterrichtet, fühlte ſich aber durch die jüdiſchen Religionslehren nicht befriedigt. Sein Intereſſe wandte ſich dem Studium der alten Claſſiker und der Philoſophie zu. Der gelehrte Arzt v. den Ende ward ſein Lehrer. Unter dem Einfluß dieſes Mannes entwickelte ſich ſein Bruch mit der Synagoge. Dieſe ſprach nach vergeblichen Belehrungsverſuchen im Jahre 1656 den großen Bannfluch über ihn aus. Auf Antrag der Rabbiner ſoll er ſogar vom Magiſtrate „zur Aufrechterhaltung der Ordnung und Subordination" aus der Stadt verwieſen ſein. Spinoza vertauſchte ſeinen jüdiſchen Namen Baruch mit dem Namen Benedictus, trat aber nicht zum Chriſtenthum über. Zunächſt ging er zu einem Freunde in der Nähe, dann 1660 nach Rhynsburg bei Leyden, nahm 1664 ſeinen Aufenthalt in Voorburg beim Haag und endlich 1670 auf Bitten ſeiner Freunde im Haag ſelbſt. Hier lebte er, durch Schleifen optiſcher Gläſer für ſeinen Unterhalt ſorgend, zurückgezogen ſeinen philoſophiſchen Studien. Die ihm 1673 vom Kurfürſten von der Pfalz, Karl Ludwig, angetragene Heidelberger Profeſſur ſchlug er aus. Er ſtarb am 21. Februar 1677. —

Seine Schriften: Renati Descartes principiorum pars I et II, more geometr. demonstr., per B. de Spinoza, — accesserunt eiusdem Cogitata metaphysica. 1663. — Tractatus theologico politicus. 1670. — Erſt nach ſeinem Tode erſchien das Hauptwerk, die Ethik, mit kleineren Tractaten: B. de Sp. Opera posthuma. 1677. (Darin ethica ordine geometrico demonstrata, tractat. politicus, tractat. de intellectus emendatione, epistolae). — Latein. Geſammtausgaben der Werke beſorgten Paulus. 2 voll. 1802 u. 3; Gfrörer in 1 vol. 1830; Bruder in 3 voll. 1843—46. Von einer vollſtändigen Ausgabe: B. de Sp. opera quotquot reperta sunt recognov. J. v. Vloten et J. P. N. Land. Haag. erſchien bis jetzt 1882 vol. I, der die Hauptwerke enthält. Ein 2. Bd., der die kleinen Schriften u. b. Briefe enthält, ſoll noch erſcheinen.

— Eine neu aufgefundene Schrift b. deo et homine gab heraus
Ed. Boehmer. 1852; lat. u. holländ. nebst noch unedirten Briefen
u. Collectaneen zu s. Leben van Vloten 1862; ferner ed. „Sp.,
Korte verhandel. van God, de Mensch en deszelfs Welstand" ad
antiquiss. codic. fidem C. Schaarschmidt 1869. — Eine deutsche
Uebersetzung der Hauptschrift, der Ethik, ersch. mit Chr. Wolff's
Widerlegung 1744. — Eine deutsche Uebers. aller Schriften gab
heraus Berthold Auerbach in 5 Bdn. 1841; 2. A. in 2 Bdn. 1871.
— In der Philos. Biblioth. ersch. übers. v. J. H. v. Kirchmann
Bd. 4. Ethik, mit Lebensbeschr. 1868; Bd. 18. Abhandlg. v. Gott
u. s. w. v. Schaarschmidt 1869 (2. verb. A. 1874); Bd. 35. theol.=
polit. Abhandl. v. Hrsg.; Bd. 41. Descart. Prinzip d. Philos. mit
Anh. Metaph. Gedanken 1871; Bd. 44. Abhbl. üb. d. Verbesser. d.
Verstandes, Polit. Abhandl. 1871; Bd. 46. Briefwechsel 1871. —
Den „kurzen Tractat von Gott u. s. w." hat noch auf Grund einer
neuen von v. d. Linde vorgen. Vergl. d. Handschriften in's Deutsche
übers. u. mit Einl., krit. u. sachl. Erl. begl. Chr. Sigwart.
1870. — Spinoza's Leben beschrieben: Jean Colerus, la vie de
B. de Spinoza, à la Haye 1706 (das Original ersch. holländisch
1698, abgedr. in Paulus Ausg. d. Werke). — K. Fischer, B.
Spinoza's Leben u. Charakter, ein Vortrag. 1865. — J. v. Vloten,
Bar. d'Espinoza, zijn leven en schriften in verband mit zijnen en
onzen tijd. 1862. — R. Willis, B. d. Sp. his life, corresp. and
ethics. 1870. — Lehmans, J., B. Spinoza, s. Lebensbild u. s.
Philosophie. 1864. — H. Ginsberg, der Briefwechsel des Spinoza
im Urtexte herausgeg. u. mit einer Einl. üb. Leben, Schriften und
Lehre, angeh. Colerus, vie de Sp. 1876. — Eine ziemlich vollst.
Angabe der Literatur über Spinoza findet sich in Anton. v. d.
Linde, Spinoza, s. Lehre u. deren erste Nachwirkung in Holland.
1862; von dems. B. Spin. Bibliografie. 1871.

Zum Studium des Spinoza in Deutschland gaben besonders
Anstoß: die Schrift von F. H. Jacobi, Ueber die Lehren Spinoza's in Briefen an M. Mendelssohn. 1785; — M. Mendels=
sohn an die Freunde Lessing's. 1786; — J. G. Herder, Gott,
einige Gespräche über Spinoza's System. 1787. — Aus neuerer
Zeit bes. zu beachten: Trendelenburg, Ueber Spinoza's Grund=
gedanken u. dessen Erfolg. A. d. Denkschr. d. Kgl. Akad. d. Wiss.
abgedr. in s. histor. Beiträgen z. Philos. Bd. 2. 1855. — Das ganze
System behandelten neuerdings bes.: M. Brasch 1870 u. Th. Ca-
merer 1877. — Nourrisson, Sp. et le naturalisme contemp.
1866. — R. Avenarius, Ueber die beiden ersten Phasen d.
Spinozist. Pantheismus. 1868. — G. Busolt, Die Grundzüge d.
Erkenntnißtheorie u. Metaphys. Sp's. 1875.

Newton, Isaak, geb. am 24. December 1642 zu Woolsthorpe, Grafschaft Lincoln, gebildet auf der Universität Cambridge, erhielt dort 1669 den Lehrstuhl der Mathematik, den er bei geringer Besoldung bis 1695 bekleidete. Lord Montagu berief ihn zur Regulirung des Münzwesens nach London, drei Jahre darauf erhielt er das Vorsteheramt der königlichen Münze. Schon 1672 war er zum Mitglied der Royal Society gewählt, deren Präsident er 1703 ward. Die Pariser Akademie hatte ihn 1699 zu ihrem auswärtigen Mitgliede ernannt und die Universität Cambridge ihn 1701 zu ihrem Vertreter im Parlament gewählt. Trotz Newton's Ansehens blieb die cartesianische Physik von Rohault das geltende Lehrbuch der hohen Schulen in England, bis S. Clarke in seiner englischen Uebersetzung dieser Physik den im Texte enthaltenen cartesianischen Erklärungen die Darstellungen Newton's als Randglossen beifügte. Schon zuvor im Jahre 1707 hatte der blinde Mathematiker Saunderson angefangen, die Theorie Newton's in Cambridge vorzutragen. In Schottland fand die Naturphilosophie Newton's leichter Eingang. Newton starb am 20. März 1727 auf seinem Landgute in der Nähe Londons.

    Seine Schriften: naturalis philosophiae principia mathematica. 1687; deutsch mit Bemerk. u. Erläut. hrsg. v. J. Ph. Wolfers. 1872. — Optics or a treatise on the reflexions and colours of light 1704; — lat. redd. a J. Clarke 1711. — Opera, comment. ill. Horsley. 5 voll. 1779—85. — Sein Leben schrieb: D. Brewster 1831, ferner erschienen: Memoirs of the life, writings and discoveries of Sir Js. Newton. 1855. — Unter den Schriften über ihn außer den später angeführten Schriften Voltaire's zu beachten: H. Pemberton, a view of N's. philos. 1726; — Kahle, Vergl. d. Leibn. u. Newt. Metaph. angest. u. dem Herrn v. Voltaire entgegengest. 1740; — H. Durdik, Leibn. u. Newt. 1869; — K. Dieterich, Kant u. Newton 1877; — C. Snell, N. u. d. mechan. Naturw. 1843; — A. Struve, N's. naturw. Ansichten. 1869; — Neumann, d. Prinzip. d. Galilei-Newt. Theorie. 1870.

Locke, Empirismus, Deismus und Moralphilosophie in England.

Locke (John), geb. am 29. August 1632 zu Wrington in der Nähe von Bristol. Von 1646 an besuchte er sechs Jahre die Schule zu Westminster. Von 1652 an studirte er zu Oxford, dem Wunsche des Vaters gemäß zunächst mit den Vorbereitungsstudien zum geistlichen Amt beschäftigt. Später neigte er sich dem Studium der Medizin zu, stand aber wegen der Schwäche seiner Gesundheit von der ärztlichen Praxis ab. Die scholastischen Studien hatten ihn wenig befriedigt, die Schriften des Cartesius dagegen regten sein philosophisches Nachdenken an. Das Jahr 1664 verlebte er als Sekretär des englischen Gesandten W. Vanes am Brandenburgischen Hofe in Berlin, dann kehrte er nach England zu seinen naturwissenschaftlichen Studien zurück. In Oxford lernte er 1666 den Lord Ashley, späteren Grafen von Shaftesbury kennen, in dessen Hause er fortan als Freund und Arzt Aufnahme fand. Auch verwendete ihn Ashley zu politischen und literarischen Arbeiten, z. B. zur Ausarbeitung eines Verfassungsentwurfs für die Provinz Südkarolina in Nord-Amerika, welche Karl II. im Jahre 1663 dem Lord Ashley und sieben anderen Herren überlassen hatte. Dieser Entwurf ist neuerdings aus den Shaftesbury Papers, ser. VIII. n. 3 bekannt gemacht. Seit 1668 war er Mitglied der Royal Society. Im Jahre 1668 begleitete er Lady von Northumberland auf einer Reise durch Frankreich und Italien. Zurückgekehrt übernahm er im Hause des Grafen Shaftesbury die Leitung der Erziehung des sechzehnjährigen Sohnes. Seine im Jahre 1693 veröffentlichten „Gedanken über Erziehung" erwuchsen aus dieser Thätigkeit. Schon im Jahre 1670 entwarf er den Plan zu seinem Werk „über den menschlichen Verstand", der erst 1689 erschien. Als Shaftesbury im Jahre 1672 Großkanzler wurde, erhielt Locke das Amt eines Sekretärs (of the presentation of benefices), das er aber im folgenden Jahre wieder verlor, als sein Gönner in Ungnade fiel. Von 1675—79 lebte er in Frankreich, besonders zu Montpellier im Verkehr mit Herbert, dem späteren Grafen von Pembroke, auch in Paris. Auf den Ruf Shaftesbury's, der 1679 Conseilspräsident geworden war, kehrte Locke zurück, um denselben wie früher in der Leitung seiner Geschäfte zu unterstützen. Als derselbe 1681 abermals gestürzt und dann Anfang 1683 auf der Flucht in Holland gestorben war, hielt auch Locke es für rathsam, sich eine Zeit lang den Verfolgungen der Gegner zu entziehen. Er verweilte von 1683 an fünf und ein halbes Jahr in Holland. Hier schrieb er 1685 und 1689 seine Briefe über Toleranz, anknüpfend an einen essay on toleration, den er, wie aus den Shaftesbury Papers bekannt geworden, schon 1667 aufgesetzt hatte. Auch ließ er von hier in der seit 1686 erscheinenden Biblioth. univers. im Januar 1668 einen von Le Clerc übersetzten

Abriß seines Essai sur l'entendement veröffentlichen, den er dann im Jahre 1690 gleich nach seiner Rückkehr nach England ganz herausgab. Die Rückkehr erfolgte im Februar 1689, als Wilhelm von Oranien den englischen Thron bestiegen hatte. Er erhielt die Stelle eines Commissioner of appeals, später eines C. of trade and plantages. Seiner Partei suchte er zu dienen durch kleine politische und volkswirthschaftliche Schriften, so „über bürgerliche Regierung", „über Münzwesen" 1689. Eine Schrift „über Vernunftmäßigkeit des Christenthums" erschien 1695. Im Jahre 1700 legte er sein Amt nieder; er starb auf dem Landgut eines Freundes zu Oates (Graffschaft Essex) im Jahre 1704 den 28. Oktober.

S. Werke erschienen: in 3 vols. London 1714, dazu: collect. of several pieces of J. L. 1720. — Sämmtl. Werke in 10 vols. 10. edit. London 1801 (darin v. I, II u. III. essay concern. hum. underst.; IV. conduct of the underst., elements of natur. philos.; V. treatis. of governem.; VI. letters concern. tolerat.; VII. reasonablen. of christianity; IX. thoughts concern. educat.; IX u. X. letters etc.). Neueste Ausgabe in 9 vols. Lond. 1853. S. philosophic. works, with a prelimin. essay and notes by J. A. St. John. 2 vols 1862. — Sein Versuch über d. menschl. Verstand, übers. u. mit einer Abhdlg. üb. d. Empirismus in d. Philos. v. W. G. Tennemann. 3 Thle. 1797. — Seine Gedanken von Erziehung d. Kinder erschien. a. d. Engl. übers. u. mit Le Clerc's histor. Lobschrift 1761, u. übers. v. Rudolphi. 1788. Neuerdings übers. u. mit Einl. u. Anm. vers. v. M. Schuster in d. Pädag. Biblioth. hrsg. v. Richter. Bd. 9. Seine Schrift „über Glaubens- u. Gewissensfreiheit" übers. 1827. — In der Philos. Bibl. Bd. 50 u. 51. Vers. über d. menschl. Verst. übers. v. J. H. v. Kirchmann. 1872 u. 73. — S. Leben schrieben: sein Freund Jean Le Clerc in d. éloge historique im Bd. 6, d. Biblioth. choisie, art. V. — Lord King, n. edit. 2 vols. 1830. — E. Scherer. 1860. — Am ausführlichsten und zuverlässigsten: H. R. Fox-Bourne, the life of J. L. 2 vols. 1876, und darnach H. Marion, L. sa vie et son oeuvre. 1878. — Zum Verständniß seiner Lehre ist bes. werthvoll: G. Hartenstein, Locke's Lehre v. d. menschlichen Erkenntniß in Vergleich mit Leibniz Kritik dargest. (Bd. IV der Schriften der philol. hist. Cl. d. K. Sächs. Ges. d. Wiss.) 1861; auch in s. histor. philos. Abhandl. 1870. — G. v. Benoit, Darst. d. L. Erkenntnißlehre, vergl. mit d. Leibn. Kritik ders. Preisschr. 1869. — Tagart, L's. writings and philos. 1855. — Th. E. Webb, the intellectualism of L. 1858. — V. Cousin, la philos. de Locke. 6. éd. 1863.

Clarke, Samuel, geb. 1675 zu Norwich, Grafschaft Norfolk, studirte in Cambridge, lernte hier Newton's principia mathem. kennen und ward durch sie der noch herrschenden Philosophie des Cartesius entfremdet. In den Anmerkungen der von ihm 1697 dargebotenen Uebersetzung der cartesian. Physik von Rohault stellte er die Ansichten Newton's denen des Cartesius entgegen. Sein Hauptstudium blieb aber die Theologie. Im Auftrage der Boyle-Stiftung hielt er 1704 zu London Vorträge über die Zweckursachen gegen materialistische und atheistische Angriffe auf dieselben, aus denselben entstanden 1705 und 1706 seine Schrift: verity and certitude of natural and revealed religion und sein Hauptwerk a demonstration of the being and the attributes of God. 2 vols. Beide Werke sind besonders gegen Spinoza und Hobbes gerichtet. Auf Anlaß Newton's übersetzte er 1707 die Optik desselben in's Lateinische. Mit dem Theologen Dr. Dodwell und einem Anhänger Locke's, Collins, gerieth Clarke in einen Streit über die Unsterblichkeit der Seele und über die Locke'sche Behauptung der Möglichkeit, daß die Materie denken könne, was Clarke bestritt. Seine Hauptschrift in diesem Streit ist ein 1706 an Dr. Dodwell gerichteter Brief. In einem anderen Hauptwerk discourse concern. the unchangeable obligation of natur. religion 1708 versuchte Clarke eine neue sich von dem Subjekticismus der Moral Shaftesbury's unterscheidende Begründung der natürlichen Moral. Die hier ausgesprochenen Ansichten führten zu Streitigkeiten über die Willensfreiheit, aus der sein philosoph. inquiry concern. human liberty 1715 u. 2. A. mit Zus. 1717 hervorging. Im Jahre 1708 ward Clarke Prediger an der Kirche St. Benedikt am Paulswerft zu London und 1709 Vorstand der Hofpfarrei zu St. James. Seine 1712 erschienene rationalistische Schrift über die Lehre von der göttlichen Dreieinigkeit zog ihm eine Zeit lang theologische Angriffe und Verfolgungen zu. Auf Anlaß der Prinzessin von Wales trat Clarke 1715 in philosophischen Briefwechsel mit Leibniz. Er starb am 17. Mai 1729.

Seine Werke mit einer Biographie v. Hoadly erschienen zu London 1732—42. 4 vols. Außer den genannten Hauptschriften: a demonstrat. etc. v. 1705 u. 6 (deutsch. Abhandl. v. Dasein u. d. Eigenschaften Gottes 1756) u. a discourse v. 1708 ist philosophisch noch von bes. Interesse die 1717 erschienene collection of papers, with passed between the late learned Mr. Leibniz and Dr. Cl. in the years 1715 and 1716 relating to the principles of natur. philos. and religion (deutsch mit Vorr. v. Chr. Wolff, hrsg. v. Köhler 1720). — Es ersch. oeuvres philos. de S. Cl. préc. d'une introduct. par M. A. Jacques. 1843. — Ueber ihn: W. Whiston, histor. memoirs from the life of Dr. S. Cl. 1730; — Damiron, mém. sur Cl. in t. XIV du compte rendu de l'Acad. des sc. hist. et polit. — R. Zimmermann, S. Cl's. Leben u. Lehre. Ein Beitrag z. Gesch. d. Rationalismus in England. 1870.

Toland, John, geb. 1670 nahe bei Londonderry in Irland, ward als Katholik erzogen, seit dem 16. Lebensjahr eifriger Gegner des Papismus, studirte 1687 zu Glasgow, drei Jahre darauf zu Edinburg, setzte später seine Studien zu Leyden und Oxford fort. Seit 1695 in London sich aufhaltend, gab er 1696 sein Hauptwerk christianity not mysterious (Christenthum ohne Geheimniß) anonym heraus, nannte sich aber schon bei der nach wenigen Monaten erfolgenden 2. Auflage. Das Buch zog rücksichtslos die rationalistischen Folgerungen des Locke'schen Deismus, indem es zu beweisen suchte, daß das Evangelium nichts gegen die Vernunft, auch nichts Uebervernünftiges lehre, daß kein christliches Dogma ein Mysterium sei. Mit Rücksicht auf dieses Buch bezeichnete Molineux schon in einem Briefe an Locke vom 6. April 1697 Toland als Freidenker. Toland bezeichnete sich und seine Gesinnungsgenossen bereits 1711 so in einem für R. Harley, Grafen von Oxford aufgesetzten Memorial. Es ist also nicht richtig, die Bezeichnung Freidenker (free thinker) auf Collins' Schrift a discourse of free thinking 1713 zurückzuführen. Toland ward, als er 1697 nach Dublin ging, wegen seiner Schrift von den dortigen Theologen heftig angefeindet, zufolge eines Beschlusses des irischen Parlaments ward sein Buch am 11. September 1697 durch Henkershand öffentlich verbrannt. Er selbst entzog sich der gerichtlichen Verfolgung durch Flucht nach England. Als er hier 1699 Milton's Werke mit einer Lebensbeschreibung herausgab und dabei in Bemerkungen über die Quellenkunde der christlichen Religion gewissermaßen die historische Kritik dieser Quellen in England einführte, erregte er auch hier den Zorn der Theologen und Royalisten. Im Jahre 1701 trat er in einer Schrift Anglia libera für die Succession des Hauses Hannover auf den englischen Thron ein, überreichte auch diese Schrift selbst der Kurfürstin zu Hannover und lernte hier Leibniz kennen. Auf Einladung der Königin Sophie Charlotte ging er im selben Jahre nach Berlin, wiederholte den Besuch im folgenden Jahre. An diese Königin sind seine 1704 ersch.

lettres to Serena gerichtet, der noch zwei andere philosophisch interessante Briefe an Holländer beigefügt sind, von denen Brief 4 der Sammlung zeigt, daß die Begriffe Materie und Kraft nicht zu trennen sind und daß Bewegung eine wesentliche Eigenschaft der Materie ist, während der Brief 5 zeigen soll, daß die psychischen Erscheinungen Thätigkeitsäußerungen der Materie sind. Nach England zurückgekehrt diente er politisch dem Leiter der Whig's. Im Jahre 1707 hielt er sich eine Zeit lang in Hannover, Düsseldorf, Wien und Prag auf, von 1708—10 hielt er sich in Holland auf und trat hier in Beziehung zum Prinzen Eugen von Savoyen. Zuletzt lebte er verarmt zu Putney in der Nähe von London, woselbst er am 22. März 1722 starb.

  Außer den schon gen. Schriften sind bes. noch zu nennen seine Vorrede zur Oceana of J. Harrington 1700; — Adeisidaemon s. Titus Livius a superstitione vindicatus 1709, in welcher Schrift der Ausdruck Pantheismus zuerst vorkommen soll; — u. s. Pantheisticon (anonym) Cosmopoli 1720. — Nach einer schon 1726 ersch. collect. gab Des Maizeaux heraus the miscellan. works of J. Toland mit der ebenfalls schon früher beigefügten Lebensskizze. 1747. 2 vols. — Ueber ihn s.: Herder in s. Adrastea u. G. Berthold, J. Toland u. d. Monismus der Gegenwart. 1876.

Shaftesbury, Anthony Ashley Cooper, Graf v., geb. 1671 zu London, Enkel des mit Locke befreundeten Shaftesbury, besuchte 1683—87 die Schule zu Winchester und bildete sich auf einer Reise in Italien und Frankreich aus. In seinem zwanzigsten Jahre schrieb er seine philos. Untersuchungen über die Tugend, die Toland 1699 ohne Wissen des Verf. mit Zusätzen herausgab. Die Schrift sucht die Selbstständigkeit der Sittlichkeit, ihre Unabhängigkeit von der Religion darzuthun, und ihre Grundlage in einer Theorie der Affecte aufzuweisen. Sh. war Mitglied des Unterhauses von 1695 bis zur Auflösung desselben 1698, lebte dann eine Zeit lang in Holland, nahm nach dem Tode seines Vaters 1699 als Graf v. Sh. seinen Sitz im Oberhause ein, verließ aber, da seine freien Ansichten Anstoß gaben, England im J. 1703. Aus Rücksicht auf seine Gesundheit ging er später nach Neapel und starb daselbst 1713.

  Seine versch. Schriften erschienen gesammelt unter dem Titel: characteristics of men, manners, opinions, times. 3 vols. 1711; eine neue Ausg. ersch. v. Hatsch in 3 vols. 1869; eine deutsche Uebers. ersch. 1776. — Beachtenswerth sind noch die 1706—10 geschriebenen several lettres written by a noble lord to a young man at the

University. ed. 1716 u. die letters from Shaftesb. to Molesworth 1721. — Ueber ihn: f. Leibniz, jugem. des oeuvres de Sh. t. III der Ausg. v. Dutens; — Herder in f. Adrastea: — J. G. Schlosser, über Shaft. v. d. Tugend. 1786. — G. Spider, Philos. d. Grafen Sh. 1872. — G. v. Gizycki, die Philosophie Shaftesbury's. 1876.

Hutcheson, Francis, geb. 1694 zu Drumalig in Irland, studirte seit 1710 zu Glasgow Theologie, leitete in Dublin eine Erziehungsanstalt, ward 1729 Professor der Moralphilosophie zu Glasgow. In seiner 1725 ersch. Schrift: inquiry into the original of our ideas of beauty and virtue vertrat er gegen Locke die Annahme einer festen Grundlage der Sittengesetze in unserer Natur und widerlegte er Hobbes' Ansicht über die Bedeutung der Selbstsucht für diese Grundlage, die er vielmehr in dem uninteressirten dem Schönheitssinn gleichlaufenden Wohlwollen finden wollte. Die Ausführung dieser Gedanken bewegte sich in der Richtung Shaftesbury's. Er starb 1746 zu Dublin.

Seine Schriften sind außer dem schon gen. inquiry (deutsch. Unters. unserer Begriffe von Schönheit u. Tugend 1762): — essay on the nature and conduct of the passions and affections, with illust. on the moral sense 1728 (deutsch. Abhandl. über d. Natur u. Beherrsch. d. Leidenschaften u. Neigungen 1760); — bes. das nach s. Tode von s. Sohn herausg. system of moral philosophy, with the life, writings and charact. of the author by W. Leechmann. 2 vols. 1755. (deutsch v. G. E. Lessing, Hutches. Sittenlehre der Vernunft. 1756. 2 Bde.)

Berkeley, George, geb. wahrsch. zu Dysert, unweit Thomastown in Irland am 12. März 1685. Von 1696 an besuchte er die Schule zu Kilkenny, das Irländische Eton, studirte dann seit 1700 zu Dublin, ward durch W. Molyneux dort bekannt mit Locke's und Descartes' Schriften. Im Jahre 1707 ward er Lehrer am Trinity-College dort. Schon 1709 erschien seine Schrift essay towards a new theory of vision, in welcher er die Ansicht vertritt, daß wir beim Sehen nur Farben, Licht und Schatten wahrnehmen, also über Größe, Lage und Entfernung der Dinge erst durch Verbindung der Gesichtswahrnehmungen mit den Wahrnehmungen anderer Sinne etwas erfahren. Später 1732 hat er diese Ansicht noch in einer bes. Schrift vertheidigt. Sein Hauptwerk treatise on the principles of human knowledge erschien 1710. Seinen Phaenomenalismus, d. h. die Lehre von der Welt als einer Welt vorgestellter

Erscheinungen vertheidigte er gegen skeptische Einwände in den three dialogues between Hylas and Philonous 1713 und später noch 1732 gegen die englischen Freidenker. — Nach dem J. 1713 unternahm B. wiederholt längere Reisen in Europa, besonders nach Frankreich und Italien. Auf Anlaß des Minister Walpole unternahm er 1728 eine Reise nach Amerika zur Gründung eines dort einzurichtenden Collegiums zur Verbreitung christlicher Bildung. Nach seiner Rückkehr ward er 1734 zum Bischof von Cloyne ernannt. Seit 1752 lebte er zurückgezogen in Oxford und starb daselbst am 14. Januar 1753. —

> Es ersch. s. Works, includ. many of his writings hitherto unpubl., with pref., annotat., life and letters, and an account of his philos. by A. C. Fraser. 4 vols. 1871. — Selections from Berkeley, v. dems. 1874. — Die Prinzip. d. menschl. Erkenntniß, übers. v. Ueberweg in d. Philos. Biblioth. Bd. 12. 1869. — Ueber ihn: A. Penjou, étude sur la vie et les oeuvres philos. de G. B. 1878. — C. Fraser, Berkeley. 1881.

Neue Rechts- und Staatslehren.

Pufendorf, Samuel v., geb. am 8. Januar 1632 im Pfarrhause von Dorf-Chemnitz, erzogen auf der Fürstenschule zu Grimma, bezog 1650 die Universität Leipzig um Theologie zu studiren, ward 1657 durch den Mathematiker Erh. Weigel zu Jena in Grotius und Hobbes Werke eingeführt, als Feind der zünftigen Gelehrsamkeit kehrte er nach Leipzig zurück. Im Frühjahr 1658 nahm P. die Stelle eines Hauslehrers bei dem schwedischen Gesandten Ritter Coyet in Kopenhagen an und ward, als letzterer in Folge ausgebrochener Kriegszwist zwischen Schweden und Dänemark floh, mit dem zurückgelassenen Gefolge acht Monate eingekerkert. In dieser Zeit stellte P. das Gelernte überdenkend ein System der philosophischen Rechtslehre zusammen, die 1660 ersch. Elementa juris universalis, die den Versuch machen, die Grundsätze der Rechtsphilosophie nach Grotius Vorbilde allein durch die Vernunft zu finden. Dabei ist er auch bemüht, neben der Selbstsucht des Hobbes den Geselligkeitstrieb des Grotius zur Geltung zu bringen, indem er darthut, daß die Geselligkeit im Interesse jedes Einzelnen liege. Aus der Haft befreit ging P. mit dem Ritter Coyet nach den Niederlanden. Auf Anlaß der dem Kurfürsten Karl Ludwig von der Pfalz zugeeigneten Elementa ward P. nach Heidelberg berufen und hier der erste Lehrstuhl des Naturrechts für ihn gegründet. Besonderes Aufsehen erregte P. 1667 durch seine Schrift „Severinus de Monzambano über den Zustand des deutschen Reiches", in welcher er unter der Maske eines vornehmen Veronesers die Ungeheuerlichkeiten des deutschen Reichsrechtes mit Spott darlegte. Die erfolgenden Angriffe hat P. in zwei wissenschaftlichen Abhandlungen „über die Staatenverbindungen" und „über den unregelmäßigen Staat" zurückgewiesen, doch ließ die Anfeindung ihm 1668 einen Ruf nach Lund willkommen erscheinen. Hier erschien 1672 sein Hauptwerk de jure naturae et gentium libri octo und ein Jahr darauf als ein Auszug daraus die Schrift de officio hominis et civis. Dies Werk befreite die Politik von der Theologie und stellte die Staatswissenschaft im Anschluß an Grotius und Hobbes ganz auf weltlichen Boden. Die durch die zahlreichen theologischen und juristischen Gegner veranlaßten geistvollen Streitschriften P's. sind 1686 unter dem Titel Eris Scandica gesammelt erschienen. Im J. 1677 wurde P. vom Könige Karl nach Stockholm berufen zu dem Amt des Historiographen und Staatssekretärs. Ein Werk über die schwedische Geschichte bis zur Thronentsagung Christians vollendete P. 1685. Im Jahre 1687 entwarf P. die Schrift „über das wahre Verhältniß der christlichen Religion zum Staate" und widmete sie dem Großen Kurfürsten, nach Treitschke das bestvergessene von P's. Werken, das die beiden großen Grundsätze der Gewissensfreiheit für den Einzelnen und der Unterordnung der Kirchen unter das Aufsichtsrecht des Staates darlegte. Der Uebertritt in eine der schwedischen ähnliche brandenburgische Dienststellung war damals schon abgemacht, erfolgte aber erst 1688. Noch in voller Kraft starb P. am 26. Oktober 1694.

P's. Schrift de statu reipubl. Germanicae ersch. deutsch v. H. Breßlau. 1870. — Ueber ihn bes. 2 Artikel v. Treitschke in den Preuß. Jahrbüchern. Bd. 35 u. 36. 1875.

Thomasius, Christian, geb. am 1. Januar 1655 zu Leipzig, hat daselbst studirt und 1681 zu lehren begonnen mit Vorlesungen über Grotius. Zur Rechtfertigung seiner Ansichten schrieb er 1688 Institutionum iurisprudentiae libri tres, in quibus fundamenta iuris natur. secundum hypotheses illustr. Pufendorfii perspic. demonstrantur. (Deutsch. Halle 1712.) Besonderen Anstoß an der Universität erregte, als er 1687 durch ein deutsches Programm zu deutschen Vorlesungen über Gratians Grundlehren vernünftig klug und artig zu leben einlud. Auch hielt er 1688 deutsche Vorlesungen über christliche Sittenlehre und begann die Herausgabe einer gegen den Pedantismus der Gelehrtenzunft zu Felde ziehenden „Deutschen Monatsschrift". Den Leipziger und Wittenberger Theologen gelang es 1690 von der Regierung ein Verbot seiner akademischen und schriftstellerischen Thätigkeit zu erwirken. Schon im April 1690 ward Th. von Berlin aus zum kurfürstlichen Rath ernannt und erhielt die Erlaubniß, in Halle Vorlesungen zu halten, wodurch thatsächlich der Anstoß zur Gründung der dortigen Universität gegeben wurde, bei deren Eröffnung Th. zweiter Professor der juristischen Fakultät ward. Eine spätere Rückberufung nach Leipzig 1709 lehnte Th. ab, er starb am 23. Sept. 1728.

> Von seinen Schriften kommen bes. noch in Betracht: fundamenta juris naturae et gentium ex sensu communi deducta, in quibus secernuntur principia honesti, justi et decori 1705. — Introductio ad philosophiam aulicam s. lineae primae libri de prudentia cogitandi et ratiocinandi 1688. — Introductio in philos. ration. s. logica, in qua omnibus hominibus via plana et facilis panditur, sive syllogistica, verum, verisimile et falsum discernendi, novasque veritates inveniendi 1691. — Introd. in philos. moralem s. ethica 1706. — Deutsch ersch. diese Schriften als Einleitung zur Vernunftlehre 1691, Einleitung zur Sittenlehre 1692, dazu die Arznei wider die unvernünftige Liebe oder Ausübung der Sittenlehre 1696. Eine mystische Theorie des Universalgeistes, die alle mechanische und atomistische Erklärungen verwirft, bietet s. tentamen de natura et de essentia spiritus 1699. — Beachtenswerth sind noch s. historia sapientiae et stultitiae 1693, seine dissert. de crimine magiae u. s. „ernsthafte, aber doch muntere u. vernünft. Thomas. Gedanken u. Erinnerungen über allerlei Händel. 1720 u. 21. 4 Bde. — Ueber ihn bes.: Luden, Thom. nach s. Schicks. u. Schriften 1805. — Tholud, Art., Th. in theolog. Realencyklop.

Montesquieu, Charles de Sécondat, geb. am 18. Januar auf dem Schloß Brède bei Bordeaux, 1714 Rath beim Parlament daselbst und 1716 Präsident desselben. In den 1721 veröffentlichten Lettres persanes bekämpfte er den Absolutismus in Staat und Kirche. Im Jahre 1728 legte er sein Amt nieder, ging 1728 auf Reisen und gab sich nach Rückkehr aus England 1729 auf seinem Schlosse ganz historischen und politischen Studien hin, als deren Ergebniß 1734 die Considérations sur les causes de la grandeur des Romains et de leur décadence und 1748 das Werk

De l'esprit des lois erschienen. Als Philosoph folgte M. dem Systeme des Cartesius, seine religiösen und politischen Ansichten hatten sich unter dem Einflusse Locke's und seines Landes gebildet und stehen im Gegensatz zu Hobbes und Spinoza. Er starb am 20. Februar 1755 zu Paris.

Von den zahlreichen Ausgaben seiner Werke sind hervorzuheben die v. Auger, ed. 1816. 6 vols. u. d. von Lequien, ed. 1819. 8 vols. Die beste Ausg. s. Werke ist v. E. Laboulaye. 7 vols. 1875—79. (v. III—IV enth. den esprit des lois). Diese Schrift erschien deutsch v. A. W. Hauswald in 3 Bbn. 1804. — Ueber ihn schrieb: E. Bersot 1852; — E. Buß, Montesqu. u. Cartes. in d. Philos. Monatsh. Bd. 4. 1869; — F. Béchard, la monarchie de M. et la républ. de J. Jacques. 1872; — H. Jansen, M's. Theorie v. der Dreitheilung der Gewalten im Staate auf ihre Quelle zurückgef. 1878.

Leibniz und die Aufklärungsphilosophie in Deutschland.

Leibniz, Gottfried Wilhelm, geb. am 21. Juni 1646 zu Leipzig. Sein Vater war Professor der Moral an der dortigen Universität, derselbe starb, als Leibniz 6 Jahre alt war. Im 15. Lebensjahre bezog Leibniz die Universität seiner Vaterstadt um Jurisprudenz zu studiren. In seiner Baccalaureats-Dissertation vom Jahre 1663 de principio individui vertrat er den Nominalismus. In diesem Jahre ging er nach Jena, um unter dem berühmten E. Weigel Mathematik zu studiren. (Ueber ihn: Ed. Spieß, E. W., der Lehrer von L. u. Pufendorf. 1881.) Sodann erlangte er in Leipzig durch eine rechtsphilosophische Abhandlung den Magistergrad und bewarb sich durch eine andere Abhandlung um eine von der juristischen Fakultät zu besetzende Stelle im Spruchkollegium, für deren Erlangung aber seine Jugend als Hinderniß angesehen wurde. Das Diplom eines Doktors beider Rechte erlangte er 1666 in Altdorf, eine ihm hier angetragene Professur lehnte er ab. Eine Zeit lang verweilte er bei den Rosenkreuzern in Nürnberg. Hier machte er im Jahre 1667 die Bekanntschaft des früheren Kurmainzischen Ministers von Boineburg, den er als Freund und Sekretär nach Frankfurt a. M. begleitete. In Folge der Herausgabe einer anonymen Schrift „Neue Methode die Rechtswissenschaft zu lernen und zu lesen", welche Vorschläge zur Reform des römischen Gesetzbuchs enthielt, wurde er nach Mainz gezogen und dort im Jahre 1670 zum kurfürstlichen

Kanzleidirektionsrath am höchsten Gerichtshof des Erzbisthums ernannt. Mit Boineburg und Anderen entwarf er Pläne, um Deutschland in politischer und religiöser Hinsicht den bedrohten äußeren und inneren Frieden zu sichern. Seine Theilnahme für die politisch gespannte Lage Europas ward stets in Anspruch genommen. Er war Zeuge des Krieges Ludwig XIV. gegen Holland und Deutschland, des spanischen Erbfolgekrieges und des nordischen Krieges; bei allen dreien war er thätig als Rathgeber und Gesandter. Im März 1672 reiste er nach Paris, um bei Ludwig XIV. einen Plan zur Eroberung Aegyptens zu unterstützen, dasselbe Jahr führte ihn zu diplomatischen Unterhandlungen nach London; seine Bemühungen waren vergeblich. Im März 1673 kehrte er nach Paris zurück, woselbst er in geistigem Verkehr mit Molière, Racine, Arnauld, Huygens, Pascal u. A. lebte. Hier entwickelte er seine Gedanken über Differentialrechnung. Inzwischen waren durch den Tod Boineburgs und des Kurfürsten seine amtlichen und persönlichen Verhältnisse in Mainz gelockert. Leibniz folgte daher dem wiederholten Rufe des Herzogs Joh. Friedrich von Hannover zum Bibliothekar und Rath. Er verließ Paris im Jahre 1676 und reiste über London und den Haag nach Hannover. Hier erlebte er einen dreimaligen Thronwechsel. Der erste Fürst, Joh. Friedrich, ein Verehrer und Nachahmer Ludwig XIV., nahm als eifriger katholischer Convertit seine Thätigkeit für die Idee der evangelischen und katholischen Kirchenreunion in Anspruch. Unter dem Nachfolger Ernst August (1679—1698) kam das Haus Hannover zur Kurwürde (1692). Die Verwandtschaft desselben mit dem Hause Brandenburg gab Leibniz eine einflußreiche Doppelstellung; er war Freund und Rathgeber sowohl der Kurfürstin Sophie von Hannover, wie ihrer Tochter Sophie Charlotte, nachmaligen Königin von Preußen. Zum Behuf einer vom Kurfürsten gewünschten Arbeit über die Genealogie der Welfischen Fürstenfamilie bereiste er Deutschland und Italien in den Jahren 1687—90. Der Kurfürst machte ihn im Jahre 1696 zum Geh. Justizrath; denselben Titel erhielt er im Jahre 1700 vom König von Preußen, 1712 von Peter dem Großen. Der deutsche Kaiser erhob ihn in den Freiherrnstand (1713) und verlieh ihm die Würde eines Reichs-Hofraths. Auf Leibniz Betrieb wurde am 11. Juli 1700 die Berliner Akademie der Wissenschaft gestiftet, und Leibniz ward ihr erster Präsident. Ein ähnlicher von ihm für Petersburg entworfener Plan kam erst nach dem Tode Peters des Großen zur Ausführung; in Wien wurde die Ausführung eines solchen Planes durch die Jesuiten gehindert. Unter dem Kurfürsten Georg Ludwig bestieg das Haus Hannover im Jahre 1714 den englischen Königsthron; unter ihm verlor Leibniz seinen Einfluß. Er starb am 14. November 1716. —

Seine Schriften: Opera omnia, ed. Dutens. 6 voll. 1768. — Leibnizen's gesammelte Werke. herausg. v. Pertz (d. histor. 4 Bde., d. philos. 1 Bd. (Briefw. zw. L., Arnauld u. d. Landgrafen Ernst v. Hessen-Rheinfels), d. mathem. 7 Bde.) seit 1843. — Oeuvres de Leibniz, publ. par Foucher de Careil. 6 vols. 1859—65. — Leibniz Werke, hrsg. v. Onno Klopp. Erste Reihe, histor.-polit. u. staatswiss. Schriften. 6 Bde. 1864—72. — Oeuvres philos., publ. par Raspe. 1765. — Leibnitii opera philosoph. ed. Erdmann. 2 Pts. 1839. 40. — Oeuvres philos., publ. par P. Janet. 1867. — D. philos. Schriften, hrsg. v. C. J. Gerhardt. Bd. 1. 2. 4. u. 5. 1875, 79, 80 u. 82; Bd. 1 u. 2 enthalt. Briefwechsel; Bd 4 enth. philos. Schriften v. 1663—71, Schriftengeg. Desc. u. d. Cartesianismus 1677—1702, philos. Abhdl. 1684—1703; Bd. 5 Leibn. u. Locke; Bd. 3 ersch. später. — Leibniz' deutsche Schriften, hrsg. v. G. E. Guhrauer. 2 Bde. 1838. 40. — Theodicee, d. i. Vers. v. d. Güte Gottes, Freiheit d. Menschen, und v. Ursprung des Bösen, herausg. von Gottsched, mit Fontenelle's Lobschrift. 4. Ausg. 1744. (5. Ausg. 1763). — Dissertation de principio individui, hrsg. u. krit. eingel. v. Guhrauer. 1837. — Monadologie, deutsch v. R. Zimmermann. 1847. — Theol. System, mögl. corr. Ausg. d. lat. Textes u. Uebertr. in's Deutsche v. C. Haas. 1860. — In der Philos-Biblioth. ersch. übers.: Bd. 56. Neue Abhandlgn. über d. menschl. Verstand, v. C. Schaarschmidt. 1873; Bd. 79. Theodicee, v. J. H. v. Kirchmann. 1879; Bd. 81. Kl. philos. Schriften. 4 Hefte, v. demselben. 1879. — Kortholt, Leibnitii epistolae ad divorsos. 4 voll. 1734—42. — Kappen's Samml. einiger vertraut. Briefe zw. Leibniz, Jablonski u. and. Gelehrten u. s. w. 1745. — Leibniz u. Landgraf Ernst v. Hessen-Rheinfels, ein ungedr. Briefwechsel üb. relig. u. polit. Gegenstände, hrsg. v. Chr. v. Rommel. 2 Bde. 1847. — Lettres et opuscules inédits de Leibniz, précéd. d'une introd. par Foucher de Careil. 1854. — Briefwechsel zw. L. und Wolf, hrsg. v. Gerhardt. 1860. — Correspond. de L. avec l'électr. Sophie de Brunsw.-Luneb., publ. p. O. Klopp. 3 vols. 1874. — L's. u. Huygen's Briefw. mit Papin, hrsg. v. E. Gerland. 1881. — L's. Briefw. mit d. Minist. v. Bernstorff, hrsg. von Doebner. 1882. — Eine Biographie schrieb: G. E. Guhrauer. 2 Thle. 1846; — Fr. Kirchner, G. W. L., sein Leben u. Denken. 1876. — Edm. Pfleiderer, G. W. L. als Patriot, Staatsmann und

Bildungsträger. Ein Lichtpunkt aus Deutschlands trübster Zeit. 1870. — W. Guerrier, L. in seinen Beziehungen zu Rußland u. Peter d. Gr. 1873.

Wolff.

Wolff (Christian), geb. im Jahre 1679 zu Breslau, studirte daselbst und in Jena Mathematik und Philosophie, und habilitirte sich im Jahre 1703 als Privatdocent in Leipzig. Auf Leibniz' Empfehlung wurde er 1707 Professor der Mathematik und Physik in Halle. Zufolge religiöser Streitigkeiten mit seinen theologischen Universitätskollegen wurde er am 15. November 1723 durch einen Kabinetsbefehl des Königs Friedrich Wilhelm I. von Preußen seiner Stelle entsetzt und ihm bei Strafe des Stranges befohlen, Halle in 24 Stunden und die preußischen Staaten binnen zwei Tagen zu verlassen. Er fand eine Anstellung als Professor der Philosophie in Marburg, ward Mitglied mehrerer auswärtigen Akademien, und sogar Vicepräsident der neu errichteten Petersburger Akademie. Einen Ruf nach Petersburg lehnte er ab, eine Pension nahm er an. Nach Friedrich II. Thronbesteigung kehrte er berufen nach Halle zurück im Jahre 1740, ward Geh. Rath, Vicekanzler und darauf Kanzler der Universität. Im Jahre 1745 erhob ihn der Kurfürst Maximilian III. von Bayern während des Reichsconcordates in den Freiherrnstand. Er starb 1754.

Von seinen zahlreichen Schriften sind hervorzuheben: Vernünftige Gedanken v. d. Kräften des menschl. Verstandes. 1712 (9. A. 1754). von Gott, der Welt, u. d. Seele des Menschen, auch allen Dingen überhaupt. 1719. (3. Aufl. 1725) u. Th. 2, 1724 (1727). — V. d. Menschen Thun u. Lassen 1720 (2. Aufl. 1723). — v. d. gesellschaftl. Leben der Menschen u. insonderh. dem gemein. Wesen. 1721 (3. Aufl. 1732). — v. d. Wirkungen d. Natur. 1723 (2. A. 1726). — v. d. Absichten der natürlichen Dinge. 1723 (2. Aufl. 1726). — v. d. Gebrauche der Theile in Menschen, Thieren und Pflanzen. 1725 (2. Aufl. 1730). — Wolffen's Meinung von dem Wesen der Seele u. eines Geistes überh., u. Rüdiger's Gegen-Meinung. 1727. — Allerhand nützl. Versuche, dadurch zu genauer Erkenntniß b. Natur u. Kunst d. Weg gebahnet wird. 3 Thle. 1727—29. — Gesammelte kleine philos. Schriften (z. Natur- u. Vernunftlehre, meist a. d. Latein. übersetzt). 3 Thle. 1736 u. 37. — B. v. Spinoza's Sittenlehre widerleget v. d. berühmten Weltweisen uns. Zeit, Chr. Wolf, a. d. Lat. übers. 1744. — Latein. erschien: Philosophia rationalis s. logica. 1728. Philos. prima s. ontologia. 1730. Cosmologia general. 1731. Psychologia empirica.

1732. Psychol. rational. 1734. Theologia natural. 2 voll. 1736. 37. Philos. practica univers. 2 voll. 1738. 39. Jus naturae. 8 voll. 1740. Philos. moral. s. Ethica. 4 voll. 1750. Jus gentium. 1750. — Eine histor. Lobschr. auf Wolf v. J. Chr. Gottsched ersch. 1755. — Seine eigene Lebensbeschreibung mit einer Abhandlung über ihn gab heraus H. Wuttle. 1841. — Briefe von Chr. Wolff a. b. Jahren 1719—53 als Beitrag z. Gesch. d. Akad. der Wiss. zu Petersb. ersch. das. 1860. — Einen ausführl. Entw. e. vollst. Historie d. Wolff'schen Philos. gab heraus C. G. Ludovici. 1735—37.

Reimarus, Hermann Samuel, geb. 1694 zu Hamburg, studirte Theologie auf der Universität Jena 1714 und Wittenberg 1716, bereiste 1720 und 21 Holland und England, ward 1723 Rektor der Schule zu Wismar und 1728 Professor der orientalischen Sprachen an dem akademischen Gymnasium zu Hamburg. Einen Ruf nach Göttingen an Stelle Geßner's lehnte er ab. Er starb am 1. März 1768.

Seine Schriften: Die vornehmsten Wahrheiten der natürl. Religion. 1755. (2. A. stark verm. 1772). — Die Vernunftlehre, als eine Anweisung z. richtigen Gebrauche der Vernunft in der Erkenntniß der Wahrheit, aus zwei ganz natürl. Regeln der Einstimmung u. des Widerspruchs hergeleitet. 1756 (3. A. 1766.) — Allgem. Betrachtung über die Triebe der Thiere haupts. über ihre Kunsttriebe, z. Erkenntniß des Zusammenhanges der Welt, des Schöpfers u. unser selbst 1760 (2. verm. A. 1762. 3. A. 1773). Dazu ersch.: R's. angefang. Betrachtungen üb. die bes. Arten der thier. Kunsttriebe, aus s. hinterlass. Handschr. mit Anmerk. herausg. durch J. A. H. Reimarus 1773. — Aus der 1767 geschrieb. Apologie oder Schutzschrift für die vernünftigen Verehrer Gottes gab Lessing 1774—77 nacheinander sechs ausgewählte Bruchstücke in „Beiträgen zur Gesch. der Literatur aus den Schätzen der herzogl. Bibliothek zu Wolfenbüttel", die sogen. Wolfenbüttler Fragmente, heraus und ließ das letzte und größte „von dem Zwecke Jesu und seiner Jünger" im J. 1778 bes. erscheinen. Aus der Originalschrift des Werkes hat W. Klose die drei ersten Bücher des ersten Theils ohne das letzte Kapitel vom dritten Buche veröffentlicht in Niedner's Zeitschr. f. histor. Theologie 1850—52, Bd. XX—XXII. Von dem übrigen noch ungedruckten Theil gab einen Bericht Dav. Strauß in s. Schrift: H. S. R. u. s. Schutzschrift für b. vern. Verehrer Gottes 1862 (abgedr. Bd. 5 s. gesamm. Schriften). — Eine Gedächtnißschrift auf ihn verfaßte sein College am Gymnasium J. G. Büsch. — Mittheilungen über s. Leben bieten noch D. Strauß, Brockes u. Reimarus in d. gesamm. Schriften. Bd. 2.

C. Mönckeberg, H. S. Reimarus u. J. Chr. Edelmann. (Gallerie Hamburg-Theologen Bd. 5) 1867.

Lessing, Gotthold Ephraim, geb. am 22. Januar 1729 zu Camenz in der Oberlausitz, gest. zu Wolfenbüttel am 15. Februar 1781. Zur Kenntniß seiner Stellung zur Philosophie kommen bes. folgende, in den bezeichneten Bänden der 1838—40 ersch. Lachmann'schen Ausgabe seiner Werke enthaltene Schriften in Betracht. **Zur Aesthetik:** — Pope, ein Metaphysiker. 1755. Bd. 5; — Abhdl. über d. Fabel. 1759. Bd. 5; — Laokoon, ob. üb. d. Grenzen der Malerei u. Poesie. 1766. Bd. 6; — zum Laokoon a. d. Nachlaß. Bd. 11; — Hamb. Dramaturgie. 1767—69. Bd. 7. — **Zur Religionsphilosophie:** — Zur Gesch. u. Literatur, aus d. Schätzen d. Bibl. z. Wolfenb. Beitrag 1. 1773. VII. Leibniz v. d. ewigen Strafen; Beitrag 3. 1774. XVII. v. Adam Neusern; XVIII. d. Duldung der Deisten, Fragment e. Ungenannten, Bd. 9; — Beitrag 4. 1777. Ein Mehreres a. d. Papieren des Ungenannten. die Offenbarung betr.; — Beweis des Geistes u. d. Kraft u. d. Testament Johannis 1777; — die Goeze-Streitschriften. 1778. Bd. 10; — Aus dem liter. Nachlaß: — Ueber d. Wirklichkeit der Dinge außer Gott — durch Spinoza ist Leibniz auf d. Spur der vorherbest. Harmonie gek. — Die Religion Christi. 1780. — D. Christenthum d. Vernunft — über die Entstehung der geoffenb. Religion — Bd. 11; — Nathan der Weise Bd. 2 u. Zu Nathan dem Weisen Bd. 11. — **Zur Ethik und Philosophie der Geschichte:** — Vorrede zu d. philos. Aufsätzen v. Jerusalem 1716; — Ernst u. Falk, Gespräche f. Freimaurer. 1778 u. 80; — Die Erziehung des Menschengeschlechtes. 1780. Bd. 10. — Für die verschiedenen Gebiete findet sich überdies Manches in den Anzeigen für die Berl. privil. Zeitung v. 1755, in b. Briefe die neueste Literat. betr. v. 1759—65. Bd. 5 u. 6 u. in s. Briefwechsel bes. mit Nicolai u. Mendelssohn. Bd. 12.

Bes. Ausgaben einiger in Betracht kommenden Schriften sind: L's. Laokoon, f. d. weiteren Kreis d. Gebildeten bearb. u. erl. v. Cosack. 1869. — L's. Hamburg. Dramat., ebenso erl. v. Schröter u. Thiele. 1878. — L's. Erzieh. d. Menschengeschl. v. Maaß. 1862. Von Biographien zu nennen: L's. Leben u. Werke v. Danzel u. Guhrauer. 2 Bde. 1850 u. 53, 2. bericht. u. verm. Aufl. hrsg. v. v. Maltzahn u. Boxberger 1880 u. 81. — desgl. Ad. Stahr. 2 Bde. 1859 u. 60. 8. Aufl. 1877. — J. Sime, Lessing, his life and writings. 2 vols. 1877. — Lessing's Stellung zur Philosophie behandelten: Schwarz, L. als Theologe 1854. — E. Zeller, desgl. in

f. Vortr. u. Abhdl. 2 Samml. 1877. — R. Zimmermann, Leibniz u. Lessing (a. d. Sitzungsber. d. Wien. Akad.) 1855 (auch in f. Stud. u. Krit. Bd. 1. 1870). — C. Hebler, Lessing-Studien 1862; philos. Auff. (IV. Lessingiana) 1869. — W. Dilthey, über L. (bef. auch zu f. Seelenwanderungslehre) in d. Preuß. Jahrb. Bd. 19 u. 20. 1867. — D. Strauß, L's. Nathan 1864. — K. Fischer, desgl. 1864 u. L. als Reformator d. deutsch. Literatur. 2 Thle. (Th. 2 neu bearb. u. corrig. 1881). — K. Rehorn, L's. Stellung z. Philos. d. Spinoza. 1877. — J. H. Witte, Philos. unf. Dichterheroen. Bd. 1. 1880.

Moses Mendelssohn, geb. 1729 zu Dessau, folgte bald dem 1742 nach Berlin berufenen Rabbi Fränkel, war 1750—54 Hauslehrer bei dem Seidenfabrikanten Bernhard, dessen Buchhalter er dann ward. Dasselbe Jahr begründete seine Freundschaft mit Lessing. Mit den „philosoph. Gesprächen" trat M. 1755 zuerst in die Oeffentlichkeit, die Schrift sucht eine Verständigung über die Systeme von Spinoza und Leibniz. Auch die Mitwirkung an der „Bibliothek der schönen Wissenschaften" datirt vom Jahre 1755. An der Schrift „Pope, ein Metaphysiker" arbeitete er 1755 mit Lessing gemeinsam. Fast gleichzeitig wurden die aesthetisch bedeutsamen „Briefe über die Empfindungen" gearbeitet. Im Jahre 1757 übersetzte M. Rousseau's Abhandlung „Ueber die Ungleichheit unter den Menschen" und nahm gegen denselben die Entwicklungsfähigkeit des Menschen in Schutz. Auf Grund von Leibniz Monadenlehre selbstständiger vorgehend erschien die von der Berliner Königl. Akad. d. Wissensch. gekrönte Preisschrift „Ueber die Evidenz in den metaph. Wissenschaften" 1764. In brieflichen Verkehr mit Kant trat M. seit 1766. Aus dem brieflichen Gedankenaustausch über die Unsterblichkeit der Seele mit dem früh gestorbenen Thom. Abbt ging sein „Phaedon" 1767 hervor. Der Wahl M's. zum ordentlichen Mitglied der Akademie 1771 versagte König Friedrich aus Rücksicht auf M's. Glauben die Genehmigung. Zur Verbesserung der Stellung seiner Glaubensgenossen schrieb M. bef. im Jahre 1782 mehrere Schriften, bef. in seinem Werke „Jerusalem oder über religiöse Macht und Judenthum." — Als das philosophische Testament M's. werden seine 1785 ersch. „Morgenstunden" angesehen. Zur Vertheidigung Lessing's gegen den von Jakobi erhobenen Vorwurf des Spinozismus schrieb er im Oktober 1785 seine letzte Schrift: „M. an die Freunde Lessing's". — Er starb am 4. Januar 1786.

Seine gesamm. Schriften gab heraus G. B. Mendelssohn. 7 Bde.

1843—45. — seine Schriften z. Philos., Aesthet. u. Apologetik mit Einl., Anmerk. u. biogr.-histor. Charakteristik M. Brasch. 2 Bde. 1880. — Sein Leben u. s. Werke behandelten auch: M. Kayserling 1862; — M. Brasch, Lichtstrahlen aus s. philos. Schriften u. Briefen nebst Biogr. u. Charakterist. 1875.

Hume und die Philosophie des Gemeinsinns und Sensualismus in England.

Hume, David, geb. 1711 zu Edinburg, jüngerer Sohn eines Zweiges der gräflichen Familie Hume (Home of Douglas). Nur von geringem Vermögen unterstützt, wurde er zur juristischen Laufbahn bestimmt; seine Neigung aber wandte sich zur Literatur und Philosophie. Das Studiren schwächte seine Gesundheit, doch hoffte er vergebens sich bei einer mehr praktischen Beschäftigung in einem Handelshause zu Bristol zu erholen. Unbefriedigt ging er nach Frankreich und lebte hier in literarischer Zurückgezogenheit. Nach einem vierjährigen Aufenthalt daselbst gab er sein bedeutendstes Werk heraus: a treatise on human nature, being an attempt to introduce the experimental method of reasoning into moral subjects. 3 vols. 1739. Das Buch hatte nur geringen Erfolg. Mehr Aufmerksamkeit erregte er durch den ersten Band seiner essays and treatises on several subjects 1741, der zweite folgte 1742. Doch gelang es seinen Freunden nicht, ihm 1744 die gewünschte Professur der „Ethik u. pneumatischen Philosophie" in Edinburg zu verschaffen. Zwei Jahre begleitete er dann 1748 den General St. Clair auf seiner Gesandtschaft nach Wien und Turin. In der Zeit publizirte er seine Philosophical essays or inquiry concern. human understand. etc. 1748. Im J. 1749 kehrte er zurück, gab 1751 heraus s. Inquiry concern. the principles of morals u. 1752 s. political discourses, mit gutem Erfolge. Im Jahre 1751 ließ er sich in Edinburg nieder und nahm dort 1752 die Stelle eines Bibliothekars der Advokaten an, legte dieselbe aber schon 1757 nieder, verweilte 1758 auf 59 längere Zeit in London und blieb dann bis 1763 wieder in Edinburg mit der Fortsetzung seiner Geschichte Englands beschäftigt. Darauf begleitete er als Legationssekretär den Lord Hertford nach Paris, wo er, berühmter schon als im eigenen Lande, mit Rousseau und den Encyklopädisten verkehrte. Nach seiner Rückkehr wurde er vom Bruder des Genannten, dem General Konway, zum Unterstaatssekretär ernannt. Hume aber zog sich bald nach Schottland zurück und starb daselbst den 25. August 1776 zu Edinburg.

Seine Schriften: b. genannt. treatise on human nature erſch. neu in 2 vols. 1817. Inquiry concerning human understanding, zuerſt 1748. — Die essays and treatises on several subjects in 2 vols. 1741 u. 42. — Nach ſeinem Tode erſchien: the life of D. Hume, written by himself, publ. by Ad. Smith, with a supplement. 1777. Dialogues concerning natural religion. 1779. — Seine philosophic. works now first collect. 4 vols. Edinb. 1826. (v. I u. II enthält treat. on hum. n. u. dial. conc. nat. relig.; v. III. essays u. politic. disc.; v. IV. inquir. conc. hum. und., inq. conc. the princ. of mor., natur. hist. of relig.) — Neuerdings ed. Green u. Grose den treat. on hum. nat. u. dialog. conc. nat. relig. 2 vols. 1874; die essays mor., polit. and liter. II vols. 1875. — Deutſch erſch.: über d. menſchl. Natur, a. d. Engl. nebſt krit. Verſ. v. L. H. Jakob. 3 Bde. 1790—92. — über d. menſchl. Verſtand, überſ. v. Tennemann, nebſt Abhandl. über d. philoſ. Skepticismus v. K. L. Reinhold. 1793. — Geſpräche über natürl. Religion, nebſt Geſpräch über d. Atheismus v. E. Platner. 1781. — Vermiſchte Schriften. 4 Thle. 1754, 55, 56. — In d. Philoſ. Biblioth. Bd. 13. Eine Unterſ. in Betreff d. menſchl. Verſt., überſ. u. erl. mit Lebensbeſchr. v. J. H. v. Kirchmann. 1869; Bd. 75. Dialoge über natürl. Relig. überſ. v. Fr. Paulſen. 1877. — Sein Leben ſchrieb: J. H. Burton, life and corresp. of D. H. 1846 u. Huxley 1879 (trad. et précédé d'une introd. par Compayré. 1880). — Fr. Jodl, Leben u. Philoſ. D. H's. 1872. — S. Philoſophie behandelte: G. Compayré, la philos. de D. H. 1873. — Ed. Pfleiderer, Empirismus u. Skepſis in H's. Phil. 1874. — G. v. Gizycki, Die Ethik H's. in ihrer geſchichtl. Stellung. 1878.

Smith, Adam, geb. am 5. Juni 1723 zu Kirkcaldy in Schottland, 1739 bezog er die Univerſität Glasgow um Mathematik und Naturphiloſophie zu ſtudiren. Hutcheſon's Vorleſungen gaben ſeinem Nachdenken Richtung. In Oxford ſetzte er ſeine Studien fort. Hier las er mit Eifer Hume's Schrift über die menſchliche Natur. Seiner Beſtimmung zum geiſtlichen Beruf war er durch dieſe Studien entfremdet, unſchlüſſig lebte er zwei Jahre in Kirkcaldy und begann Vorträge über Rhetorik und Literatur zu halten. Im Jahre 1751 ward er Profeſſor der Logik und 1752 Profeſſor der Moralphiloſophie zu Glasgow; 1759 veröffentlichte er hier ſeine „Theorie der moraliſchen Gefühle". Seinen Lehrſtuhl gab er 1763 auf, um den Herzog von Buccleuch auf Reiſen zu begleiten; längere Zeit verweilten ſie in Touloſe, Genf und Paris, hier durch Empfehlung Hume's im Verkehr mit Turgot, Quesnay, Necker, D'Alembert,

Helvetius u. And. Im Jahre 1766 kehrte er nach England zurück und lebte die nächsten zehn Jahre in Kirkcaldy. Am Ende dieser Zeit gab er seine „Untersuchung über die Natur und die Ursachen des Völkerreichthums" 1776 heraus. Zwei Jahre darauf ließ er sich als Mitglied der Zollcommission in Edinburg nieder. Noch kurz vor seinem Tode bereitete er die 6. Ausgabe seiner „Theorie der moralischen Gefühle" vor und sprach sich in der Vorrede über das Verhältniß dieses Werkes zu dem späteren Werk über den Volks= reichthum aus. Er starb im Juli 1790.

 Seine Schriften: theory of moral sentiments or an essay towards an analysis of the principles by which men naturaly judge concerning the conduct and character, first of their neighbours and aftervards of themselves 1759 (deutsch 1770 u. v. Rosegarten 2 Bde. 1791). — Inquiry into the nature and causes of the wealth of nations. 2 vols. 1776. 2. ed. 77. (deutsch 2 Bde. 1776, v. Garve 4 Bde. 1794 u. 2. A. 3 Bde. 1799, C. W. Asher 2 Bde. 1861). — Nach seinem Tode ersch.: Essays on philosophical subjects with an account of the life and writings of Ad. Sm. by D. Stewart. 1799. — S. works compl. 5 vols. 1811 u. 12. — Ueber ihn bes.: W. Smellie, literary and characterist. lives 1800. — Brougham, lives of philosophers of the time of George III (works vl. I) 1872. — Cliffe Leslie besprach den Zusammenhang von A. Smith mit der Theologie der Zeit in der Fortnightly Review 1870. — M. Chevalier, étude sur Ad. Sm. et sur la fondat. de la sc. économ. 1874. — Leser, der Begriff des Reichthums bei Ad. Sm. 1874. — E. Nasse, das hundertj. Jubiläum der Schrift von Ad. Sm. über d. Reichth. d. Nationen in d. Preuß. Jahrb. Bd. 38. 1876. — Aug. Oncken, Ad. Smith u. Kant, der Einklang u. d. Wechselverh. ihrer Lehren über Sitte, Staat u. Wirthschaft. Abth. 1. Ethik u. Polit. 1877. — W. v. Skarzynski, Ad. Sm. als Mo= ralphilos. u. Schöpfer der Nationalökon. 1878.

Reid, Thomas, geb. am 26. April 1710 zu Strachan in Schottland, besuchte von 1722 die Schule zu Aberdeen, von 1726 —36 war er Bibliothekar der dortigen Universität, dann mehrere Jahre Pfarrer zu New Machar in der Nähe. Durch Hume's Ab= handlung über die menschliche Natur ward er zu freier philosophischer Forschung geführt. Im Jahre 1752 ward er zum Professor der Philosophie am Kings=College zu Aberdeen gewählt. Ende 1763 ward er als Professor der Moralphilosophie nach Glasgow berufen zum Nachfolger von Adam Smith. Er starb hier am 7. Ok= tober 1796.

Seine Schriften: An inquiry into the human mind on the principles of common sense 1764 (deutsch 1782); — Essays on the intellect. powers of man 1785; Essays on the active powers of man 1788 (zusammen in 3 vols. 1803). — Seine Werke eb. mit Biogr. D. Stewart 1803 u. fully collect. with selections from his unpubl. letters, pref., notes and supplem. dissert. by W. Hamilton (prefixed Stewart's account of the life and writings of Reid, publ. 1803) 1846. — Oeuvres compl. de Th. R., chef de l'école écoss. publ. par M. Th. Jouffroy avec des fragments de M. Royer-Collard et une introd. de l'édit. 6 vols. 1828—36. — A. Garnier, critique de la philos, de Th. R. 1840. — Ferrier, J. F., Reid and the philos. of common sense (1847) in f. lectures ed. by Grant etc. 1866. vl. II.

Hartley, David, geb. 1704 zu Illingworth oder zu Armley in der Grafschaft Yorkshire, studirte in Cambridge, lebte später als Arzt zu Bath am Avon und starb daselbst 1757.

Seine Schriften: de sensus, motus et idearum generatione 1746; — observations on man, his frame, his duty and his expectations 1749. 6. edit. 1814. (deutsch im Auszuge v. v. Spieren u. mit Anm. u. Zus. v. Pistorius. 2 Bde. 1772.

Pristley, Josef, geb. am 13. März 1733 zu Fieldheab bei Yorkshire, auf der Calvinistischen Akademie zu Daventry gebildet, wirkte er seit 1755 als Prediger bei verschiedenen Dissentergemeinden, ward Entdecker des Sauerstoffs, schrieb 1767 eine Geschichte der Elektrizität, ward Mitglied der Royal Society, bereiste 1774 mit dem Grafen Shelburne, späteren Marquis Landsbown den Continent, blieb eine Zeit lang Bibliothekar desselben und ward dann Prediger der Dissibenten zu Birmingham. In Folge von Anfeindungen wanderte er 1794 nach Amerika aus und starb daselbst zu Philadelphia 1804.

Von seinen Schriften sind philos. zu beachten: an examination of Reid's inquiry into the human mind, Beattie's essay on the nature and immutability of truth and Oswald's appeal to common sense 1774; — Hartley's theory of the human mind on the principles of the association of ideas with essays relat. to the subject of it 1775. 2. ed. 1790; — disquisitions relating to matter and spirit, with a history of the philos. doctrine concern. the origin of the soul and the nature of matter, with its influence on christianity, espec. with respect to the doctr. of the preexist. of Christ 1777; — free discussions of the doctrines of materialism and philos. necessity 1788; —

letters to a philos. unbeliever, contain. an examinat. of the principal objections to the doctrines of natur. religion and espec. those contain. in the writings of Mr. Hume. 2 vols. 1780 (dazu addition. letters 1781—87 u. a continuation of the letters 1794; deutsch ersch. Pr's. Briefe an einen philos. Zweifler, in Beziehung auf Hume's Gespräche, das System der Natur u. ähnliche Schriften 1782. — Ueber ihn: J. Carry, the life of J. Pr. with critic. observat. on his works 1804.

Deismus und Sensualismus in Frankreich.

Voltaire, François Marie Arouet de, geb. am 21. November 1694 zu Paris, gebildet auf dem von Jesuiten geleiteten Collège Louis-le-Grand, trat er auf Wunsch des Vaters in das Bureau des Advokaten Allain ein, ward aber durch seinen Pathen, den Abbé von Châteauneuf in Kreise eingeführt, die seiner Neigung zur Laufbahn des Schriftstellers Vorschub leisteten. Für seine philosophische Entwicklung war seine 1726 über ihn verhängte Entfernung nach England von besonderem Einfluß, insofern er hier die Ansichten Newton's und Locke's kennen lernte. Zur Ausbreitung derselben unter seinen Landsleuten trug er wesentlich bei durch seine in Frankreich zuerst 1734 ersch. lettres sur les Anglais, durch die 1738 ersch. éléments de la philos. de Newton ou parall. des sentiments de Newton et de Leibniz. Die Briefe über die Engländer wurden 1734 durch den Henker öffentlich verbrannt. Einem Verhaftsbefehl entzog sich V. durch Flucht nach Lothringen und an den Rhein, er hielt sich dann bis 1749 meist auf dem Schlosse Cirey der Familie du Châtelet auf. Schon 1736 war er brieflich in Verbindung mit dem Kronprinzen Friedrich getreten, dem es später als König gelang, ihn eine Zeit lang nach Potsdam zu ziehen, von 1750—53. V. lebte dann von 1758 an zumeist auf seinem Landsitz Ferney zwischen dem Genfersee und dem Jura. Auf einer Reise nach Paris starb er daselbst am 30. Mai 1778.

Von seinen Schriften kommen philosophisch bes. in Betracht: seine Lehrgedichte der Weltmensch 1736, über den Menschen 1738, die Zerstörung von Lissabon 1755; seine philos. Romane, bes. der 1757 ersch. gegen Leibniz gerichtete Candide ou sur l'optimisme, der Micromégas, Zadig, l'Ingénu; — ferner das 1764 ersch. diction. philosoph.; — die Schriften: le philosophe ignorant 1766 — homélie sur l'athéisme 1767 — Sophronime et Adélos 1768 — Tout en Dieu, comm. sur Malebranche 1769 — Lettres de Memmius à Cicéron 1771 — Il faut prendre un parti 1772

Dialogues d'Évhémère 1777. — Seine Philos. der Geschichte enthält sein zuerst 1740 erschienenes Essai sur les moeurs et l'esprit des nations, den er 1756 mit einem disc. prélimin. vermehrt wieder herausgab. — Die beste Ausg. s. Werke ist die éd. Beuchot. 72 vols. 1829—41 (davon vol. 1 biographie, voll. 15—18 essai sur les moeurs, vll. 26—32 diction. philos., vll. 33. 34 romans, vll. 37—50 mélanges, vll. 51—70 corresp., vll. 71. 72 table des mat.). — Sein Leben u. Denken stellten dar: Condorcet in d. zu Kehl erschienenen Gesammtausg. s. Werke. 1785—89; — L. J. Bungener, Volt. et son temps 2 vols. 1850. 2. éd. 1857. — D. Strauß, V. sechs Vorträge 1870 (als 5. Aufl. in d. gesammelten Schriften Bd. 11). — K. Rosenkranz im Neuen Plutarch, hrsg. v. Gottschall. Th. 1. 1874; — J. Morley, V. 1872. 2. ed. 73. — Seine Philosophie bes. behandelten: E. Bersot 1848; — J. B. Meyer, Volt. u. Rousseau in ihrer social. Bedeutung 1856; — R. Mahr, Voltaire-Studien 1879 u. bes. auch Hettner in s. Literaturgeschichte des 18. Jahrh. Th. 2.

Condillac, Etienne Bonnot de, geb. 1715 zu Grenoble, war zum geistlichen Beruf bestimmt, kam früh nach Paris, trat in Verhältniß zu Diderot und Rousseau. Durch Voltaire ward er auf Locke's Schriften hingewiesen. Ihm ward die Leitung der Erziehung des Prinzen von Parma, Enkel Ludwig XV., übertragen. Die französische Akademie machte ihn zu ihrem Mitgliede. Er starb 1780 in der Abtei Flux bei Beaugency.

Seine phil. Schriften: Essai sur l'origine des connaissances humaines. 2 vols. 1746. Traité des systèmes. 2 vols. 1749. — — Recherches sur l'origine des idées que nous avons de la beauté. 2 vols. 1749. Traité des sensations. 2 vols. 1754. Traité des animaux. 2 vols. 1755. Logique. 1779. — S. oeuvres complètes. 23 vols. 1798. — Eine neuere Ausgabe in 15 vols. 1822 (enth. t. 1 orig. des conn.; t. 2 traité des syst.; t. 3 traité des sensat.; t. 5 l'art de penser; t. 6 l'art de raison. et gramm.; t. 15 logique). — In der Philosoph. Bibliothek Bd. 31. Abhandl. über die Empfindung, übers. von Ed. Johnson. 1870. — Seine Philosophie behandelt: F. Réthoré, C. ou l'empirisme et le rational. 1864; — L. Robert, les théories logiques de C. 1869.

Rousseau, Jean Jacques, geb. 1712 zu Genf, nach einer mangelhaften Erziehung und nach unruhigen Versuchen in verschiedenen Lebensstellungen lernte er auf dem Landgute seiner Freundin Frau von Warens bei Chambery Schriften von Descartes u. Malebranche, Leibniz und Locke kennen, die seine philosophische Gedankenentwicklung bestimmten. Von Einfluß in dieser Richtung war später, als er bei dem Generalpächter Francueil in Paris 1743 als Privatsekretär eintrat, der Verkehr mit Condillac, Diderot, D'Alembert, Grimm und Holbach. Als philosophischer Schriftsteller trat er zuerst auf 1750 durch Lösung der von der Akademie zu Dijon 1749 gestellten Preisaufgabe, ob die Wiederherstellung der Wissenschaften und Künste zur Reinigung der Sitten beigetragen habe, welche Frage er in s. „Discours sur les sciences et les arts" verneinend beantwortete. Die Gegenschriften veranlaßten ihn zu einer zweiten, ebenfalls der Akademie von Dijon vorgelegten Preisschrift: „Discours sur l'origine et les fondements de l'inégalité parmi les hommes" 1753. Bei einem späteren Aufenthalte auf dem Eremitage genannten Landgute der Frau von Epinay bei Montmorency lebend, schrieb er 1762, wesentlich mit angeregt durch Locke's „Gedanken über Erziehung" Émile ou sur l'éducation, der besonders am Schluß des 4. Buches in dem „Glaubensbekenntniß des savoyschen Vicars" die Grundlehren der natürlichen Religion vertrat. Im selben Jahre legte er sein revolutionärisches politisches System dar in der Schrift „contrat social ou principes du droit politique". Den namentlich von Seiten der Geistlichkeit erfolgenden Angriffen trat er entgegen in seinen Lettres de la montagne 1764. Auch manche persönliche Verfolgung in Frankreich und der Schweiz hatte R. in Folge dieser Schriften zu erdulden. Auf kurze Zeit veranlaßte ihn 1766 Hume, der ihn in Paris kennen lernte, zur Begleitung nach England. Seit 1767 hielt er sich wieder in Frankreich auf und lebte zuletzt auf dem Lande zu Ermenonville bei Paris, woselbst er am 3. Juni 1778 starb.

> Die Hauptausgabe s. Werke ist die von Musset-Pathay in 22 vols. 1818—20. — S. Leben u. s. Werke behandelten: Musset-Pathay 1821. — St. Marc Girardin, avec une introd. par E. Bersot. 2 vols. 1835. — J. Morley 2 vols. 1873. — C. Moreau, J. J. R. et le siècle philosoph. 1870. — E. Feuerlein, Rouss. Studien in der Zeitschrift „der Gedanke" 1861 ff.)

Bonnet, Charles, geb. 1720 zu Genf, ward in Folge seiner naturwissenschaftlichen Arbeiten Mitglied der Royal Society in London, der Pariser Akademie und der gelehrten Gesellschaften zu Göttingen, Montpellier, Stockholm und Bologna, er starb auf seinem Gute Genthod am Genfer See im Jahre 1793.

> Von seinen Schriften sind philosophisch beachtenswerth: Essai de psychologie 1754. — essai analytique sur les facultés de

l'âme 2 vols. 1759 (deutsch v. Chr. G. Schütz. 2 Bde. 1770 u. 71).
Considérations sur les corps organisés, où l'on traite de leur
origine, de leur développement, de leur reproduction etc.
2 vols. 1762. — Contemplation de la nature 1764 (deutsch v.
J. D. Titius. 1765. 4. Aufl. 2 Bde. 1783). — La palingénésie
philos. ou idées sur l'état passé et sur l'état futur des êtres vivans,
ouvrage destiné à servir de supplém. aux derniers écrits de l'aut.
et qui contient principal. le précis de ses recherches sur le
christianisme. 2 vols. (vol. I enthält einleitend auch analyse
abrégée de l'essai analyt., tableau des considérat. sur les corps
organis., essai d'applicat. des principes psycholog. de l'auteur.
1770 (deutsch v. J. K. Lavater. 2 Thle. 1769). — Seine oeuvres
compl. 8 vols. 1779—83. — Ueber ihn: J. Trembley, Mém.
pour servir. à. l'hist. de la vie et des ouvrages de Bonnet.
1794. — A. Lemoine, Ch. B. de Genève, philos. et natural.
1850. — Caraman, duc de, Ch. B. philos. et natural. sa vie
et ses oeuvres. 1859.

Materialismus in Frankreich.

De la Mettrie, Julien Offroy, geb. 1709 zu Saint Malo.
Sein Vater, ein reicher Kaufmann, ließ ihm eine gute Schulbildung
geben, zuerst zu Paris, dann zu Laon in einem Jesuiten=Gymnasium.
Darnach hörte er in Paris mit Eifer die logischen Vorträge des
Jansenisten Abt Cordier. Gegen den Wunsch seines Vaters, der
ihn zum Geistlichen bestimmt hatte, entschied er sich für das Stu=
dium der Medizin, das er besonders von 1733 an zu Leyden unter
Boerhave betrieb. Nach seiner Rückkehr ward er Regimentsarzt
der französischen Garde. Mit derselben nahm er Theil an der
Schlacht bei Dettingen und an der Belagerung von Freiburg. Eine
Krankheit, die ihn hier ergriff, offenbarte ihm die große Abhängig=
keit der Seele vom Körper, aus dieser Erfahrung entwickelte sich
sein Materialismus. Infolge des Aussprechens seiner Ansicht in
einer Schrift 1745 verlor er seine Stelle als Regimentsarzt, behielt
einstweilen einen Platz als Hospitalarzt, verlor aber auch diesen durch
eine gehässige literarische Verspottung seiner medizinischen Collegen
1746. Nun ging er nach Leyden, erregte aber auch hier Anstoß durch
den krassen Materialismus seiner Schrift l'homme machine 1748.
Endlich fand er von Maupertuis empfohlen eine Zuflucht am Hofe
Friedrichs des Großen im Jahre 1748. Er bezog als Vorleser des
Königs eine Pension, ward Mitglied der Akademie, und galt bei
Hofe als Witzling und Hofatheist, wie Voltaire sagte. Er starb in

Folge einer Indigestion, die er sich auf einer Gasterei beim englischen Gesandten Tyrconnel zugezogen hatte, im Jahre 1751.

Seine Schriften: Hist. natur. de l'âme. 1745. L'homme machine. 1748 (neu ed. v. Assézat, mit Friedr. d. Gr. alad. Lobschrift auf ihn. 1865). — L'homme plante. 1748. Traité de la vie heureuse de Sénèque, avec l'Anti-Sénèque. 1748. Réflexion sur l'origine des animaux. 1750. L'art de jouir. 1751. Vénus métaphysique, ou essai sur l'origine de l'âme humaine. 1751. Gesamm. ersch. s. oeuvres philos. 1751 u. vollst. 1774. — In d. Philos. Biblioth. Bd. 67. Der Mensch eine Maschine, übers. v. G. Ritter. 1875. — Ueber ihn: N. Quépat, la philos. matér. au 18 s. essai sur M., sa vie et ses oeuvres. 1873. — Du Bois-Reymond, L. M., Rede in d. Alad. d. W. 1876.

Helvetius, Claude Adrien, geb. 1715 zu Paris; sein Vater war Arzt der Königin. Durch seine Vermittlung erhielt der Sohn schon im Alter von 23 Jahren die einträgliche Stelle eines Generalpächters, die er im Jahre 1751 aufgab, um zu Paris im Verkehr mit den damals berühmten Männern der Literatur und Philosophie seinen literarischen Neigungen nachzugehen. Sein Haus ward ein geistiger Mittelpunkt dieses Kreises. Den erworbenen Reichthum verwendete er wohlthätig. Die Schrift, die ihm einen Ruf machte, war die 1758 erschienene Schrift de l'esprit. Madame du Deffand sagte mit Bezug auf dieselbe von ihm: „c'est un homme qui a dit le secret de tout le monde". Das Geheimniß bestand in dem Ausspruch, daß Selbstsucht die Welt regiere. Eine auf diesem Prinzip begründete Moral ward in jener Schrift gelehrt. Das Werk ward von vielen Seiten heftig angegriffen. Helvetius verließ während des erregten Sturmes Frankreich auf einige Jahre, bereiste England und Deutschland, kam auch an den Hof Friedrich's II. nach Berlin. Nach seiner Rückkehr veröffentlichte er noch mehrere Schriften von geringerer Bedeutung als die erste Schrift. Er starb 1771.

Schriften: Das Buch de l'esprit erschien in vielen Auflagen, deutsch übers. v. Gottsched 1759; v. Forkert, 2 Bde. 1760. Eine Schrift de l'homme, de ses facultés et de son éducation. 2 vols. 1772. Ein essai sur la vie et les ouvrages de Helvetius (vielll. v. Duclos) steht vor s. Gedicht sur le bonheur. 1773, u. in d. Oeuvres compl. au deux Ponts. 7 vols. 1784. Vollständigste Ausgabe in 5 vols. u. in 14 vols. Paris 1795. — Das Buch „Vom Menschen, s. Geisteskräften u. s. Erziehung mit einem Lebensbild des H." gab übers. heraus G. A. Lindner in d. Pädagog. Klassikern. Bd. 2. 1877.

Holbach, Paul Heinrich Dietrich Baron von, geb. 1723 zu Heidelsheim in der Pfalz, kam früh nach Paris. Als vermögender Mann unterstützte er dort Kunst und Wissenschaft und machte sein Haus zu einem Mittelpunkt geistigen Verkehrs für die Encyklopädisten, Künstler und Freigeister der Zeit. Hauptsächlich beschäftigte er selbst sich mit naturwissenschaftlichen Studien, übersetzte auch von 1752 bis 1766 eine ganze Reihe deutscher naturwissenschaftlicher Werke ins Französische. Sein philosophisches Hauptwerk, das Système de la nature, gab er unter dem Namen Mirabaud im Jahre 1770 heraus, es ward von der Geistlichkeit wie von dem Parlament seines Materialismus und Atheismus wegen verurtheilt. Er starb 1789.

Schriften: Système de la nature ou des lois du monde physique et du monde moral par M. Mirabaud. 2 vols. 1770 (deutsch v. K. G. Schreiter. 2 Bde. 1783.) Le bon sens ou idées naturelles opposées aux idées surnaturelles 1772. Le système social, ou principes naturels de la morale et de la politique 1773.

Die Encyklopädisten.

So heißen die Männer, welche sich an der Herausgabe der berühmten Encyclopédie ou dictionnaire raisonné des sciences, des arts et des métiers 1751—72 betheiligten. (Duprat P., les encyclopédistes Paris 1866.) Ihre beiden besonders hervorzuhebenden Herausgeber waren:

D'Alembert, Jean le Rond, geb. 1717 zu Paris als uneheliches Kind, auf den Stufen der Kirche von St. Jean le Rond ausgesetzt, wurde er von einem Polizisten der Frau eines Glasers zur Aufziehung übergeben. Sein Vater Destouches, Provinzialkommissär der Artillerie, setzte ohne ihn anzuerkennen wenigstens eine Pension für seine Erziehung aus. Seine jansenistischen Lehrer suchten ihn für die Theologie zu gewinnen; von anderer Seite bestimmt ergriff er den Advokatenberuf 1738. Aber schon im folgenden Jahre entschied sich seine größere Neigung für die mathematischen und physikalischen Studien. Zufolge mehrerer Arbeiten aus diesen Gebieten ward er im Jahre 1741 Mitglied der Akademie der Wissenschaften zu Paris, zufolge einer Arbeit über die Theorie der Winde später Mitglied der Berliner Akademie. Von Diderot aufgefordert, übernahm er mit demselben die Herausgabe der Encyklopädie und schrieb zu derselben den discours préliminaire. Im Auftrage Friedrich's des Großen schrieb er den essai sur les éléments de philosophie ou sur les principes des connaissances humaines. Seit 1759 zog er sich von der Encyklopädie zurück. Katharina II. trug ihm die Stellung eines Gouverneurs des Großfürsten an, Friedrich der Große die Stelle eines Präsidenten der Akademie; aber D'Alembert zog sein unabhängiges, einfaches und doch angesehenes Leben in Paris vor und lehnte die Anerbietungen ab. Im Jahre 1772 ward er ständiger Sekretär der französischen Akademie. Er starb im Jahre 1783.

S. Werke erschienen: in 18 Bdn. 1805, dann in 16 Thln. in 5 Bdn. 1821 u. 22. Früher: Mélanges de littérature, d'histoire et de philosophie. 5 vols. 1759. n. ed. 1763. — Ueber ihn f.: Condorcet, éloge de M. D'Alembert. 1783.

Diderot, Denis, geb. 1713 zu Langres in der Champagne, als ältester Sohn eines wohlhabenden Messerschmieds. Die Eltern bestimmten ihn zum geistlichen Stande, im 8. oder 9. Jahr begann er seine Studien bei den Jesuiten seiner Vaterstadt, im 12. erhielt er die Tonsur. Später brachte ihn der Vater in's College d'Harcourt nach Paris. Hier zerfiel er durch philosophische und mathematische Studien mit der Theologie. Der Vater ließ ihn nun ohne Unterstützung, so daß sich Diderot viele Jahre kümmerlich durch allerlei literarische und pädagogische Dienstleistungen selbst zu erhalten suchen mußte. Als erste selbständige Schrift erschienen 1746 die pensées philosophiques. Den Skepticismus derselben führte er weiter aus in der „promenade d'un sceptique ou les allées" 1747. Im Jahre 1748 erschienen von ihm mémoires sur différents sujets de mathématiques und 1749 sein berühmter Brief sur les aveugles à l'usage de ceux, qui voient. In diesen Jahren verband er sich mit D'Alembert zur Herausgabe der Encyklopädie, deren erster Band 1751 erschien. Im selben Jahre erschien sein lettre sur les sourds et muets, à l'usage de ceux, qui entendent et qui parlent und 1754 pensées sur l'interprétation de la nature, in denen sich Diderot mehr dem Materialismus zuwandte. In späteren Schriften gewann Diderot eine Bedeutung als Aesthetiker. Er starb 1784.

Seine Werke: oeuvres de Diderot. 22 vols. 1821 u. die vollständigste v. Assézat. 20 vols. 1875 ff. Als Ergänzung wichtig sind die: Mémoires, corresp. et ouvrages inédits de Diderot, publ. d'après les manuscrits, confiés en mourant par l'auteur à Grimm. 4 vols. 1830 u. die Correspond. littér., philos. et critiq., adress. à un Souver. d'Allem. depuis 1755—90 par le baron de Grimm et Diderot. 16 vols. 1813. Eine Biographie schrieb: Naigeon, mém. histor. et philos. sur la vie et les ouvrag. de D. 1821 (vol. 21 der gen. Ausg.). K. Rosenkranz, Diderot's Leben u. Werke. 2 Bde. 1866. J. Morley, Diderot and the Encyclop. 1878. — Ueber ihn: Edm. Scherer. 1880.

2. Die deutsche Philosophie seit Kant.

Literatur: Chalybäus, H. M., Histor. Entwickelung der spekulat. Philosophie von Kant bis auf Hegel. 1837. (5. Aufl. 1860). — Michelet, C. L., Geschichte der letzten Systeme der Philosophie in Deutschland von Kant bis auf Hegel. 2 Bde. 1837. 38. — Derselbe. Entwickelungsgeschichte der neuesten deutschen Philosophie mit bes. Rücksicht auf den gegenwärt. Kampf Schelling's mit der Hegel'schen Schule. 1843. — Biedermann, K., Die deutsche Philosophie von Kant bis auf unsere Zeit, ihre wissensch. Entwickelung und ihre Stellung zu den polit. u. socialen Verhältnissen der Gegenwart. 2 Bde. 1842. 43. — Fortlage, C., Genet. Gesch. der Philosophie seit Kant. 1852. — Ritter, H., Versuch zur Verständigung über die neueste deutsche Philos. seit Kant. 1853. — Gruppe, O. F., Gegenwart und Zukunft der Philos. in Deutschl. 1855. — C. Schaarschmidt, Der Entwickelungsgang der neuer. Spekulat. als Einleit. in die Philos. der Gesch. krit. dargest. 1857. — Kirchner, C. H., Die spekul. Systeme seit Kant (Kant, Fichte, Schelling, Hegel) 1860. — Drechsler, A., Charakteristik der philos. Systeme seit Kant. 1863. — Harms, Fr., Die Philos. seit Kant. 1876. — Willm, J., Hist. de la philos. allem. depuis Kant jusqu'à Hegel. 4 tms. 1846—49. — Rémusat, Ch. de, De la philos. allem., rapport préc. d'une introd. sur les doctr. de Kant, Fichte, Schelling, Hegel. 1845. — Ribot, Ph., La psychologie allem. contemp. (école expérim. Herbart, Beneke, Lotze, Fechner, Wundt u. A.). 1879. (autorisirte deutsche Ausg. 1881). — Schmidt, J., Gesch. der deutschen Literat. seit Lessing's Tod. 5. Aufl. 3 Bde. 1866. u. 67. — Gottschall, Rud. v., Die deutsche Nationalliterat. des 19. Jahrh. 5. Aufl. 4 Bde. (bes. Bd. 1 u. 2). 1881. — Haym, R., Die romant. Schule. Ein Beitrag z. Gesch. des deutschen Geistes. 1870.

Eine neue Wendung gab Kant der Philosophie, indem er durch eine Kritik der Vernunft die Grenzen unserer Erkenntniß zu bestimmen und innerhalb dieser Grenzen das unserm Geiste ursprünglich Eigene, das Apriorische auf dem Gebiete des Erkenntniß-, Willens- und Gefühlsvermögens in seiner Kritik der reinen Vernunft, Kritik der praktischen Vernunft und Kritik der Urtheilskraft aufzudecken und dadurch den Streit der Systeme des Dogmatismus durch seinen Kriticismus zu lösen unternahm. Seine Absicht war, durch diesen Kriticismus den neuen Aufbau eines aus der Selbsterkenntniß des Menschen zu begründenden Systems der Philosophie vorzubereiten. Das über dies Wissen von der Erscheinungswelt hinausgehende Glauben an die übersinnliche Welt des Dinges an sich suchte Kant durch die sittlichen Forderungen der praktischen Vernunft sicher zu stellen und legte dadurch in der Religionslehre den Grund zu dem auch in der Theologie einflußreichen Rationalismus. Das vorwiegend auf das Auffinden des Apriorischen in unserer Vernunft gerichtete Bemühen Kant's bedingte eine scharfe Abscheidung der aus der Vernunft selbst stammenden Auffassungsform von dem nur durch sinnliche Anschauung und Reflexion über dieselbe aus ihr (a posteriori) zu gewinnenden Inhalt unseres Denkens, Fühlens und Wollens. Diese an sich durchaus berechtigte aber immerhin einseitige Aufgabestellung der Philosophie Kant's zog schon bei ihm, mehr aber noch bei seinen Anhängern einen Formalismus auf den Gebieten der Logik, Aesthetik, Ethik und Rechtslehre nach sich, der zu Bedenken und Widerspruch Anlaß gab. Ebenso erregte auch das Stehenbleiben des Kriticismus bei dem Nachweis der dem menschlichen Subjekt innewohnenden Nothwendigkeit des Denkens, Fühlens und Wollens, also der Subjektivismus des Kriticismus Anstoß bei allen Denen, welche die Zuversicht auf die Erreichbarkeit einer über das Subjekt hinauskommenden Erkenntniß objektiver Wahrheit nicht aufgeben wollten. Aus solchen Bedenken gegenüber der Philosophie Kant's und aus dem Bedürfniß durch Ueberwindung des subjektivistischen Kriticismus zur Erkenntniß des objektiven Seins der Dinge in der Welt der Natur und des Geistes vorzudringen, entsprangen die verschiedenen Versuche, Kant entweder auf dem eigenen Boden seiner Philosophie zu verbessern oder durch Zuführung eines neuen Erkenntnißbodens zu berichtigen.

  Gegnerisch knüpften an Kant's Philosophie Herder und Jacobi an. Herder bekämpfte insbesondere den Kantischen Dualismus von Form und Stoff der Erkenntniß, regte ferner selbständig manche Gedanken der späteren Naturphilosophie an und ward, an Gedanken Lessing's anknüpfend, der eigentliche Begründer einer neueren Philosophie der Geschichte. Jacobi hob gegen Kant neben der Bedeutung der praktischen Vernunft für den Glauben an eine übersinnliche Welt auch die Bedeutung der theoretischen Vernunft hervor und sprach Gedanken einer Glaubensphilosophie aus, die besonders auch auf Fries und Schleiermacher von philosophischem Einfluß gewesen sind.

Unter den Versuchen, Kant's Philosophie zu verbessern, ragen die Bemühungen von Reinhold, Schiller und Fries hervor. Reinhold, der wohl am meisten zur Ausbreitung der Kant'schen Philosophie beigetragen hat, bevor er Anhänger Fichte's wurde, suchte dem Kriticismus Kant's durch eine Theorie des Vorstellungsvermögens systematische Einheit und Verbindung zu geben. Schiller, der zur Popularisirung Kantischer Ideen das Beste gethan hat, suchte eine Verbesserung des Pflicht=Rigorismus der Ethik und des Subjektivismus der Aesthetik Kant's. Fries ward durch das Zurückgreifen auf die psychologische Grundlage der Vernunftkritik und durch den Versuch, die Philosophie Kant's durch eine philosophische Anthropologie fortzuentwickeln, der Begründer einer eigenen, noch jetzt bestehenden Kantischen Schule.

Großartiger ward die Arbeit der philosophischen Systembildung in der Richtung des Versuches, durch Ueberwindung des Subjektivismus der Kantischen Vernunftkritik zur Erkenntniß des objektiven Seins der Dinge und des Absoluten vorzubringen. Auf diesem Wege entwickelte Fichte seinen vom Ich ausgehenden ethischen Idealismus, Schelling seine auf den Nachweis der Identität von Natur und Geist ausgehende Naturphilosophie, Hegel seinen vom Vernunftbegriff ausgehenden, die Identität von Denken und Sein nachweisenden, die Weltentwickelung aus der Begriffsentwickelung erklärenden absoluten Idealismus oder Panlogismus. Von Schelling und Jak. Böhme angeregt, entwickelten Baader Gedanken zur Naturphilosophie und Theosophie und Krause ein System des Panentheismus. In merkwürdigem Umschlag dialektischer Begriffsentwickelung ist aus diesem Idealismus selbst der erste Ansatz und die gewichtigste Fürsprache für den modernen Materialismus und Atheismus dargeboten worden von Ludwig Feuerbach und David Strauß. Beide Männer haben auch auf den religiösen Entwickelungskampf unserer Zeit einen maßgebenden Einfluß ausgeübt. Auf einem anderen mehr von der äußeren und inneren Erfahrung ausgehenden Wege wollte Schopenhauer die Grenzen von Kant's Vernunftkritik überschreiten, indem er vermittelst einer eigenthümlichen Lehre vom Willen in diesem das Wesen der Dinge erfaßt zu haben glaubt. Auf die Ideen des indischen Buddhismus zurückgehend, verband derselbe damit eine in dem Prinzip der Verneinung gipfelnde Ethik des Pessimismus.

Neben den ersten großen Versuchen neuer idealistischer Systembildung hat Schleiermacher anknüpfend an Jacobi's Glaubensphilosophie sich bemüht, den Formalismus Kant's kritisch zu überwinden, insbesondere die Gebiete der Religionsphilosophie und der Ethik zu fördern. Anknüpfend an Kant suchte ferner Herbart die Aufgabe der Philosophie in der Bearbeitung der in aller Erfahrung vorkommenden allgemeinen Begriffe und bot durch Auflösung der in ihnen gefundenen Widersprüche eine eigenthümliche an Leibniz' Monadenlehre sich anschließende Doktrin des Realismus. Gleichzeitig versuchte Beneke eine neue Begründung des Wissens aus der Erfahrungsseelenlehre. Beide Philosophen haben insbesondere auf die neuere Psychologie und die von ihr abhängige Pädagogik großen Einfluß gewonnen, Herbart auch auf die Ausbildung der neueren Psychiatrie. Als scharfsinniger Kritiker Hegel's und Herbart's wollte Trendelenburg durch Zurückgreifen auf Platon und Aristoteles zur Anbahnung eines neuen, die Gegensätze vermittelnden Real-Idealismus beitragen. Einen an Leibniz und Herder anknüpfenden spiritualistischen Idealismus entwickelte neuerdings Lotze. Beide Denker waren bemüht, den Einklang der causal-mechanischen und der teleologisch-dynamischen Erklärung des Weltzusammenhangs herzustellen und somit den einseitigen Materialismus der Zeit zu überwinden.

Kant.

Kant, Immanuel, geb. den 22. April 1724 zu Königsberg. Sein Vater, ein Sattler, ließ ihn 1732—40 das dortige Collegium Fridericianum besuchen. Dann bezog Kant die Universität seiner Vaterstadt um Theologie zu studiren, gewann aber unter dem Einfluß seiner Lehrer Knutzen und Tesle größere Neigung zum Studium der Physik, Mathematik und Philosophie. Nach dem Tode seines Vaters im Jahre 1746 war Kant genöthigt eine Hauslehrerstelle anzunehmen. Neun Jahre lang blieb Kant Hauslehrer, zuerst bei einem reformirten Prediger in der Nähe von Gumbinnen, dann bei dem Rittergutsbesitzer von Hülsen auf Arensdorf bei Mohrungen, zuletzt bei dem Grafen Kayserling zu Rautenburg, der aber meist in Königsberg sich aufhielt. Im Jahre 1755 habilitirte sich Kant hier als Privatdocent der Philosophie. Ungeachtet seines wissenschaftlichen und akademischen Erfolges blieb er doch lange ohne angemessene äußere Stellung. Erst im März 1770 wurde Kant zum ordentlichen Professor der Logik und Metaphysik ernannt, nachdem zuvor Berufungen von Erlangen und Jena ihm angetragen waren. Seine Antrittsrede „de mundi sensibilis atque intelligibilis forma et principiis" ließ zuerst bestimmt die Grundbegriffe seiner eigenen Philosophie erkennen, deren vollendeter Ausdruck im Jahre 1781 als „Kritik der reinen Vernunft" erschien. Die folgenden Jahre dienten zur Durchführung seiner Ansicht auf verschiedenen Gebieten des Wissens und Thuns. Ununterbrochen wirkte Kant als akademischer Lehrer, bis ihn im Jahre 1797 die zunehmende Altersschwäche nöthigte, diese Wirksamkeit aufzugeben. Er starb am 12. Februar 1804.

Seine Werke sind: herausgegeben v. Rosenkranz u. Schubert in 12 Bdn. 1840—42. — v. Hartenstein in 10 Bdn. 1838 u. 39, u. neuerdings in chronolog. Reihenfolge v. dems. in 8 Bdn. 1867 u. 68. — Auch die philos. Bibliothek hrsg. von J. H. v. Kirchmann hat die Schriften Kant's vollständig, die latein. auch in Uebers. zum Abdruck gebracht seit 1868. — Unter den Schriften sind (mit Bezeichnung der Bände nach den genannten Ausgaben von R., H., n. A. und P. B.) in chronologischer Ordnung hervorzuheben: Gedanken von der wahren Schätzung der lebend. Kräfte (R. 5, H. 1, P. B. 40), Allgem. Naturgesch. des Himmels 1755 (R. 6, H. 8, n. A. 1, P. B. 49). Principiorum primor. cognit. metaph. nova dilucid. 1755 (R. 1, H. 3, n. A. 1, P. B. 33), Träume eines Geistersehers, erläutert durch Träume der Metaphysik 1766 (R. 7, H. 3, u. A. 2, P. B. 33). De mundi sensibilis atque intellig. forma et principiis 1770 (R. 1, H. 3, n. A. 2, P. B. 33). Kritik der reinen Vernunft. 1781 (R. 2, H. 2, n. A. 3, P. B. 2). Prolegomena zu einer jeden künftigen Metaphysik, die als Wissensch. wird auftreten können. 1783 (R. 9, H. 3, n. A. 4, P. B. 22). Grundlegung zur Metaphysik der Sitten. 1785 (R. 8, H. 4, n. A. 4, P. B. 28). Metaphys. Anfangsgründe der Naturwissensch. 1786 (R. 5, H. 8, n. A. 4, P. B. 49). Kritik d. prakt. Vernunft. 1788 (R. 8, H. 4, n. A. 5, P. B. 7). Kritik der Urtheilskraft. 1790 (R. 4, H. 7, n. A. 5, P. B. 9). Religion innerhalb der Grenzen der bloßen Vernunft. 1793. (R. 10, H. 6, n. A. 6, P. B. 17). Metaph. Anfangsgründe der Rechtslehre u. der Tugendlehre. 1797 (R. 9, H. 5, n. A. 7, P. B. 29). Der Streit der Fakultäten. 1798 (R. 10, H. 1, n. A. 7, P. B. 33). Anthropologie in pragmat. Hinsicht. 1798 (R. 7, H. 10, n. A. 8, P. B. 14). Logik, hrsg. v. Jäsche 1800 (R. 3, H. 1, n. A. 8, P. B. 23). Pädagogik, hrsg. von Rink. 1803 (R. 9, H. 10, n. A. 8, P. B. 57). — Die Abdrücke der Werke in d. Philos. Bibl. sind auch bes. erschienen in einer Ausgabe der Werke Kant's in 8 Bdn. — Als neue Ausgaben einzelner Schriften sind hervorzuheben: B. Erdmann's Ausg. der Krit. der r. Vernunft 1878; Prolegomena, herausg. u. histor. erkl. 1878; Krit. d. Urth. 1880; Nachträge z. Krit. d. reinen Vernunft, aus K.'s Nachlaß 1881; Reflexionen K.'s z. krit. Philos. Bd. 1. Hft. 1. z. Anthropologie. Aus K.'s Nachlaß 1882. (In diesen von B. E. besorgten Ausg. ist der Text genau revidirt und verbessert, auch ist die Originalpaginirung beigefügt.) — In der zu Leipzig erscheinend. Universal-Bibliothek sind auch von Dr. Kehrbach herausg.: Krit. d. r. V. 1877, Krit. d. Urth. 1878, Kritik d. pr. V. 1879; Religion innerh. d. Gr. 1879 u. noch einige kleine Schriften. — Am häufigsten edirt ist Kant's Schrift: von der Macht des Gemüths, durch den bloßen Vorsatz seiner krankh. Gefühle Meister zu sein, hrsg. u. mit Anm. vers. v. Hufeland. 20. verb. Origin.-Aufl., Leipzig, Geibel 1881 (Abth. des Streits der Fakultäten in d. WW.). — Einen Commentar zu Kant's Kritik der r. V. giebt jetzt H. Vaihinger heraus, es ersch. Bd. 1. 1881. Ein vollständ. chronolog. Verzeichn. s. Schriften findet sich in d. W. Ausg. v. R. Bd. 11, H. n. A. Bd. 8, P. V. Bd. 57; eine Biographie Kant's v. Schubert v. J. 1842, Bd. 11, u. eine Geschichte der Kant'schen Philosophie von Rosenkranz 1840, Bd. 12 d. W. — Andere bes. biogr. Schriften über Kant sind: Borowski, Darstellung des Lebens und Charakter's J. Kant's. 1804. — Jachmann, Kant geschild. in Briefen an einen Freund. 1804. — Wasianski, Kant in s. letzten Lebensjahren. 1804. — Rink, Ansichten aus Kant's Leben. 1805. — R. Reicke, Kantiana. Beiträge zu Kant's Leben und Schriften. 1860. — K. Fischer, Kant's Leben u. die Grundlage seiner Lehre. 1860. — L. Noack, Kant's Auferstehung aus dem Grabe, die Lehre des Alten vom Königsberge 1861. — Kant, Lichtstrahlen aus s. Werken, mit e. Biographie u. Charakteristik von J. Frauenstädt. 1872.

Aus der neuesten umfangreichen Kant-Literatur sei verwiesen auf: K. Fischer, Die beiden Kant. Schulen in Jena (akad. Reden) 1862. — J. B. Meyer, K.'s Psychologie 1870. — H. Cohen, K.'s Theorie der Erfahrung 1871. — Fr. Paulsen, Vers. ein. Entwicklungsgesch. der K. Erkenntnißtheorie 1875. — E. Laas, K.'s Analogien der Erfahrung, krit. Studie 1876. — A. Stabler, K.'s Teleologie 1874 u. die Grundsätze der r. Erkenntnißtheorie u. die K.'sche Philos. 1876. — A. Riehl, Der philos. Kriticismus. Bd. 1. 1876. — H. Cohen, K.'s Begründ. der Ethik 1877. — B. Erdmann, K.'s Kriticismus 1878. — J. Volkelt, K.'s Erkenntnißtheorie 1879. — Edm. Pfleiderer, Kant. Kriticismus u. engl. Philos. 1881. — Ein krit. Bericht über die neue Kant. Literatur von mir steht in d. v. R. Fleischer hrsg. Vierteljahrsber. über die ges. Wissensch. u. Künste. Bd. 1. 1882.

Herder, Joh. Gottfried, geb. 25. August 1744 zu Mohrungen in Ostpreußen, studirte 1762 zu Königsberg erst Medizin, dann Theologie unter dem Einfluß von Kant und Hamann, der 1759 aus seiner kaufmännischen Stellung in Riga nach Königsberg zurückgekehrt war. Ende 1764 übernahm Herder die Stelle eines Collaborators an der Domschule in Riga und bald darauf auch das Amt des vorstädtischen Predigers daselbst. Im Mai 1769 legte er diese Aemter nieder und reiste zu Schiff über Kopenhagen nach Frankreich. Rousseau's und Montesquieu's Schriften bildeten hier einen wesentlichen Theil seiner Studien, mit Diderot verkehrte er persönlich. Von Paris führte ihn 1770 ein Autrag des Fürstbischof Friedrich August von Lübeck, die Leitung des Erbprinzen Peter Friedr. Wilhelm zu übernehmen, zunächst nach Eutin und dann wieder auf Reisen durch Deutschland nach Straßburg. Auf der Hinreise nach Eutin traf er in Hamburg mit Lessing zusammen, in Straßburg lernte er den jungen Goethe kennen. Im Jahre 1771 ward Herder als Consistorialrath nach Bückeburg berufen und 1776 als Generalsuperintendent nach Weimar. Herder starb hier am 18. December 1803.

Von s. Schriften kommen philos. bes. in Betracht: Ueber Th. Abbt's Schriften 1768 (WW. Cotta. Th. 13. Ausg. Suphan Bd. 2). — Ueber den Ursprung der Sprache 1770. 2. A. 1789. — Auch eine Philos. der Geschichte der Menschheit 1774 (WW. C. Th. 2. S. Bd. —). — Vom Erkennen und Empfinden der menschl. Seele, Bemerkungen und Träume 1778 (WW. C. Th. 8. S. Bd. —). — Ideen zur Philos. der Gesch. der Menschheit 1784—91 (WW. C. Th. 3. 4. 5. u. 7. S. Bd. —). — Gespräche über Spinoza's System 1787 (WW. C. Th. 8. S. Bd. —). — Von der menschl. Unsterblichkeit 1792. — Von der Auferstehung, Glaube, Geschichte u. Lehre 1794. — Das eigene Schicksal 1795. — Briefe z. Beförderung der Humanität 1793—97 (WW. C. Th. 10 u. 11. S. Bd. 17). — Verstand u. Erfahrung, Vernunft u. Sprache, eine Metakritik zur Kritik der r. Vernunft 1799 (WW. C. Th. 14. S. Bd. 21). — Kalligone 1860 (WW. C. Th. 15. S. Bd. 22). — Adrastea 1809 (WW. C. Th. 9. S. Bd. —). (Die unbest. Bde. d. Ausg. S. noch nicht ersch.).

Gesammtwerke: Tübingen, Cotta, Zur Philos. u. Gesch. 15 Bde. u. 2 Bde. Leben. 1805—20; andere Ausg. 1827—30. — Neuere Ausg. sämmtl. Werke v. B. Suphan in 27 Bdn. 1877 ff. — Die Ideen zur Philos. d. Gesch. d. Menschh., herausg. v. J. Schmidt in der deutsch. Nationalbiblioth. d. 18. J. Bd. 23—25. 1869.

Sein Leben schrieben: Marie Carol. v. Herder, Erinnerungen a. dem Leben Joh. G. v. H. 2 Bde. 1853 (Bd. 39 u. 40 der Ges.

W.). — R. Haym, H. nach f. Leben u. f. Werken. Bd. 1. 1877 u. 80. — Ueber ihn als Philosophen: A. H. Erdmann, H. als Religionsphilof. 1866. — E. Melzer, H. als Geschichtsphilof. mit Rücksicht auf Kant's Recenf. v. H.'s Ideen 1872. — B. Suphan, H. als Schüler Kant's in b. Zeitschr. f. deutsche Philologie. Bd. 4. 1872. — Ch. Joret, H. et la renaiss. littér. en Allem. 1875. — F. v. Bärenbach, H. als Vorgänger Darwin's u. bie moderne Naturphilof. 1877.—H. Fischer, H.'s Erkenntnißl. u. Metaph. 1879.

Jacobi, Friedrich Heinrich, geb. am 25. Januar 1743 zu Düsseldorf, wo sein Vater als angesehener Kaufmann lebte. Nach zurückgelegter Lehrlingszeit in Frankfurt a. M. und Genf übernahm der Sohn selbst die Handlung. In Genf beschäftigten ihn besonders die Schriften von Voltaire, Rousseau, Diderot und Bonnet; den meisten persönlichen Einfluß gewann auf ihn der Mathematiker und Philosoph Lesage. Heimgekehrt beschäftigten ihn lebhaft die von M. Mendelssohn und Kant eingegangenen Lösungen der von der Berliner Akademie gestellten Preisaufgabe über die Evidenz in metaphysischen Wissenschaften. Das angeregte philosophische Interesse führte ihn zum Studium der Beweise für das Dasein Gottes und dieses weiter zum Studium der Schriften Spinoza's und Kant's, durch welches er den Ansatz zu seiner Glaubensphilosophie gewann. In lebhaftem geistigem Verkehr entwickelte Jacobi seine Gedanken in der Muße, die ihm sein Geschäft gönnte, auf seinem Landsitze Pempelfort vor Düsseldorf. Zufolge seiner nationalökonomischen Studien und Schriften, durch welche er die Ideen von A. Smith verbreitete, ward er zum Mitgliede der Hoffammer ernannt, in dieser Stellung machte er sich um die Regulirung der Landzölle verdient. Mit Wieland gemeinsam warb die literarische Zeitschrift „Der Merkur" gegründet, in welcher Jacobi seine ersten selbständigen Arbeiten veröffentlichte. In den hier veröffentlichten Briefen über M. de Pauw recherches phil. sur les Egypt. et les Chinois stellte Jacobi bereits das Gefühl der Abhängigkeit als das Prinzip aller Religion dar. Die Verschiedenheit der Charaktere führte schon 1777 zum Abbruch des Verhältnisses zu Wieland. Bedeutenderen Einfluß auf Jacobi übte der mit Goethe geschlossene Freundschaftsbund, bis auch hier die philosophische Differenz der Weltansichten, wie sie bei der Stellung zum Pantheismus des Spinoza zum Vorschein kam, das Band lockerte. Zunächst regte der Verkehr mit dem Dichter in Jacobi die dichterische Neigung zur Abfassung der „Briefsammlung Allwills" und des „Woldemar" an. Beide Werke vertreten in Form der Dichtung die philosophische Bedeutung des empirischen Individualismus. Von größerer Bedeutung noch war der Anstoß, den Jacobi's 1785 in der Schrift „über die Lehre des Spinoza, in Briefen an M. Mendelssohn" gegebener Bericht über seine 1780 zu Wolfenbüttel mit Lessing geführte Unterredung über Spinoza's Pantheismus gab. Zur näheren Begründung seiner hier ausgesprochenen Behauptung, daß es ein Wissen ohne Beweise gebe, welches dem Wissen aus Beweisen als nothwendige Bedingung vorangehe, schrieb Jacobi 1787 das Gespräch „David Hume über den Glauben, oder der Idealismus und Realismus". Nach dem Ausbruch der französischen Revolution veranlaßten die Unruhen am Rhein Jacobi 1794 eine Zeit lang zu einem Aufenthalte in Holstein. Die Entfernung Fichte's aus Jena rief 1799 Jacobi's Sendschreiben an Fichte hervor. Schon in dem Gespräch und bes. noch in einer Beilage über den transscendentalen Idealismus wandte sich Jacobi gegen den Kriticismus Kant's. Ausführlicher noch geschah dies in der 1801 im Hft. 3 von Reinhold's Beiträgen ersch. Abhandlung: „Ueber das Unternehmen des Kriticismus die Vernunft zu Verstand zu bringen und der Philosophie überhaupt eine neue Absicht zu geben." Im Jahre 1805 folgte Jacobi dem Rufe des Kurfürsten Max von Bayern nach München zur Neugestaltung der dortigen Akademie der Wissenschaften, deren Präsident er von 1807 bis 1813 war. Der Streit mit Schelling, den 1811 seine Schrift „Von den göttlichen Dingen und ihrer Offenbarung" erregte, trug wesentlich mit dazu bei, ihn zum Niederlegen seiner Stellung zu bewegen. Mit der Gesammtausgabe seiner Werke beschäftigt starb Jacobi am 10. März 1819.

Seine Gesammtwerke, deren philos. Hauptschriften genannt sind, ersch.: in 6 Bdn. 1812—1825 (von dem 4. Bde. in 3 Abthlgn. an besorgt durch Fr. Köppen). Es enthalten Bd. 1 Allwill's Briefs.; Bd. 2 D. Hume; Bd. 3 J. an Fichte, über b. Untern. d. Kritic., v. d. göttl. Dingen; Bd. 4 — 1 u. 2. Lehre des Spinoza, Beilagen. Wider Mendelssohn's Beschuldigung in dessen Schreiben an d. Freunde Lessing's; Bd. 4 — 3. Hamann's Briefw. mit J., hrsg. v. Roth; Bd. 5 Woldemar; Bd. 6 Abhandlgn. — Zu beachten noch: Auserles. Briefwechsel J.'s, hrsg. von Roth. 2 Bde. 1825 u. 27. — Briefw. zw. Goethe u. J., hrsg. von M. Jacobi 1846. — J.'s Briefe an Bouterwek a. d. J. 1800—1819, mit Erl. hrsg. von Mejer 1868. Aus J.'s Nachlaß, ungedr. Briefe von und an J. u. a., hrsg. von R. Zoeppritz. 2 Bde. 1869.

Eine Schrift über J.'s Leben, Lehre und Wirken gaben Schlichtegroll, Weiller u. Thiersch 1819 heraus, ferner: Nachrichten von dem Leben J.'s Roth als Vorrede zu d. auserles. Briefwechsel

1825, eine Schrift: „J. im Verhältn. zu s. Zeitgenossen bes. zu Goethe" ersch. von Fr. Deycks 1848. Neuerdings ersch. noch als ausführl. Werk von Eb. Zirngiebl J.'s Leben, Dichten und Denken, ein Beitrag z. Gesch. der deutschen Literatur u. Philos. 1867. — Seine Philosophie behandelten bes. J. Kuhn 1834 und H. Fricker 1854. — Zu beachten ist noch Schlegel's Aeußerung in s. Charakteristik u. Kritik. Bd. 1.

Reinhold, Karl Leonhard, geb. 1758 zu Wien. Nach Besuch eines von Jesuiten geleiteten dortigen Gymnasiums ward er 1772 als Novize in das Probhaus des Jesuitenkollegiums zu St. Anna in Wien aufgenommen. In Folge der 1773 durch Papst Clemens XIV. befohlenen Aufhebung des Ordens ward er seiner Familie zurückgegeben. Im Herbst 1774 trat er in das Barnabitenkollegium zu Wien ein. Nach vollendetem theologischen Cursus ward er daselbst 1780 zum Novizenmeister und Lehrer der Philosophie bestimmt. Nach dem Regierungsantritt Joseph's II. bildete sich 1781 ein Verein zumeist jüngerer Männer zur Beförderung der Gewissens- und Denkfreiheit unter dem Namen „zur wahren Eintracht" und mit maurerischen Formen, dessen thätigstes Mitglied Reinhold ward. Dem drückend gewordenen Mönchszwang entzog sich Reinhold dann im Herbst 1783 dadurch, daß er mit dem Leipziger Professor Petzold nach Leipzig ging und sich dort dem Studium der Philosophie hingab. Auf Rath und Empfehlung seiner Freunde trat er 1784 mit Wieland zu Weimar in Verbindung und ward dessen eifriger Mitarbeiter am deutschen Merkur. Die in demselben 1786/87 veröffentlichten Briefe über die Kantische Philosophie veranlaßten 1787 seine Berufung als Professor der Philosophie nach Jena. Kant's Zeugniß für ihn in dem Aufsatze „von dem Gebrauche teleolog. Prinzipien in der Philosophie" erhöhte seinen Ruf. Jena ward durch ihn zum Hauptsitze einer Kantischen Schule, die 1785 gegründete Jenaische Allgem. Literaturzeitung das Hauptorgan derselben. Als „kritische Elementarphilosophie" sollte ein Leitfaden zu seinen Vorlesungen über Kant's Kritik der reinen Vernunft darbieten sein 1789 veröffentlichter „Versuch einer neuen Theorie des menschlichen Vorstellungsvermögens", dem in der Vorrede die ebenfalls im deutschen Merkur erschienene Abhandlung über die bisherigen Schicksale der Kant'schen Philosophie beigefügt war. Im Jahre 1793 ward Reinhold auf den Lehrstuhl der Philosophie nach Kiel berufen und Fichte sein Nachfolger. Durch seine Wissenschaftslehre gewann Fichte einen Anhänger an Reinhold, bis der 1800 von Bardili veröffentlichte „Grundriß der ersten Logik" seine weitere Gedankenentwickelung bestimmte. In den 1801 herausgegebenen „Beiträgen zur leichteren Uebersicht des Zustandes der Philosophie beim Anfange des neuen Jahrhunderts" hat sich Reinhold selbst über diese Entwickelung ausgesprochen. Später trat er in nähere Beziehung zu Jacobi's Gedanken. Er starb 1823 in Kiel.

Von s. Schriften sind hervorzuheben: Briefe über d. Kant. Philosophie. 2 Bde. 1790 u. 92. — Ueber die bisherigen Schicksale d. Kant. Philos. 1789. — Versuch einer neuen Theorie d. menschl. Vorstellungsvermögens 1789 (2. A. 1795). — Ueber das Fundament des philos. Wissens nebst einigen Erläut. über die Theorie der Vorstell. 1791. — Beiträge z. Berichtigung bisherig. Mißverständnisse der Philosophen. 2 Bde. 1790 u. 94. — Ausw. verm. Schriften. 2 Thle. 1793 u. 97 (bes. in Thl. 2 Abhdl. über die gegenwärt. Zust. der Metaph. u. der transcend. Philos. überh.). — Verhandlungen über d. Grundbegriff u. Grunds. d. Moralität. Bd. 1. 1798. — Ueber die Paradoxien der neuesten Philosophie. 1799. — Sendschr. an Lavater u. Fichte über den Glauben an Gott. 1799. — Bardili's u. Reinhold's Briefwechsel über das Wesen der Philos. u. das Unwesen der Spekulation, hrsg. von Reinhold. 1804. — Grundleg. z. einer Synonymik f. den allgem. Sprachgebr. in d. philos. Wissenschaften. 1812. — D. menschl. Erkenntnißverm. v. d. Gesichtspunkte des durch die Wortsprache vermitt. Zusammenh. zw. d. Sinnlich. u. dem Denkverm. 1816.

Ueber ihn s.: K. L. Reinhold's Leben u. literar. Wirken, nebst einer Ausw. von Briefen Kant's, Fichte's, Jacobi's u. a. von Ernst Reinhold. 1825.

Schiller, Friedrich, geb. am 10. (oder 11.) Nov. 1759 zu Marbach in Würtemberg, gest. am 9. Mai 1805 zu Weimar. Von seinen Schriften kommen außer den philosophischen Gedichten philosophisch bes. in Betracht seine auf der Karlsschule gearbeiteten Schriften: „Philosophie der Physiologie" vom Jahre 1779, welche eine Kritik von Bonnet's Theorie der Vermittelung des Denkens durch Nervenfibern enthält und — s. Abgangsarbeit: „Versuche über den Zusammenhang der thierischen Natur des Menschen mit seiner geistigen" vom Jahre 1780 (beide abgedr. in der von Hoffmeister herausg. Nachlese zu Sch. WW. Bd. 4. 1841, und in Bd. 1 der WW. hrsg. von Goedeke, die zweite auch in den übrigen Cotta'schen Ausg. der WW.). — Philos. Briefe (od. Theosophie des Julius) 1786 und 89, der letzte auf Kant hinweisende Brief ist von seinem Freunde Christ. Gottfr. Körner, geb. 1756 (abgedr. in Bd. 10 d. WW. Cotta'sche Ausg.; Bd. 4 d. WW. Ausg. von Goedeke u. Bd. 4

der angef. Nachlese). — Sch. hatte die zur Geschichtsphilosophie gehörigen Aufsätze Kant's in der Berliner Monatsschrift 1787 gelesen. Seit 1791 nahm Schiller ein eingehendes Studium der Hauptwerke Kant's vor; darin gefördert durch die Anregung Reinhold's und den Briefwechsel mit Körner. Die Nachwirkung dieser Kant-Studien trat bes. hervor in seinen ästhetischen Abhandlungen: über den Grund des Vergnügens an trag. Gegenst. 1792 — über die trag. Kunst 1792 — über Anmuth und Würde 1793 — vom Erhabenen, zur weiteren Ausführung einiger Kant'schen Ideen 1793 (abgedr. in der oben angeführt. Nachlese Bd. 4), davon in den gew. Ausg. der WW. nur mitgeth. d. letzte Abschnitt „über d. Pathetische". — Zerstreute Betrachtungen über versch. ästhet. Gegenstände 1793 — Briefe über ästhetische Erziehung des Menschen, zuerst in den Horen St. 1, 2 u. 6. 1795 — über naive und sentimentalische Dichtung 1795 u. 96 — über die nothwendigen Grenzen beim Gebrauch schöner Formen 1795 — über den moralischen Werth ästhetischer Sitten 1796 — Gedanken über den Gebrauch des Gemeinen und Niedrigen in der Kunst, die als Zugabe zu der Schrift über naive und sentimentale Dichtung anzusehen ist, aber erst 1802 in den kl. prof. Schriften erschien. Für seine Aesthetik, die Schiller in einer Schrift Kallias darlegen wollte, findet sich das Meiste in seinem Briefwechsel mit Körner. Zur Kenntniß seiner Stellung zur Philosophie der Zeit ist bes. noch sein Briefwechsel mit Goethe und Wilh. v. Humboldt von Bedeutung.

S. Werke: Ausg. von Cotta in 12 Bdn. 1838 (bes. Bd. 10—12). — Histor.-krit. Ausg. v. K. Goedeke. 15 Bde. (Bd. 15. 2 Thle.) 1867—1876 (bes. Bd. 1 Philos. d. Phys., Vers. über d. Zusammenh., Bd. 4 Philos. Briefe, Bd. 10 ästhet. Schriften, Bd. 15 Nachlaß). — Nachlese zu Sch. Werken, hrsg. von R. Hoffmeister, 4 Bde. 1840. 41 (bes. Bd. 4). — Briefe von Sch. an Herzog Friedr. Christian von Schleswig-Holstein-Augustenburg über ästhet. Erziehung, in ihrem Urtexte hrsg. von A. L. J. Michelsen 1876. — Sch.'s Briefe über die ästhet. Erziehung d. Menschen, zunächst f. d. oberste Kl. höherer Lehranst. mit einer Einl. u. erkl. Anm. hrsg. v. A. Jung. 1875.

Briefwechsel zwischen Sch. u. Goethe in d. J. 1794—1805 (veröffentl. von Goethe 1829), 3. Ausg. 2 Bde. 1870. — Briefw. mit Körner, von 1784 bis z. Tode Sch.'s. 4 Bde. 1847; 2. verm. Aufl., hrsg. von K. Goedeke. 2 Bde. 1874. — Briefw. zw. Sch. u. W. v. Humboldt 1830; 2. verm. Ausg. 1876. — Sch.'s u. Fichte's Briefw. a. d. Nachl. des Erstern mit einl. Vorw. hrsg. von J. H.

Fichte 1847. — Briefw. mit dem Herzog Fr. Christian, eingel. u. hrsg. von Max Müller 1875.

Sein Leben schrieben: K. Hoffmeister, Sch.'s Leben, Geistesentwickelung u. Werke. 5 Thle. in 3 Bdn. 1838—42; neubearb. v. H. Bichoff. 3 Thle. 1874 u. 75. — E. Palleske, Sch.'s Leben u. Werke. 2 Bde. 1858 u. 59, 10. Aufl. 1877. — Ueb. ihn als Philosophen bes.: J. Schmidt, Sch. u. seine Zeitgenossen. (Buch 2. Kap. 5. Goethe u. Kant 1859). — K. Tomaschek, Sch. in s. Verhältn. zur Wissenschaft 1862. — C. Twesten, Sch. in s. Verhältn. zur Wissenschaft 1863. — K. Fischer, Die Selbstbekenntnisse Sch.'s 1858; Ders., Sch. als Philosoph 1858. — M. Drobisch, über d. Stellung Sch.'s zu Kant's Ethik, in d. Verh. d. K. Sächs. Ges. d. Wiss. 5. J. Bd. XI. 1859. — R. Zimmermann, Sch. als Denker in seinen Studien u. Kritiken. Bd. 1. 1870.

Fries, Jakob Friedrich, geb. am 23. Aug. 1773 zu Barby an der Elbe. Sein Vater war Beamter der dortigen Brüdergemeinde, ward im Dienste der Gemeinde oft versandt. Dies bestimmte den Vater, seine Söhne der Erziehungsanstalt der Brüdergemeinde zu Niesky zu übergeben; den ältesten, Jakob Fries, als er 5 Jahre alt war. 1789 wurden die oberen Klassen des Pädagogiums nach Barby verlegt. Fr. blieb hier noch drei Jahre unter dem Schulzwange, mathematische Studien weckten in ihm das philosophische Interesse. Von 1792—95 ward das theologische Seminar zu Niesky besucht, 1796 ein Studienjahr in Leipzig verlebt, 1797 zog ihn Fichte nach Jena, 1798 und 99 war Fries Hauslehrer bei dem Hauptmann Sutor zu Zofingen in der Schweiz; im Jahre 1800 habilitirte er sich in Jena. Diese Lehrthätigkeit unterbrach er 1803/4 durch eine Reise mit einem Freunde von Heynitz durch Frankreich und die Schweiz. Im J. 1805 ward Fries als Professor der Philosophie nach Heidelberg berufen, 1812 übernahm er dazu die Professur der Physik. Im J. 1816 nahm Fries einen Ruf nach Jena an, gleich darauf erschien seine politische Schrift „vom deutschen Bunde und deutscher Staatsverfassung", welche rasch ein Vertrauensverhältniß zwischen ihm und der vor kurzem zusammengetretenen Burschenschaft begründete. Dies und seine Theilnahme am Wartburgfeste 1817 zogen ihm Mißdeutung und Anfeindung zu, die nach der Ermordung Kotzebue's 1819 sogar zur Suspension von seinem Amte führte. Erst 1824 konnte die Weimarer Regierung wagen, ihm als Lehrer der Physik und höheren Mathematik wieder eine Lehrthätigkeit in Jena zu eröffnen, seit 1825 konnte er auch seine philosophischen Vorlesungen wieder aufnehmen. Er starb am 12. August 1843.

S. hauptsächlichsten philosoph. Schriften sind: Reinhold, Fichte

u. Schelling 1803. — Philos. Rechtslehre u. Krit. aller posit. Gesetzgebung 1803. — System der Philos. als evidente Wissensch. 1804. — Wissen, Glaube u. Ahndung 1805. — Neue Kritik der Vernunft. 3 Bde. 1807. 2. A. 1828—31. — Fichte's u. Schelling's neueste Lehren v. Gott und der Welt 1807. — System der Logik 1811. 2. A. 1819. 8. A. 1837. — Grundr. d. Logik. 8. A. 1827. — Von deutscher Philos., Art u. Kunst. Ein Votum für Jacobi gegen Schelling 1817. — Handb. d. prakt. Philos. ob. der philos. Zwecklehre. 2 Bde. (Th. 1. Die allgem. Lehren der Lebensweish. u. Tugendlehre. Th. 2. Religionsphilos. oder Weltzwecklehre) 1818 u. 32. — Julius und Evagoras, ein philos. Roman. 2 Bde. 2. Aufl. 1822. — Handb. der psychischen Anthropologie oder der Lehre von der Natur des menschl. Geistes. 2 Bde. 1820 u. 21, 2. A. 1837 u. 39. — Die mathem. Naturphilos. nach philos. Methode bearb. 1822. — System der Metaphysik, ein Handb. für Lehrer u. zum Selbstgebr. 1824. — Grundriß der Metaph. 1824. — Die Geschichte der Philosophie dargestellt nach den Fortschritten ihrer wissenschaftl. Entwickelung. 2 Bde. 1837 u. 40. — Versuch einer Kritik der Prinzipien der Wahrscheinlichkeitsrechnung 1842. — Die oben erw. Schrift vom deutschen Bunde ersch. als neue Ausg. unter d. Titel: Die Verfass. u. Verwaltung deutsch. Staaten nach staatsrechtl. Ansichten histor. philos. dargest. u. geprüft 1831. — S. Politik ob. philos. Rechtslehre hat nach Fr.'s Tode sein Hauptschüler E. F. Apelt hrsg. 1848. Sein Leben hat aus handschr. Nachlasse dargest. E. L. Th. Henke 1867. — Eine biogr. Skizze „Jak. Fr. Fries, der Philos. u. Naturforscher" gab sein Anhänger, der Botaniker Dr. M. J. Schleiden in Westerm. Deutsch. Monatsheften. Nr. 9. Juni 1857.

Fichte.

Fichte, Joh. Gottlieb, geb. am 19. Mai 1762 zu Rammenau in der Oberlausitz, sein Vater war Bauer und Bandwirker. Fichte ward erzogen auf Kosten des Herrn von Miltitz zuerst bei einem Prediger Krebel im Dorfe Niederau, dann in der Stadtschule zu Meißen, seit dem Oktober 1774 auf der Fürstenschule Pforta bei Naumburg. Zu Michaelis 1780 bezog er die Universität Jena um Theologie zu studiren, setzte dieses Studium von 1781—1784 in Leipzig fort. Sodann war er in mehreren Häusern Sachsens Erzieher. Seine freie religiöse Denkweise ließ ihm keine Aussicht auf Beförderung im geistlichen Berufe. Im Jahre 1788 nahm er eine Hauslehrerstelle bei dem Gasthofbesitzer Ott in Zürich an, die er bis Ostern 1790 versah. In Zürich lernte er seine spätere Frau, die Tochter des Wagemeisters Rahn, eine Schwestertochter Klopstock's, kennen. Mit der Hoffnung auf eine Lektorstelle an einem Fürstenhofe kehrte er nach Deutschland zurück und privatisirte unter dürftigen Verhältnissen in Leipzig. Der einigen Studenten ertheilte Unterricht führte ihn zur Kant'schen Philosophie. Im Frühling 1791 nahm er eine Hauslehrerstelle beim Grafen P. in Warschau an, das beiden Seiten unpaßliche Verhältniß ward aber bald wieder gelöst. Im Juli ging Fichte nach Königsberg um Kant aufzusuchen. Durch seine zum Zweck der Empfehlung geschriebene „Kritik aller Offenbarung" erregte er Kant's Aufmerksamkeit und erlangte durch ihn einen Verleger für dieselbe. Bei ihrer anonymen Herausgabe ward sie für ein Werk Kant's gehalten; Kant's Erklärung darüber machte Fichte einen Namen. Fichte nahm zunächst eine Hauslehrerstelle bei dem Grafen von Krokow zu Krokow bei Neustadt unweit Danzig an und blieb daselbst bis zum Frühling 1793. Er schrieb hier „die Rückforderung der Denkfreiheit von den Fürsten Europas" und den Anfang seiner Schrift „zur Berichtigung der Urtheile des Publikums über die französische Revolution"; beide zogen ihm den Ruf eines Demokraten zu. Im Juni 1793 ging er nach Zürich, um zu heirathen. Zu Neujahr 1794 erhielt er einen Ruf zur Professur der Philosophie nach Jena, die er Ostern 1794 übernahm. Hier wirkte er mit großem Erfolge fünf Jahre lang, bis er in Folge eines Streites über seinen angeblichen Atheismus seine Entlassung erbat und im März 1799 erhielt. Unter dem Schutz Friedrich Wilhelms III. fand er eine freie Aufnahme in Berlin, woselbst er mehrere Jahre im geistigen Verkehre mit Schlegel, Schleiermacher, Novalis, Woltmann, Tieck, Varnhagen u. a. privatisirte, auch philosophische Vorträge für Gebildete hielt. Im Jahre 1805 erhielt er eine Professur der Philosophie in Erlangen mit der Erlaubniß, im Winter nach Berlin zu kommen, um wie bisher philosophische Vorträge vor einem gemischten Publikum zu halten. Wegen der Kriegsunruhen wurde er im Jahre 1806 von der Fortsetzung seines Erlanger Lehramts entbunden. Nach der Schlacht bei Jena verließ Fichte Berlin, begleitete seinen Freund Hufeland nach Königsberg, und flüchtete weiter vor den vordringenden Franzosen nach Kopenhagen. Nach dem Abschluß des Tilsiter Friedens kehrte Fichte im August 1807 zu seiner Familie nach Berlin zurück und belebte im folgenden Winter eine große Zahl von Zuhörern durch seine „Reden an die deutsche Nation". Auch betrieb er aufs eifrigste die Gründung einer Universität in Berlin. Nachdem dieselbe im Jahre 1810 erfolgt war, bekleidete er an derselben die Professur der Philosophie. An dem Befreiungskampfe nahm Fichte durch Wort und That den lebhaftesten Antheil. Als seine Frau in Folge ihres Besuchs der Hospitäler im kalten

Herbst und Winter am Typhus erkrankte, empfing er von ihr bei der Genesung die tödtliche Ansteckung, der er am 27. Januar 1814 erlag.

Seine Werke erschienen: von seinem Sohne herausg. in 11 Bdn. 1845 u. 1846 (Bd. 9—11 Nachlaß. 1834 u. 35). — Hervorzuheben sind: Bd. 1. Verschied. Darstellungen der Wissenschaftslehre v. J. 1794 u. 1797. — Bd. 2. Darstellung der Wissenschaftsl. a. d. J. 1801. Die Bestimmung des Menschen. 1800. — Die Thatsachen des Bewußtseins. 1810. — Bd. 3. Grundlage des Naturrechts nach Prinzipien der Wissenschaftslehre 1796. — Der geschlossene Handelsstaat. 1800. — Bd. 4. System der Sittenlehre nach den Prinzipien der Wissenschaftsl. 1798. — Die Staatslehre, od. über d. Verh. d. Urstaates zum Vernunstreiche. 1813. — Bd. 5. Schriften zur Religionsphilos. (darunter s. Krit. aller Offenbarung. 1792 u. die Schriften zum Atheismusstreit v. J. 1798—99. — Ferner die Anweisung zum seligen Leben, od. d. Religionslehre. 1806. — Bd. 6. Die genannten polit. Jugendschriften v. J. 1793; ferner die Vorles. über Bestimmung und über das Wesen des Gelehrten v. J. 1794 u. 1805. — Bd. 7. Die Grundzüge des gegenwärtigen Zeitalters v. J. 1804 — u. die Reden an die deutsche Nation. 1808. — Bd. 8. Deducirter Plan einer zu Berlin zu errichtenden höheren Lehranstalt. 1807. — Besond. herausg. sind noch: Reden an die deutsche Nation, eingel. v. J. H. Fichte 1859 u. von dems. in der Bibl. d. deutsch. Nationallit. 1871. — In der Philos. Bibliоth. ersch. Bd. 48. Versf. einer Kritik aller Offenb., hrsg. u. erl. von J. H. v. Kirchmann. 1871. — In der zu Leipzig ersch. Universalbibl. ersch. Nr. 392. 93. Reden an die deutsche Nat., Nr. 526. 27. Bestimmung d. Gelehrten, Wesen d. G. Nr. 1324. geschloff. Handelsstaat. 1872. 74. 80. — Ein chronolog. geordn. Verzeichniß der Schriften mit Angabe des jeweil. Aufenthaltsortes d. Verf. giebt das Buch: Fichte, Lichtstrahlen u. s. w. von Ed. Fichte 1863. S. 122 ff.

Zur Literatur über ihn s.: Fichte's Leben und literar. Briefwechsel, von s. Sohne Imm. Herm. F. herausg. 2. Aufl. 2 Bde. 1862. — J. G. Fichte, Lichtstrahlen aus s. Werken und Briefen nebst einem Lebensabriß von Ed. Fichte. 1863. — Schiller's u. J.'s Briefw., a. d. Nachl. Sch.'s hrsg. v. J. H. Fichte. 1847. — J.'s und Schelling's philos. Briefw. a. d. Nachl. Beider, hrsg. v. J. H. Fichte u. K. Fr. A. Schelling 1856. — Hase, K., Jenaisch. Fichte-Büchlein 1856. — 48 Briefe v. F. u. s. Verwandten, hrsg. v. M. Weinhold 1862. — Noack, L., Joh. Gottl. Fichte nach s. Leben, Lehren u. Wirken. 1862. — Trendelenburg, A., Zur Erinnerung an J. G. Fichte. Vortrag. 1862. — Harms, Friedr., J. G. Fichte. Vortrag. 1862. Philosophie Fichte's nach ihrer geschichtl. Stellung u. nach ihrer Bedeutung. 1862. — Meyer, J. B., Ueber Fichte's Reden an die deutsche Nation. 1862. — Ahrens, H., Fichte's polit. Lehre in ihrer wissensch., culturgesch. u. allgem. na=

tional. Bedeutung. 1862. — Loewe, J. H., Die Philos. F.'s nach den Gesammtergebn. ihrer Entwickelung und in ihrem Verh. zu Kant u. Spinoza. 1862. — Lasson, A., F. im Verhältn. z. Kirche u. Staat. 1863. — Zimmer, Fr., F.'s Religionsphilos. 1878. — Meyer, J. B., Fichte, Lassalle und der Socialismus. 1878.

Schelling.

Schelling, Friedrich Wilhelm Joseph, geb. am 27. Januar 1775 zu Leonberg in Würtemberg, bezog mit 16 Jahren die Universität Tübingen, um Theologie zu studiren. Nach Vollendung seiner Studien lebte er eine Zeit lang als Erzieher der Barone von Riedesel in Leipzig, ward dann in Jena Fichte's Schüler und Mitarbeiter. Seit 1798 trat er dort selbst als Lehrer auf und erhielt nach Fichte's Abgang 1800 eine außerordentliche Professur. Im Jahre 1803 ging er als Professor der Philosophie nach Würzburg, 1806 ward er in München angestellt als ordentliches Mitglied der Akademie der Wissenschaften und im folgenden Jahre auch als Generalsekretär der Akademie der bildenden Künste. Im Winter 1820 begab er sich nach Erlangen, um dort Philosophie zu lehren. Nach Verlegung der Universität Landshut nach München kehrte er im Jahre 1827 dorthin zurück, um den ersten Lehrstuhl der Philosophie einzunehmen. Im Jahre 1841 berief ihn die preußische Regierung als Mitglied der Akademie der Wissenschaften nach Berlin, als solches begann er im Winterhalbjahr 1841—42 an der Universität zu lesen, lebte seitdem dort ohne Lehrwirksamkeit seinen Studien. Er starb am 20. August 1854 im Bade Ragaz.

S. ges. Werke ersch., herausg. v. s. Sohn, in 12 Bdn. (in 2 Abth.) 1856—1861. Sie enthalten bes.: I. 1. Ueber d. Möglichkeit einer Form der Philos. überh. 1794. — Vom Ich als Prinzip der Philos. ob. über das Unbedingte im menschl. Wissen. 1795. — Philos. Briefe über Dogmatismus u. Kriticismus. 1795. — 2. Ideen zu einer Philosophie der Natur. 1797. Von der Weltseele. 1798. 3. Erster Entwurf eines Systems der Naturphilos. 1799. — Einl. zu d. Entwurf oder über d. Begriff der spekulat. Physik. 1799. — System des transcendent. Idealismus. 1800. — 4. Ueber d. wahren Begriff der Naturphilosophie. 1801. — Darstellung meines Systems der Philos. 1801. — Bruno oder über das göttl. und natürl. Prinzip der Dinge, ein Gespräch 1802. — 5. Vorlesungen über die Methode des akad. Studiums 1803. — 6. Philosophie und Religion 1806. — 7. Darlegung des wahren Verhältnisses der Naturphilos. zu der verbesserten Fichte'schen Lehre 1806. — Ueber d. Verhältniß der bildenden Künste zu der Natur 1607. — Philos. Untersuchungen über das Wesen der menschlichen Freiheit 1809. — 8. Denkmal der Schrift von den göttl. Dingen 1812. — 9. Ueber den Zusammenhang der Natur mit der Geisterwelt, ein Gespräch (aus d. handschr. Nachlaß). — Darstellung des phil. Empirismus (aus d. handschr. Nachlaß). — 10. Vorwort zu H. Steffen's nachgelassenen Schriften. — Vorbemerkungen zu der Frage über Ursprung der Sprache (a. d. handschr. Nachlaß). — II. 1. Einleit. in die Philos. der Mythologie (darin S. 575 Abhandlung über die Quelle der ewigen Wahrheiten). — 2. Philos. der Mythologie. — 3. u. 4. Philos. der Offenbarung.

Zur Literatur über s. Leben u. s. Philos. s.: Aus Sch.'s Leben, in Briefen herausg. von G. L. Plitt. 3 Bde. 1869 u. 70. — Brandis, Chr. A., Gedächtnißrede auf Schelling (a. d. Abhandl. der Akademie der Wissensch. zu Berlin 1855) 1856. — Mignet. Notice histor. sur la vie et les travaux de M. Schelling 1858. — Rosenkranz, K., Schelling, Vorlesungen geh. im Sommer 1842 herausg. 1843. — Noack, L., Schelling u. die Philos. der Romantik, ein Beitrag zur Culturgesch. des deutschen Geistes. 2 Thle. 1859. — Beckers, H., Sch.'s Geistesentwickelung in ihrem inneren Zusammenhang. Festschr. zu s. hundertj. Geburtstag 1875. — Pfleiderer, O., J. Sch.'s Gedächtnißrede, geh. zu Jena 1875. — Köppen, Fr., Sch.'s Lehre oder das Ganze der Philos. des absol. Nichts, nebst 3 Briefen verwandten Inhalts v. Jacobi 1803. S. oben Schrift von Fries. — Beckers, H., Die negat. u. posit. Philos. Sch.'s 1855; Dersf., die Bedeut. der Sch. Metaphysik 1861. — Erdmann, Joh., Sch.'s negative Philos. 1857. — Planck, Ad., Sch.'s nachgel. Werke u. ihre Bedeut. für Philos. u. Theol. 1858. — Hartmann, Ed. v., Sch.'s posit. Philos. als Einheit von Hegel u. Schopenh. 1869 (auch in den ges. Studien u. Auff. nebst Abhdl. über Sch.'s Identitätsphilos. 1876). — Heyder, C., Sch.'s Lehre mit bes. Berücksichtigung ihres religionsph. Inhalts in Herzog's theolog. Real-Encyklop. — Fichte, J. H., Verm. Schriften Bd. 1. (Abhdl. VI. über den Untersch. zw. eth. u. naturalist. Theismus, mit Bezug auf Sch.'s Werke Abth. 2¹.) 1869. — Hoffmann, Frz., Philos. Schriften. Bd. 2. (Abhdl. XVII. b. Gottesl. Sch.'s) 1869. — Frantz, Const., Sch.'s posit. Philos. nach ihrem Inhalt, wie nach ihrer Bedeut. für den allgem. Umschwung der bis jetzt noch herrsch. Denkw. für gebild. Leser dargest. 3 Thle. 1879 u. 1880.

Baader, Franz von, geb. als Sohn des kurfürstl. Leibarztes B. 1765 zu München, bezog 1781 die Universität Ingolstadt um Medizin zu studiren. Der damals hier lebende **Sailer** übte besonderen Einfluß auf seine religiöse Entwickelung. Von 1783—85 setzte er seine naturwissenschaftlichen und medizinischen Studien zu Wien fort. Nach der Rückkehr erwarb er 1785 zu Ingolstadt den Doktorgrad in der Medizin durch eine Abhandlung „über den

Wärmestoff", welche das von Lavoisier bekämpfte Phlogiston vertheidigte. Als die in München begonnene medizinische Praxis ihm nicht zusagte, machte er die Bergbauwissenschaft zu seinem Studium, vielfach abgezogen durch ausgedehnte Lektüre philosophischer und religiöser Schriften und bestärkt durch dieselben in seinem zum Mysticismus neigenden Gegensatz gegen die religiöse Aufklärung. Im Jahre 1787 besuchte er die bayerischen Eisenwerke und 1788 die Bergakademie zu Freiberg. Sein Bruder, der als Maschinenbauer in Edinburg lebte, veranlaßte ihn 1792 und 93 zu einem Aufenthalte daselbst, der ihn zur Fortsetzung naturwissenschaftlicher Studien an der Universität und zum Studium der Werke von Ad. Smith und Th. Reid anregte. Auf seiner Heimreise im Jahre 1796 lernte er Jacobi in Hamburg kennen und fand bei einem Trödler die Schriften Jak. Böhme's, deren Studium seinem Zug zur Theosophie neue Nahrung gab. Er schrieb hier im Sommer 1796 seine gegen die mechanische und atomistische Physik gerichteten „Beiträge zur Elementarphysiologie". Eine andere 1796 verfaßte Abhandlung „über Kant's Deduction der praktischen Vernunft und die absolute Blindheit der letzteren" vertrat gegen Kant die Glaubensphilosophie. Zwei Jahre lebte er dann in München und 1798 einige Monate als Oberbergrath und Leiter der bayerischen Berg- und Hüttenwerke zu Regensburg. Schelling's 1798 erschienene Schrift „von der Weltseele" machte ihn zum Anhänger der Naturphilosophie desselben. Als Jacobi 1805 und Schelling 1806 als Mitglieder der Akademie sich in München niederließen, stand Baader in lebhaftem Verkehr mit beiden und übte auf letzteren entschieden Einfluß aus. Die auf seiner Glashütte in Lambach mit dem Glaubersalz angestellten Versuche hatten guten Erfolg und trugen ihm erst Reichthümer ein, späteres Mißgeschick nöthigte ihn zum Verkauf derselben. Bei der neuen Organisation des bayerischen Bergkollegiums ward B. im Jahre 1820 außer Thätigkeit gesetzt. Als 1826 die Landshuter Universität nach München verlegt ward, wurde Baader daselbst Honorarprofessor. Zwischen ihm und dem 1827 ebenfalls nach München versetzten Schelling entwickelte sich kein freundliches Verhältniß. Die 1822 in München gemachte Bekanntschaft mit dem esthländischen Baron Boris von Yrküll regte in ihm den Plan zur Begründung einer philosophischen religiösen Missionsanstalt in Petersburg an, mit einem von der Akademie erbetenen mehrmonatlichen Urlaub zum Besuche der nordbeutschen und russischen Universitäten reiste er über Berlin nach Königsberg, Riga und Memel, wo ihn aber ein seinem Plane ungünstiger Brief des russischen Ministers zur Umkehr bewog. — Unter den vielen kleinen Schriften B's. sind besonders folgende für die Darlegung seiner theosophisch-mystischen und naturphilosophischen Weltansicht von Bedeutung: die im Oktober 1813 in der Münchener Akademie geh. Rede: „über die Begründung der Ethik durch die Physik", f. 1815 ersch. Schrift „über den Blitz als Vater des Lichts", die von ihm selbst bef. geschätzte 1816 ersch. Schrift „über den Urternar", von Gott, Sohn u. Geist, die 1818 veröffentl. Abhandl. über den Begriff der Zeit, die 1822—25 ersch. 6 Hefte Fermenta cognitionis, die 1832 ersch. „Vorlesungen über Societätsphilosophie", die 1841 verf. kleine Schrift „über die Nothwendigkeit einer Revision der Wissenschaft, natürl., menschl. u. göttlicher Dinge". Als Katholik hat B. 1840 in einer Schrift „der morgen- und abendl. Katholicismus" die Meinung bekämpft, Papismus und Katholicismus sei untrennbar. Er starb am 23. Mai 1841.

Unter Mitwirkung seiner Anhänger Hamberger, v. Schaden, Lutterbeck und Freih. v. Osten-Sacken hat Frz. Hoffmann in Würzburg eine Gesammtausg. f. Werke veranst. in 16 Bdn. 1851—60. Bd. 15 enth. die Biographie B.'s von Hoffmann. — Zur Erleichterung des nicht leichten Verständnisses der Schriften B.'s tragen bei: Hoffmann, Fr. v. B. als Begründer der Philos. der Zukunft 1856. — Ders., Die Weltalter, Lichtstrahlen aus B.'s Werken 1868 und folgende Art. Hoffmann's in f. 1868—81 herausg. philos. Schriften, Bd. 1. Fr. v. B. in f. Verh. zu Hegel und Schelling; Bd. 2. B.'s sämmtl. Werke, über die B. u. Schopenh. Philos.; Bd. 3. Abschn. 1. Fr. v. B.; Bd. 4. Lichtstr. aus B., B. u. Schelling; Bd. 6. B.'s Leben, Lehre u. Schriften, B.'s Stellung in der Gesch. der deutschen Philos.; Bd. 7. Orientirung über den philos. Standpunkt B.'s. — Lutterbeck, über den philos. Standp. B.'s 1854. — Hamberger, J., Die Cardinalpunkte der B. Philos. 1855. — Fischer, K. Ph., Vers. einer Charakteristik der Theosophie B.'s und ihres Verh. zu den Syst. von Schelling, Hegel, Daub und Schleiermacher 1865.

Krause, Karl Christian Friedrich, geb. am 6. Mai 1781 zu Eisenberg in Thüringen, besuchte das Gymnasium zu Altenburg, nachdem sein Vater in der Nähe Pfarrer geworden war. Auf den Wunsch des Vaters studirte er von 1797—1801 zu Jena Theologie, aus eigenem Eifer Philosophie und Mathematik. Nach dem Abgang Fichte's 1799 gewann Schelling größeren Einfluß auf Krause. Im Jahre 1802 habilitirte er sich in Jena mit einer Schrift de philos. et matheseos ratione et eorum intima coniunctione. Es folgten 1803 f. „Grundlage d. Naturrechts ob. philos. Grundr. des Ideals

des Rechts Th. I." und „Grundr. d. histor. Logik f. Vorlesungen";
1804 „Grundlage u. philos. Syst. d. Mathemat. Th. I., Factoren
u. Primzahlen 1—100,000" und „Entwurf des Syst. d. Philos.
Abth. 1." — Seine frühe Vermählung im Jahre 1802 brachte ihm
Lebenssorgen. Als Lehrer hatte er zuerst guten Erfolg. Als dies
mit dem Sinken der Studentenzahl 1804 aufhörte, ging er unzufrieden nach Rudolstadt und April 1805 nach Dresden. Ihn ergriff
bald die Idee zu einem Menschheitsbund, zu dem er den Keim bei
den Freimaurern zu finden glaubte. Das Ergebniß dieser Gedanken
legte er vor in der 1811 ersch. populärsten seiner Schriften „Das
Urbild der Menschheit als Eines geselligen Ganzen. Ein Versuch,
gebildeten Lesern, vorzüglich Freimaurern gewidmet". Im Zusammenhang damit steht sein 1810 ersch. System d. Sittenlehre, das zugleich
seinen Uebergang zum Theismus darlegte. Um für seine Ideen des
Menschheitsbundes zu wirken, gab er seit 1811 eine wöchentlich
viermal ersch. Zeitschrift „Tagblatt des Menschheitlebens" heraus.
Im Jahre 1813 übersiedelte er nach Berlin, um an der Universität
besonders mathemat. Vorlesungen zu halten, Fichte sagte Unterstützung
zu. Der Tod desselben bestimmte ihn als philosophischer Lehrer auf=
zutreten, aber seine Hoffnung F's. Nachfolger zu werden war ver=
gebens. In Verwirklichung seiner Idee des Urwortthums gründete
er 1814 die „Berlinische Gesellschaft f. deutsche Sprache", zu deren
Mitglieder Minister von Altenstein, L. Jahn, Staatsrath Nagler
gehörten. Als er aber auch in Berlin keine passende Lebensstellung
gewann, kehrte er 1815 wieder nach Dresden zurück. Mit einem
wohlhabenden Fabrikanten machte er von hier 1817 eine italienische
Reise, die ihm für seine ästhetische Ausbildung werthvoll war. Die
Lebensnoth ward nach der Rückkehr immer größer, trotz der an-
dauernden Unterstützung durch seinen Vater und gute Freunde. Alle
Bemühungen um eine Anstellung in Preußen blieben erfolglos. Im
August 1823 entschloß er sich zur Habilitation in Göttingen, er fand
auch hier Schüler und Anhänger, wie Ahrens, v. Leonhardi u. And.,
aber keine Anstellung. Die Unruhen des Jahres 1830 zogen ihm
eine grundlose Criminaluntersuchung zu, die ihn in seinen Entschluß
Göttingen zu verlassen bestärkte. Eine kleine Erbschaft sicherte ihm
damals eine einigermaßen behagliche Existenz. Fünfzig Jahre alt
ging er nach München, in der Hoffnung, dort als Honorarprofessor
lehren zu dürfen. Schelling war dagegen. Die Polizei-Direktion
stellte ihm im März 1832 ein Ausweisungsdekret zu, das aber auf
Verwendung bei dem Minister von Wallerstein zurückgenommen ward.

Schon am 27. September 1832 starb Kr. an einem Schlagflusse. Seine Philosophie hat besond. an Tiberghien in Brüssel, an Ahrens erst in Brüssel, dann in Leipzig, Leonhardi in Prag, Röder und Schliephake in Heidelberg und an dem Pädagogen Fr. Fröbel begeisterte Anhänger und durch die französisch geschr. Schriften der erstgenannten bes. auch Ausbreitung in Belgien, Frankreich und Spanien gefunden.

Zu den oben schon gen. Werken sind noch zu nennen: Abriß des Systems der Philos. des Rechtes oder des Naturrechts 1828. — Vorlesgn. über d. System der Philos. 1828. — Vorlesgn. über die Grundwahrheiten der Wissensch. zugleich in ihrer Bezieh z. d. Leben. 1829. — Abriß der Aesthetik, aus dem Nachl. herausg. von Leutbecher 1837. — Die reine d. i. allgem. Lebenslehre u. Philos. der Geschichte z. Begründ. der Lebenswissensch., herausg. von Leonhardi 1843. — Vorlesgn. über die psychol. Anthropologie, herausg. von Ahrens 1848. — Erneute Vernunftkritik 1868. — Der z. Gewißh. der Gotteserkenntniß als des höchsten Wissenschaftsprinzipes emporleitende Theil der Philos. 1869. — Das Syst. der Rechtsphilos., hrsg. v. Röder 1874. — Vorlesgn. über Aesthetik, hrsg. von Hohlfeld und Wünsche 1882.

Als Schr. üb. ihn ersch.: A. Procksch, Kr. ein Lebensbild nach s. Briefen 1880. — P. Hohlfeld, Die Kr. Philos. in ihrem gesch. Zusammenhange und in ihrer Bedeutung für das Geistesleben der Gegenwart 1879. — R. Eucken, Zur Erinnerung an Kr., Festrede, geh. zu Eisenach am 100. Geburtstage des Philos. 1881. — A. Cleß, Das Ideal der Menschheit, nach Kr.'s Urbild d. Menschheit 1881.

Hegel.

Hegel, Georg Wilhelm Friedrich, geb. am 27. August 1770 zu Stuttgart, bezog in seinem 18. Jahre die Universität Tübingen um Theologie zu studiren, ging nach Beendigung dieser Studien im Herbst 1793 als Hauslehrer nach der Schweiz (Bern), erhielt dann durch seinen Freund Hölderlin im Jahre 1797 eine freiere ähnliche Stellung in Frankfurt a. M. Als er im Jahre 1799 bei dem Tode seines Vaters, eines herzoglichen Expeditionsrathes, in den Besitz eines kleinen Vermögens gekommen war, beschloß er sich in Jena neben seinem Freunde Schelling als Docent der Philosophie zu habilitiren, im Januar 1801 traf er dort ein; in der Mitte des Jahres erschienenen Schrift: „Differenz des Fichte'schen u. Schelling'schen Systems der Philosophie" schloß er sich eng an Schelling an. In dieser Gemeinschaft gaben Beide 1802 die zwei Bände des „kritischen Journals der Philosophie" heraus. Als Schelling nach

Würzburg gegangen war, sagte sich Hegel mehr und mehr von seiner Philosophie und von der Romantik los; ausdrücklich geschah dies in der Vorrede zur 1806 ersch. „Phaenomenologie des Geistes". Im Jahre 1805 erhielt er eine außerordentliche Professur in Jena. In Folge der Kriegszustände ging Hegel nach Bamberg und übernahm dort aus Sorge für seine Subsistenz die Redaktion der Bamberger Zeitung im Jahr 1807. Auf Betrieb seines Freundes Niethhammer, damals protestantischen Central-Schulraths in München, erhielt er 1808 das Rektorat des Aegidien-Gymnasiums zu Nürnberg. Hier bearbeitete er seine Wissenschaft der Logik in 3 Bdn. Im Jahre 1816 wurde er als Professor der Philosophie nach Heidelberg berufen, die Summe seiner hiesigen Docententhätigkeit liegt vor in der 1817 erschienenen Encyklopädie der philosophischen Wissenschaften im Grundriß". Im December 1817 trug ihm der Minister Altenstein die Uebernahme der erledigten Professur Fichte's in Berlin an, Hegel nahm den Ruf an und kam im Herbst 1818 nach Berlin. Hier erschien im Jahre 1821 seine Rechtsphilosophie. Uebrigens wirkte Hegel seitdem literar. weniger denn als Lehrer. Im Winter 1830—31 las Hegel zum letzten Male über Geschichtsphilosophie und schrieb in der Preußischen Zeitung seinen letzten Aufsatz, eine Kritik der Englischen Reformbill. Aus dieser Thätigkeit ward er durch die Cholera hingerafft, an Leibniz' Todestage dem 14. Nov. 1831.

Seine Werke ersch. gesamm. in 18 Bdn. von 1832—1845. Sie enthalten bes.: Bd. 1. Kleinere Abhandlungen. — Bd. 2. Phänomenologie des Geistes. — Bd. 3—5. Wissenschaft der Logik. — Bd. 6 u. 7. Encyklopädie der philos. Wissenschaften im Grundriß. — Bd. 8. Rechtsphilosophie. — Bd. 9. Philos. der Geschichte. — Bd. 10. Aesthetik. — Bd. 11 u. 12. Religionsphilosophie. — Bd. 13—15. Geschichte der Philosophie. — Bd. 16 u. 17. Vermischte Schriften. — Bd. 18. Philos. Propäd. — Die „Encyklopädie" hat ohne L. v. Henning's Zusätze Rosenkranz herausg. 1845 und in d. Philos. Biblioth. Bd. 30 u. 34 nebst Erläuterungen 1870.

Zur Literatur über ihn: K. Rosenkranz: G. W. Fr. Hegel's Leben. Supplement zu Hegel's Werken. Berlin 1844. — R. Haym, Hegel und seine Zeit. Vorlesungen über Entstehung und Entwickelung, Wesen und Werth der Hegel'schen Philosophie. Berlin 1857. — Dagegen K. Rosenkranz: Apologie Hegel's 1858. — Derselbe, Hegel als deutscher Nationalphilosoph 1870. — Köstlin, K., Hegel in philos.-polit. u. nation. Bezieh. für das deutsche Volk dargest. 1870. — Michelet, C. L., Hegel d. unwiderlegte Weltphilosoph, eine Jubelschrift 1870. — Klaiber, Jul., Hölderlin, Hegel und Schelling in ihren schwäb. Jugendjahren 1877.

Zur Apologie u. Kritik des Systems sind bes. zu beachten: Göschel, K. Fr. Hegel u. s. Zeit, mit Rücks. auf Goethe 1832. — Schaller, Jul., Die Philos. unserer Zeit, Apologie u. Erläut. d. Syst. 1837. — Rosenkranz, K., Krit. Erläut. des Heg. Syst. 1840. — Gabler, G. A., Die Heg. Philos., Beiträge zu ihrer richtigen Beurtheil. und Würdigung. 1. Hft. 1843. — Véra, A., l'Hégelianisme et la philos. 1861. — Bachmann, C. Fr., Ueber H.'s System und die Nothwendigkeit einer nochmaligen Umgestalt. der Philos. 1833. — Rosenkranz, K., Hegel, Sendschr. an Bachm. 1834. — Bachmann, Anti-Hegel, Antwort an Rosenkr. 1835. — Ulrici, H., Ueber Prinzip u. Methode der Heg. Philos. 1841. — Trendelenburg, Ad., Die logische Frage in H.'s System, zwei Streitschriften 1843. — Ders. bes. in s. Log. Untersuchungen 1840. — Exner, H., Die Psychologie der H. Schule 1842. — Ott, A., Hegel et la philos. allem. 1844. — St. René Taillendier, Die gegenw. Krisis der Heg. Philos. Mit e. krit. Einl. v. H. Jellinek. 1847. — Kym, H.'s Dial. in ihrer Anwend. auf die Gesch. der Philos. 1849. — Zeller, Ed., Ueber Bedeutung und Aufgabe der Erkenntnißtheorie, Vortrag 1862. — Reiff, Fr., Ueber die Heg. Dialekt. 1866. — Hartmann, Ed. v., Ueber die dialekt. Methode histor. krit. Unters. 1868. — Ders., H.'s Panlogismus in s. ges. Stud. u. Auff. 1876. — Harms, Fr., Zur Erinnerung an H. Vortrag 1871. — Janet, P., Études sur la dialectique dans Platon et Hegel 1861. — Stirling, J. H., the secret of H., being the Heg. syst in orig., princ., form and matter 1865.

Schleiermacher, Friedrich Ernst Daniel, geb. zu Breslau am 21. November 1768; der Vater war reformirter Feldprediger, die Mutter die Tochter des Hofpredigers Stubenrauch. Etwa 10 Jahre alt kam er mit seinen Eltern nach Pleß in Oberschlesien. Im Frühjahr 1783 trat er in das Pädagogium der Brüdergemeinde zu Niesky ein, zwei Jahre darauf ward er auf das Seminar zu Barby versetzt. Innerlich dem Geiste der Unität entfremdet, verließ er im Mai 1787 Barby und bezog die Universität Halle, um Theologie zu studiren. Die Ansichten Wolf's und Kant's lernte er hier durch eigenes Studium näher kennen, auch F. A. Wolff gewann Einfluß auf seine philologischen Studien. Im Mai 1789 ging er zur Vorbereitung auf das Predigtamt zu seinem Onkel Stubenrauch nach Drossen in der Neumark. Von Oktober 1790 bis Mai 1793 war er Hauslehrer bei der Familie Dohna zu Schlobitten in Westpreußen. Im September trat er als Mitglied in Gedicke's Gymnasial-Seminar in Berlin und zugleich als Lehrer in das Kornmesser'sche Waisenhaus ein. Von April 1794 war er dann zwei Jahre zur Stellvertretung Prediger in der neumärkischen Landstadt Landsberg a. d.

Warthe. Als dann 1795 sein Onkel die erledigte Stelle erhielt, übernahm Schl. die Predigerstelle an der Charité in Berlin. Von 1802—1804 war er dann Hofprediger in Stolpe, ward 1804 außerordentlicher Professor der Theologie zu Halle, lebte nach Auflösung der Universität in Folge des französischen Krieges eine Zeit lang als Privatgelehrter in Berlin, ward daselbst 1809 Prediger an der Dreifaltigkeitskirche und bei der Gründung der Berliner Universität Professor der Theologie. Seit 1811 war er Mitglied der Akademie der Wissenschaften. Bei der Berathung der Union der lutherischen und reformirten Kirche war er Präses der 1817 zu Berlin versammelten Synode. Er starb am 12. Februar 1834.

Seine Werke ersch. in 3 Abthlgn. 1835—64. Die Abth. III. enth. die Schriften zur Philos. u. verm. Schriften; davon Bd. 1. Grundlinien einer Kritik der bisherigen Sittenlehre 1803. 1835, b. Monologe, eine Neujahrsgabe 1800, vertraute Briefe über Fr. Schlegel's Lucinde 1800, gelegentl. Gedanken über Universitäten im deutschen Sinn, nebst einem Anh. über eine neu zu errichtende 1808; b. Bd. ersch. 1846. — Bd. 2. Abhdlgn. zur Gesch. d. alten Philos. über Heraklit, Diogenes von Apollonia, Anaximandros, Sokrates, sowie die wichtige Abhandlgn. zur Ethik: über die wissenschaftl. Behandl. des Tugendbegriffs, Vers. über die wissenschaftl. Behandl. des Pflichtbegriffs, über den Untersch. zw. Naturgesetz und Sittengesetz, über den Begriff des Erlaubten, über den Begriff d. höchsten Gutes 1838. — Bd. 3. Reden u. Abhdlgn. der Akad. d. Wissensch., a. d. handschr. Nachl. hrsg. v. L. Jonas 1835. — Bd. 4^1. Gesch. der Philos., hrsg. v. H. Ritter (geht bis Spinoza) 1839. — Bd. 4^2. Dialektik, hrsg. v. L. Jonas 1839. — Bd. 5. Entwurf eines Systems der Sittenlehre, hrsg. v. A. Schweizer 1835. — Bd. 6. Psychologie, hrsg. von L. George 1862. — Bd. 7. Vorlesgn. über die Aesthetik, hrsg. v. C. Lommatzsch 1842. — Bd. 8. Die Lehre vom Staat, hrsg. v. Chr. A. Brandis 1845. — Bd. 9. Erziehungslehre, hrsg. von C. Platz 1849. — Von den übrigen Schriften Sch.'s sind noch philosophisch zu beachten: Ueber die Religion, Reden an die Gebildeten unter ihren Verächtern 1799, mit Einl. hrsg. von C. Schwarz 1868, in krit. Ausg. besorg. von Pünjer 1879. — Grundriß der philos. Ethik mit einl. Vorr. hrsg. von A. Twesten 1841. Die christl. Sitte nach den Grunds. der evangel. Kirche 1812 u. 22, 2. umg. Aufl. 1830 u. 31. — Vorlesungen über das Leben Jesu, hrsg. von K. A. Rütenik 1864. — In der Philos. Bibl. ersch. 1868 Bd. 6. die Monologe u. 1870 Bd. 24 die philos. Sittenlehre, hrsg. u. erl. von J. H. v. Kirchmann.

Ueber Sch.'s Leben s.: Aus Sch.'s Leben, in Briefen, 4 Bde. (Bd. 1 u. 2 hrsg. von Jonas, Bd. 3 u. 4 von Dilthey) 1858—1863. — Briefe von und an J. Chr. Gaß, hrsg. von W. Gaß, mit biogr. Vorrede 1852. — W. Dilthey, Leben Sch.'s Bd. 1. 1870. — D. Schenkel, Fr. Schl., ein Lebens= u. Charakterbild 1868. — Unter Schl.'s philof. Bedeutung bef. zu beachten: J. Schaller, Vorlesgn. über Schl. 1844. — G. Weißenborn, Vorlesgn. über Schl.'s Dialekt. u. Dogmat. 1847 u. 1849. — Frz. Vorländer, Schl.'s Sittenlehre 1851. — P. Schmidt, Spinoza u. Schl., die Geschicke ihrer Syst. u. ihr gegens. Verhältn. 1868. — R. A. Lipsius, über Schl.'s Dialekt. in Zeitschr. f. wiss. Theol. Jahrg. XII. 1869. — A. Ritschl, Sch.'s Reden über die Relig. u. ihre Nachwirk. auf die evang. Kirche Deutschl. 1875. — Bender, W., Schl.'s Theologie mit ihren philos. Grundlagen. 2 Bde. 1876 u. 78.

Feuerbach, Ludwig, geb. 1804 zu Landshut, Sohn des Criminalisten Anselm. F., besuchte das Gymnasium zu Ansbach, studirte 1823 Theologie zu Heidelberg, ging 1824 nach Berlin, um Hegel und Schleiermacher zu hören. Den in ihm erregten Zwiespalt zwischen Theologie und Philosophie löste er zu Gunsten der letzteren. Als Anhänger H's. habilitirte er sich 1828 in Erlangen. Als ihm dort eine außerordentliche Professur abgeschlagen war, lebte er 1832 eine Zeit lang in Frankfurt am Main. Auch um eine Professur der Philosophie in Bonn bewarb er sich vergebens, als seine Autorschaft der 1830 anonym ersch. pantheist. Schrift „Gedanken über Tod und Unsterblichkeit" (W. Bd. 3.) bekannt wurde. Auch die 1833 ersch. „Geschichte der neueren Philosophie von Baco bis Spinoza (W. Bd. 4.) verhalf ihm nicht zur 1835 noch einmal erbetenen Professur in Erlangen. Unzufrieden zog er sich 1836 zurück nach dem Dorfe Bruckberg zwischen Ansbach und Nürnberg. Hier vollendete er 1837 die „Darstell., Entwickel. u. Kritik d. Leibniz. Philosophie" (W. Bd. 5). Noch 1835 vertheidigte F. in einer Kritik des Anti-Hegel von Bachmann H's. Prinzip der Einheit von Logik und Metaphysik (W. Bd. 2). Einige Jahre darauf legte er den neugewonnenen Standpunkt eines naturalistischen Anthropologismus dar in der in den Hall. Jahrb. veröffentl. Abhandl. „zur Kritik der Hegel'schen Philosophie" 1839 (W. Bd. 2). Im Grundgedanken vertreten war dieser Standpunkt schon in der Schrift: „P. Bayle, nach s. f. d. Gesch. d. Philos. interessantest. Momenten" (W. Bd. 6) 1838, angewandt ward er in den Schriften „über Philos. u. Christenthum" (W. Bd. 2) 1839, „das Wesen des Christenthums" (W. Bd. 7) 1840, „das Wesen der Religion" 1845, „Vorlesungen üb. d. Wesen der Religion" (W. Bd. 8) 1851. „Theogonie nach den Quellen d. klass., hebr. u. griech. Alterth." (W. Bd. 9) 1857. Inzwischen hatte sich F. noch mehr dem Naturalismus und Materialismus angenähert in seinen Schriften „Vorläufige Thesen z. Reform d. Philos." 1842, „Grunds. b. Philos. b. Zukunft" (W. Bd. 2) 1843. Die Eröffnung der deutschen Nationalversammlung zog ihn 1848 nach Frankfurt am Main und eine Einladung Heidelberger Studenten im Winter 1848/49 nach Heidelberg zur Abhaltung öffentlicher Vorlesungen im dortigen Rathhaussaal, als die studentische Petition um seine Berufung als Professor erfolglos blieb. Seit 1860 lebte er in Noth zurückgezogen im Dorfe Rechenberg bei Nürnberg. Im Jahre 1866 veröffentlichte er noch Fragmente zur Begründung einer Moralphilosophie in der Schrift „Gott, Freiheit und Unsterblichkeit vom Standpunkte der Anthropologie" (W. Bd. 10). Nach mehreren Schlaganfällen starb er am 13. September 1872.

S. Werke ersch. in 10 Bdn. 1846—66. — S. Briefwechsel mit Chr. Kapp (1833—48) ersch. 1876. — Aussprüche aus s. Werken gesamm. v. Leonore F. 1879. — R. Haym, F. und die Philos. Ein Beitrag zur Krit. Beiber 1847. — C. Beyer, Leben u. Geist L. F.'s 1873. — K. Grün, L. F. in s. Briefw. u. Nachlaß, sowie in s. philos. Charakterentw. dargest. 2 Bde. 1874.

Strauß, David Friedrich, geb. am 27. Januar 1808 in Ludwigsburg. Im Herbst 1821 kam Str. in das niedere evang. Seminar zu Blaubeuren, auf dem er vier Jahre blieb. Im Herbst 1825 bezog er die Universität Tübingen und trat in das dortige evangel. theol. Seminar ein. Sein philos. Selbststudium regte die Naturphilosophie Schelling's und Jacobi's Glaubensphilosophie an, die weitere Entwickelung seines Denkens bestimmte dann wesentlich der Einfluß Schleiermacher's. Den Geist der historischen Kritik in der Theologie lernte er bei seinem Lehrer Baur kennen. Erst in seinem letzten Studienjahr las Str. mit einigen Freunden Kant's Prolegomena und dann Hegel's Phaenomenologie. Im Herbst 1830 bestand er die theologische Prüfung. Ein Jahr darauf ging er nach Berlin, um Schleiermacher und Hegel als Lehrer kennen zu lernen. Der letztere starb gleich nach seiner Ankunft. Schleiermacher's Vorlesung über das Leben Jesu, die er in Nachschriften kennen lernte, gab einen Anstoß zu dem Werke, durch das sich Str. zuerst einen Namen machte, „das Leben Jesu", krit. bearb. 2 Bde. 1835/36, 4. A. 1840. Inzwischen hatte er mit glänzendem Erfolge seine philosoph. Lehrthätigkeit in Tübingen begonnen. Die Herausgabe des genannten Werkes hemmte die Fortsetzung derselben. Noch vor dem Erscheinen des zweiten Bandes wurde er von der Repetentenstelle am Tübinger

Stift entfernt und genöthigt, ein Lehramt am Lyceum seiner Vaterstadt zu übernehmen. Ein Jahr darauf 1836 legte er die Stelle nieder und ging zunächst nach Stuttgart, um als Privatmann seinen Studien zu leben. Eine 1839 sich eröffnende Aussicht zu einer Berufung als theologischer Lehrer an die Universität Zürich, die hier heftige Kämpfe hervorrief, verwirklichte sich nicht. Wohl sein bedeutendstes Werk: „Die christl. Glaubenslehre in ihrer geschichtl. Entwickelung und im Kampfe mit der modernen Wissenschaft" erschien in 2 Bdn. 1840 u. 41. Das Werk steht auf dem Standpunkt der Religionsphilosophie Hegel's. Als theologischer Schriftsteller trat Str. dann erst nach 20 Jahren wieder auf durch das 1864 ersch. „Leben Jesu für das deutsche Volk" (W. Bd. 3 u. 4). Die dazwischen liegenden hervorragenden Arbeiten gehören besonders der Literatur- und Culturgeschichte an, berührten aber doch vielfach zugleich die Geschichte der Philosophie wesentlich, so d. 1849 ersch. Werk „Schubart's Leben in s. Briefen" (W. Bd. 8 u. 9), d. 1856 ersch. Werk „Leben u. Schriften d. Dichters u. Philologen Nic. Frischlin, ein Beitrag z. deutsch. Culturgesch. des 16. Jahrh.", d. 1857 in 2 Bdn. ersch. Werk „Ulrich v. Hutten" (W. Bd. 7) zu dem 1860 übers. u. erl. Gespräche v. H. ersch., ferner d. 1862 ersch. Schrift „H. S. Reimarus u. s. Schutzschrift für die vernünftigen Verehrer Gottes" (W. Bd. 5). Das Erscheinen des neuen Leben Jesu zog 1865 zwei kleinere polemische Schriften nach sich „der Christus des Glaubens u. der Jesus der Geschichte", eine Kritik des Schleiermacher'schen Leben Jesu u. „die Halben u. die Ganzen", eine Streitschrift gegen Schenkel und Hengstenberg (W. Bd. 5). Auch der Vortrag über Lessing's Nathan (W. Bd. 2) 1864 stand mit dieser Gedankenrichtung in Verbindung. Ebenso entsprach derselben sein 1870 ersch. Buch über Voltaire (W. Bd. 11). Als sein Glaubensbekenntniß ersch. dann 1872 sein Werk „Der alte u. der neue Glaube, ein Bekenntniß" (W. Bd. 6), durch welches sich Str. als dem neuen materialistischen Naturalismus zugewandt zeigte. — Sein äußeres Leben war in der zweiten Hälfte ein unruhiges Wanderleben; seine Theilnahme an der politischen Entwickelung Deutschlands bekundete er 1848 als Mitglied d. Württemberg. Ständeversammlung in Stuttgart bis zu seinem schon im December erfolgenden Austritt und 1870 durch seine an Renan gerichteten beiden Sendschreiben „Krieg u. Frieden" (W. Bd. 1). Nach häufigem Wechsel seines Aufenthaltes verweilte er seit 1865 sieben Jahre lang in Darmstadt, kehrte dann zuletzt nach seiner Vaterstadt zurück und starb hier am 8. Febr. 1874.

S. gesamm. Schriften erſch. einzeln und mit erklär. Nachweiſen
verſ. von Ed. Zeller in 12 Bdn. 1876—1878. — S. Leben ſchrieb:
Ed. Zeller, D. Fr. Str. in ſ. Leben u. in ſ. Schriften 1874. —
A. Hausrath, D. Fr. Str. u. die Theologie ſ. Zeit. 2 Thle. 1876
u. 78. — Beachtenswerth iſt auch C. G. Reuſchle, Philoſ. und
Naturw., z. Erinnerung an D. F. Str. 1874 u. W. Lang, D. F. Str.,
eine Charakteriſtik 1874. — Eine philoſ. „Kritik der Prinzipien der
Str.'s Glaubenslehre" gab K. Roſenkranz 1841 in den Berlin.
Jahrb. für wiſſenſch. Kritik Nr. 71—76, wieder abgedr. 1845. —
Der in dem „alten und neuen Glauben" eingenommene Standpunkt
des Naturalismus iſt philoſophiſch in ſeinem Rechte oder Unrechte
von vielen Seiten erörtert worden, wie aus der Zuſammenſtellung
von Rauwenhoff und Nippold, Str.'s alter u. neuer Glaube
u. ſ. literar. Ergebniſſe 1873 zu erſehen iſt. Genannt ſeien von
dieſen Streitſchriften für und wider: A. Véra, Str. l'ancienne
et la nouvelle foi 1873. — Joh. Huber, Der alte u. der
neue Glaube, ein Bekenntniß von Str. krit. gewürd. 1873. — H.
Ulrici, Der Philoſ. Str., Krit. ſ. Schrift u. ſ. w. 1873. — J.
B. Meyer, Der alte u. der neue Glaube, Betrachtungen über Str.
Bekenntniß 1873. — L. Weiß, Der alte u. der neue Glaube, ein
Bekenntniß als Antwort 1873. — L. Philippſon, Gegen D. Str.
1873.

Herbart.

Herbart, Johann Friedrich, geb. den 4. Mai 1776 zu Olden-
burg, wo ſein Vater Juſtizrath war; im Jahre 1794 bezog er die
Univerſität Jena und ſtudirte Philoſophie unter Fichte, der ihn aber
nicht befriedigte. Im Jahre 1797 nahm er eine Hauslehrerſtelle in
Bern an. In der Schweiz lernte er Peſtalozzi kennen. Im Jahre
1802 habilitirte er ſich als Privatdocent in Göttingen. Im Jahre
1805 ward er außerordentlicher Profeſſor der Philoſophie in Göt=
tingen. Seit 1809 wirkte er als Nachfolger Kant's in Königsberg, 1833 ward er wieder nach Göttingen berufen und ſtarb da=
ſelbſt 1841.

S. Werke erſch. in 12 Bdn. von 1850—52; ſie enthalten beſ.:
Bd. 1. Lehrb. zur Einleit. in die Philoſophie. 1813. 4. A. 1837.
— Ueber Philoſ. Studium 1807. — Hauptpunkte der Logik 1808.
Bd. 2. Kurze Encyklop. der Philoſ. aus prakt. Geſichtspunkten ent-
worfen 1831. 2. A. 1841. — Bd. 3 u. 4. Schriften zur Metaphyſik
(Hauptpunkte d. Metaph. 1808. Allgem. Metaph. nebſt d. Anfängen
der philoſoph. Naturl. 1828 u. 29). — Bd. 5 u. 6. Lehrbuch zur
Pſychologie. 1816. — Pſychologie als Wiſſenſchaft 1824 u. 25. —
Bd. 7. Kleinere Abhandlungen zur Pſychologie (Abhdl. V. über die
Möglichkeit u. Nothwendigkeit Mathem. auf Pſychol. anzuwenden,

1822). — Bd. 8. Schriften zur prakt. Philos. Th. 1. Allgem. prakt. Philos. 1808. — Analyt. Beleuchtung des Naturrechts u. d. Moral. 1836. — Bd. 9. Th. 2. Kleinere Abhdlgn. zur prakt. Philos. (darunter Gespräche üb. d. Böse) 1817. — Zur Lehre von der Freiheit des menschl. Willens 1836. — Bd. 10 u. 11. Schriften zur Pädagogik (Bd. 10. Allgem. Pädag. a. d. Zweck der Erzieh. abgel. 1806. — Umriß pädagog. Vorlesungen. 2. A. 1841. — Briefe über die Anwend. d. Psychol. auf die Pädag. — Bd. 11. Pestalozzi's Idee eines Abc d. Ansch. 2. A. 1804). — Bd. 12. Hist.-krit. Schriften. — H.'s kleinere philos. Schriften u. Abhdlgn. nebst dessen wissensch. Nachlasse, gab auch heraus G. Hartenstein. 3 Bde. 1842 u. 43. — H.'s sämmtl. Werke, in chronolog. Reihenfolge giebt jetzt heraus K. Kehrbach, es ersch. Bd. 1 (beginnend mit Erinnerungen an H. v. Joh. Smidt, weil. Bürgerm. von Bremen, und Vorreden d. Herausg., enth. die Schriften H.'s bis 1805) 1882. — D. metaph. Anfangsgründe der Theorie der Elementar-Attraktion, aus d. Lat. übers. u. einzeln von K. Thomas 1859. — Allgem. prakt. Philos., n. Ausg. 1873. — Lehrb. z. Psychologie, 3. Aufl., hrsg. von G. Hartenstein, 2 Abdr. 1882. — Herbart. Reliquien, ein Supplem. zu H.'s sämmtl. W., hrsg. von Ziller 1871. — Ungedr. Briefe von und an H., hrsg. von R. Zimmermann 1877. — H.'s pädagog. Schriften, in chronol. Reihenf. hrsg. mit Einl., Anmerk. und comparat. Register verf. von O. Willmann, 2 Bde. 1873 u. 1875. 2. A. 1880. — H.'s pädagog. Schriften, mit Biogr. herausg. von Bartholomaei in Bibl. pädag. Classik. 2 Bde. 2. A. 1877.

Sein Leben stellte dar: Hartenst. in der Einl. zu s. Ausg. der kl. philos. Schriften Bd. 1. 1842. — Voigdt, Zur Erinnerung an H. 1841. — H., Erinnerung an die Götting-Katastrophe im Jahre 1837, ein Posthum. (hrsg. v. Taute) 1842. — F. H. Th. Allihn, über das Leben u. die Schriften H.'s, nebst einer Zusammenst. der Literatur s. Schule, in der Zeitschr. für exacte Philos., hrsg. von Allihn u. Ziller. Bd. 1. 1860. — Sanio, z. Erinnerung an H. als Lehrer der Königsb. Universit. in d. Herbart. Reliquien 1871 — F. Bartholomaei, H. ein Lebensbild 1875. — G. A. Hennig, H. nach s. Leben u. s. pädagog. Bedeutung 1876. 2. verm. Aufl. 1877. — R. Zimmermann, Perioden in H.'s philos. Geistesgang, eine biogr. Studie 1876. — M. Lazarus, Rede auf H., geh. zum 100j. Geburtstag H.'s 1876. — Unter den s. Philos. behandelnden Schriften sind hervorzuheben: Griepenkerl, Briefe über Philos. u. bes. über H.'s Lehren 1832. — H. H. E. Röer, über H.'s Methode der Beziehungen 1833. — M. W. Drobisch, Beiträge zur Orientir. über H.'s Syst. der Philos. 1834; Derselbe über einige Einwürfe Trendelenburg's gegen die Herbart. Metaph. in der Zeitschr. f. Philos. u. philos. Kritik 1852; Ders., Synecholog. Untersuchungen, ebenda Bd. 25 u. 26. 1854 u. 55; Ders., über die Fortbildung der Philos. durch H., akad. Vorlesung zu H.'s 100jähr.

Geburtst. 1876. — Strümpell, Erläutergn. z. H.'s Philos. mit Rücksicht auf d. Berichte, Einw. u. Mißverst. ihrer Gegner. Hst. 1. 1834. — Ders., d. Hauptpunkte der Herbart. Metaph., krit. beleuchtet 1840; — Ders., einige Worte über H.'s Metaph. in Rücks. auf die Beurth. ders. durch Trendelenb. in der Zeitschr. f. Philos. u. philos. Kritik. Bd. 27. 1855. — G. Hartenstein, d. Probleme u. Grundlehren der allgem. Metaphysik 1836; Ders., über d. neuest. Darstell. u. Beurtheil. d. Herb. Philos. 1838. — H. Kern, ein Beitrag zur Rechtfertig. der Herb. Metaph. 1849. — R. Zimmermann, über Trendelenb. Einwürfe gegen H.'s praktische Ideen 1872. — C. A. Thilo, H.'s Verdienste um die Philos. Vortr. 1875. — Eine gegnerische Kritik boten: Trendelenburg in s. logischen Untersuchungen 1840; ferner in s. histor. Beiträgen z. Philos. Bd. 2. 1855. Abhdlg. IX. über H.'s Metaph. u. eine neue Auffassung ders. A. d. Monatsber. d. Akad. d. Wiss. 1853; Bd. 3. 1867 III. über H.'s Metaph. u. neue Auffassungen ders., IV. über die metaph. Hauptp. in H.'s Psychologie, V. H.'s prakt. Philos. u. die Ethik d. Alten. — Lotze, über H.'s Ontologie, in der Zeitschr. f. Philos. u. s. w. Bd. XI. 1843. — Fechner, z. Krit. der Grundlagen v. H.'s Metaph., ebenda XXIII. 1853. — J. H. Fichte, über H.'s Stellung zur Philos. der Gegenwart. 1854 in s. verm. Schriften. Bd. 1. 1869. — H. Langenbeck, Die theoret. Philos. H.'s und s. Schule, u. die darauf bezügl. Kritik 1867. — K. Fr. W. L. Schulze, H.'s Stellung zu Kant, entw. an den Hauptbegriffen ihrer Philos. 1866. — J. Capesius, die Metaph. H.'s in ihrer Entwickelungsgesch. u. nach ihrer histor. Stellung, ein Beitrag z. Gesch. d. nachkant. Philos. 1878. — F. A. Lange, die Grundlegung der mathemat. Psychol., ein Vers. z. Nachweis. der fundam. Fehler bei H. u. Drobisch 1865. — G. Schneider, die metaph. Grundl. der Herb. Psychol., dargest. u. krit. unters. 1876. — R. Quaebicer, Kant's u. Herb. metaph. Grundansicht über das Wesen der Seele 1870.

Beneke.

Beneke, Friedrich Eduard, geb. am 17. Februar 1798 zu Berlin; sein Vater, Justizkommissar und Hoffiskal, starb 1815. B. besuchte dort das Friedr. Werd. Gymnasium, als 17j. Freiwilliger nahm er 1815 an dem Feldzuge theil, Ostern 1816 bezog er die Universität Halle und 1817 Berlin, um Theologie zu studiren. Im Winter 1820/21 habilitirte er sich als Privatdocent der Philosophie in Berlin. Eine Mißdeutung seiner 1822 ersch. „Grundlegung z. Physik d. Sitten, ein Gegenstück zu Kant's Grundl. z. Metaph. d. Sitten" hatte im Sommer 1822 ein Verbot der Fortsetzung seiner Vorlesungen zur Folge. Dieses grundlose Verbot ward in s. Folgen auch für auswärtige Berufungen ein Stein des Anstoßes, so bereits

1822 in Jena. B. entschloß sich nun 1824 zur Habilitation in Göttingen. Im Jahre 1827 gelang es ihm, sein früheres Verhältniß zur Berliner Universität wieder herzustellen, nach Hegel's Tod 1832 erlangte er daselbst sogar eine außerordentliche Professur ohne Gehalt. Erst 1841 erhielt er als widerrufliche Remuneration 200 Thaler jährlich, eine Summe, die auch später nicht erhöht ist. Der Verdruß über solchen Mißerfolg zehrte an seinem Lebensmuth und rieb seine Kraft frühzeitig auf. Er starb auf unaufgeklärte Weise am 1. März 1854, Kleidungsstücke von ihm wurden auf einer Bank am Kanal auf dem Wege nach Charlottenburg gefunden.

Von den Schriften B.'s hat J. G. Dreßler in der 3. A. von B.'s Lehrb. der Psychologie eine kurze Charakteristik nach der Zeitfolge ihres Erscheinens gegeben. Als Hauptschr. sind zu nennen: Erkenntnißlehre nach dem Bewußts. der r. Vern. in ihren Grundz. — Erfahrungsseelenlehre als Grundlage alles Wissens in ihren Hauptzügen dargest. 1820. — De veris philosophiae initiis, diss. inaug. 1820. — Neue Grundleg. z. Metaph., als Progr. zu s. Vorles. üb. Logik u. Metaph. 1822. — Grundleg. z. Physik d. Sitten, ein Gegenstück zu Kant's Grundleg. z. Metaph. d. Sitten, mit einem Anh. über d. Wesen und die Erkenntnißgrenzen d. Vernunft 1822. — Schutzschrift für dies. 1823. — Beiträge zu einer rein seelenwiss. Bearbeit. der Seelenkrankheitskunde, als Vorarbeiten f. eine künst. streng wissensch. Naturl. ders. 1824. — Skizzen z. Naturl. d. Gefühle, in Verbind. mit einer erl. Abhdlg. über d. Bewußtwerdung der Seelenthätigkeiten 1825. — D. Verh. v. Seele u. Leib, Philos. u. Aerzten zu wohlwoll. u. ernster Erwäg. übergeb. 1826. — Ueb. die Vermögen d. menschl. Seele u. deren allg. Ausbildung 1827. Von diesen 3 letzten Schriften ersch. 1 u. 3 auch unter d. Titel: Psycholog. Skizzen. 2 Bde. 1827. — Kant u. d. philos. Aufgabe uns. Zeit 1832. — Lehrbuch der Logik als Kunstlehre d. Denkens 1832. — Lehrbuch der Psychol. als Naturw. 1833 (2. A. 1845, 3. verm. A., neu bearb. v. J. G. Dreßler 1861, 4. unv. A. 1877). — D. Philos. in ihrem Verh. z. Erfahrung, z. Spekulat. und z. Leben 1833. — Erziehungs- u. Unterrichtslehre. 2 Bde. 1835 u. 36 (2. verb. A. 1842, 4. A. neu bearb. und mit Zus. vers. von Dreßler 1876). — Erläuterungen über d. Natur u. Bedeutung m. psychol. Grundhypothesen 1836. — Uns. Universitäten u. was ihnen Noth thut, in Brief. an Diesterweg 1836. — Grundlinien d. nat. Syst. d. prakt. Philos. 3 Bde. 1837 u. 40 (ein 4. Bd. sollte noch folgen). — Syst. d. Metaph. u. Religionsphilos. a. d. natürl. Grundverh. d. menschl. Geistes abgel. 1840. — Syst. d. Logik als Kunstl. d. Denkens. 2 Thle. 1842. — D. neue Psychologie, erl. Aufsätze z. 2. A. m. Lehrb. d. Psych. 1845 (bes. zu beachten Auff. 2 über d. Verh. m. Psychol. z. Herbart). — D. Reform u. Stellung uns.

Schulen, ein philos. Gutachten 1848. — Pragmat. Psychologie ob. Seelenl. in d. Anwend. auf d. Leben. 2 Bde. 1850. — Archiv f. d. pragm. Psychol. u. s. w. 3. Jahrg. 1851 u. ff. — Lehrbuch d. pragm. Psychol. u. s. w. 1853.

Eine Lebensskizze gab Dr. Schmidt in Diesterweg's Pädagog. Jahrb. v. 1856. — Das. ein Aufs. v. Dreßler, über B.'s Forschungen. — Ueber ihn ersch.: E. W. Freimuth, die wichtigsten Grundlehren u. Vorzüge d. n. Psychol. Beneke's 1845. — J. G. Dreßler, Ist B. Materialist? ein Beitrag z. Orientir. über B.'s Syst. d. Psychol. 1862. — Ad. Weber, Krit. d. Psycholog. v. B. 1872. — Niemeyer, B. u. d. kirchl. Anthropologie 1876. —

Populär sind die Grundzüge der Psychol. B.'s dargest. von G. Raue, d. n. Seelenl. B.'s 1847 (u. neu besorgt v. Dreßler 1876).

Schopenhauer.

Schopenhauer, Arthur, geb. zu Danzig am 22. Februar 1788; sein Vater war dort Kaufmann, später nach 1793 in Hamburg. Seine Mutter Johanna ist die bekannte Schriftstellerin. Schopenhauer begleitete neunjährig seinen Vater auf einer Reise nach Frankreich, blieb 2 Jahre in Havre, dann eine Zeit lang in einem Privaterziehungsinstitut zu Hamburg. Im Jahre 1803/4 nahmen seine Eltern ihn mit auf eine Reise durch Belgien, England, Frankreich und die Schweiz, gaben ihn in England auf 6 Monate in Pension zu einem Geistlichen. Im Jahre 1805 trat er in ein Hamburger Geschäft. Wenige Monate darauf starb sein Vater. In Folge seiner Klagen über den Druck der ihm widerstehenden Beschäftigung erlaubte ihm seine nach Weimar übergesiedelte Mutter zu studiren. Die Gymnasialbildung erlangte er in Gotha und Weimar, studirte dann 1809 in Göttingen, besonders Naturwissenschaft und Philosophie, ging durch Fichte angezogen im Jahre 1811 nach Berlin. Im Jahre 1813 promovirte er in Jena. Im Frühling 1814 ging er nach Dresden, nach Vollendung seines Werkes „Die Welt als Wille und Vorstellung" reiste er im Frühling 1818 nach Italien. Im Jahre 1820 habilitirte er sich als Docent in Berlin, unwillig über den mangelnden Erfolg reiste er im Jahre 1822 wieder nach Italien, versuchte das Dociren nochmals in Berlin im Jahre 1825 und ließ sich dann, als abermals der Erfolg ausblieb, in Frankfurt a. M. nieder, woselbst er bis zu seinem Tode am 21. September 1860 seinen Studien ergeben gelebt hat.

Seine Werke sind: Ueber d. vierfache Wurzel des Satzes vom zureichenden Grunde. 1813. 2. Aufl. 1847. 3. verb. u. verm. Aufl. hrsg. v. J. Frauenstädt 1864. — Ueber das Sehen u. d. Farben 1816 2. Aufl. 1854. 3. verb. u. verm. A. hrsg. v. J. Frauenstädt 1870

(W. Bd. 1). — Die Welt als Wille u. Vorstellung. 1 Bd. 1818. 2 Bde. 2. Aufl. 1844. 5. Aufl. 1879. (W. Bd. 2 u. 3). — Ueber den Willen in der Natur. Eine Erörterung der Bestätigungen, welche d. Philosophie des Verfassers seit ihrem Auftreten durch die empir. Wissenschaften erhalten hat. 1836. 2. Aufl. 1854. 4. verb. u. verm. A. hrsg. v. Fr. 1878. — D. beiden Grundprobleme der Ethik (I. über d. Freiheit d. menschl. Willens. II. üb. d. Fundament der Moral) 1841. 3. Aufl. 1881. (W. Bd. 4). — Parerga u. Paralipomena, kl. philos. Schriften. 2 Bde. 1851. 4. verb. u. beträchtl. verm. A., a. d. Nachl. hrsg. v. Fr. 1878. (W. Bd. 5 u. 6). — Balthasar Gracian's Hand-Orakel u. Kunst der Weltklugheit, übers. v. Schopenh. (nachgelass. Manuscript) 1862. — Aus Schopenhauer's handschr. Nachlaß, Abhandlungen, Anmerkungen, Aphorismen und Fragmente hrsg. v. J. Frauenstädt 1864. — Sämmtl. Werke gab heraus J. Frauenstädt in 6 Bdn. 1873 u. 74. 2. Aufl. 1877. — Dazu erschien: Schopenhauer-Lexikon, ein philos. Wörterbuch, nach Sch.'s sämmtl. Schrift. u. handschriftl. Nachlaß bearb. v. J. Fr. 2 Bde. 1871. —

Schriften über ihn: Gwinner, Wilh., A. Schopenh. aus persönl. Umgange dargestellt, ein Blick auf s. Leben, s. Charakter u. s. Lehre. 1862. 2. umgearb. u. vielf. verm. A. unter d. Titel Sch.'s Leben 1878. — Arth. Schopenhauer, von ihm, über ihn. Ein Wort der Vertheidigung, v. E. O. Lindner; u. Memorabilien, Briefe u. Nachlaßstücke v. J. Frauenstädt. 1863. — Gwinner, W., Schopenh. u. s. Freunde, zur Beleuchtung der Frauenst. Lindn. Vertheidig. 1863. — Frauenstädt, J., Arth. Schopenhauer, Lichtstrahlen aus seinen Werken, mit einer Biographie u. Charakteristik Schopenhauer's 3. Aufl. 1874. — Dav. Asher, A. Sch., Neues von ihm u. über ihn. 1871. — Helen Zimmern, A. Sch. his life and his philosophy. 1876. — Herbart, Recens. v. Sch.'s Hauptw. in der Zeitschr. Hermes 1820, abgedr. in s. WW. Bd. 12. — Beneke in d. Jenaischen allg. Lit.-Ztg. 1820. — Rosenkranz in s. Gesch. d. Kant. Philos. 1840. S. 475 ff. — Für ihn bes.: J. Frauenstädt, Briefe über d. Schopenh. Philos. 1854 u. Neue Briefe über d. Sch. Philos. 1876. — O. Busch, A. Sch., Beitrag zu e. Dogmat. d. Religionslosen 1877, 2. gänzl. umgearb. Aufl. unter d. Titel A. Sch. 1878. — Ueber ihn u. gegen ihn bes.: Ad. Cornill, A. Sch. als Uebergangsformation v. einer idealist. in eine realist. Weltansch. 1856. — C. G. Bähr, d. Sch. Philos. in ihren Grundzügen darg. u. krit. bel. 1857. — R. Seydel, Sch.'s philos. System darg. u. beurtheilt 1857. — R. Haym, A. Sch., bes. abgedr. a. d. preuß. Jahrb. Bd. 14. 1864. — J. B. Meyer, A. Sch. als Mensch u. Denker in d. Samml. gemeinv. wissensch. Vorträge, hrsg. v. Virchow u. Holzend. S VII. Heft 145, 1872. — M. Venetianer, Sch. als Scholastiker, eine Krit. d. Sch. Phil. mit Rücksicht auf die ges. Kant. Neoscholastik 1873. — A. Foucher de Careil, Hegel et Sch., études sur la philos. allem. depuis Kant jusqu' à nos jours 1862. — Th. Ribot, la philos. de Sch. 1874. — Dazu: J. Laban, die Schopenh. Literatur, Versuch einer (bis 1880 incl. geh.) chronol. Uebers. ders. 1880.

Trendelenburg, Friedrich Adolf, geb. am 30. Nov. 1802 in Eutin, besuchte das dortige Gymnasium bis 1812, dessen Rektor Koenig ihn schon in das Studium Kantischer Schriften einführte. Tr. bezog dann die Universität Kiel, um Philologie zu studiren; Reinhold und Berger waren dort seine Lehrer in der Philosophie. Das Studium ward dann von Michaelis 1822—24 in Leipzig, darauf bis Ostern 1826 in Berlin fortgesetzt, wo besonders Boeckh Einfluß auf seine Arbeiten gewann. In der Philosophie hörte er Hegel und Schleiermacher; sein eigenes Studium wandte sich besonders Platon und Aristoteles zu. Mit einer Dissertation „Platonis de ideis et numeris doctrina ex Aristotele illustrata" erwarb er sich 1826 in Berlin den Doktorgrad. Von 1826—33 war er als Hauslehrer bei dem General-Postmeister u. Bundestags-Gesandten von Nagler in Frankfurt. Obschon die Stellung ihn stark in Anspruch nahm, vollendete er doch seine Ausgabe von Aristoteles Schrift über die Seele. Schon vor dem Erscheinen derselben ward er 1833 vom Minister v. Altenstein zum außerordentlichen Professor der Philosophie in Berlin und 1837 in Folge einer Berufung nach Kiel an H. Ritter's Stelle zum Ordinarius ernannt. Sein erstes Hauptwerk „Logische Untersuchungen" erschien dann 1840, das zweite „Naturrecht auf dem Grunde der Ethik" 1860. Im Jahre 1846 ward Tr. ordentl. Mitglied der Akademie und 1847 Sekretär der philos.-histor. Classe, welches Amt er bis August 1871 verwaltete, wo Rücksicht auf seine Gesundheit ihn nöthigte, dasselbe niederzulegen. Im Jahre 1849 nahm er eine Wahl in den preuß. Landtag an, gehörte der Mittelpartei an, legte aber sein Mandat 1851 nieder, als es ihm nicht mehr möglich schien, „für ein **deutsches** Preußen zu wirken". Nach einem Schlaganfall im Winter 1870 schränkte er seine umfassende Lehrthätigkeit etwas ein, blieb aber literarisch thätig. Nach einer Gehirnaffektion zu Anfang des Jahres 1872 starb er am 24. Januar d. J.

Seine Schriften: Platon. de ideis et numeris doctrina ex Arist. illustr. 1826. — Arist. de anima libri tres, ad interpret. graec. auctoritatem et codic. fidem recogn. comment. illustr. 1833. — De Aristot. categoriis 1833. — Elementa logices Aristotelese, in usum scholar. excerps. convert. illustr. 1836. 2. ed. 1842. 8. ed. 1878. — Erläuterungen zu d. Elementen der aristot. Logik, zunächst f. d. Unterricht in Gymnas. 1842. 3. A.

1876. — De Platon. Philebi consilio 1837. — Logische Unter=
suchungen. 2 Bde. 1840. 2. A. 1862. 3. A. 1870. — Die log.
Frage in Hegel's System, zwei Streitschriften 1843. — Histor.
Beiträge z. Philosophie. Bd. 1 Gesch. d. Kategorienlehre 1846;
Bd. 2 bes. I. über d. letzten Untersch. d. philos. Systeme, II. über
Spinoza's Grundgedanken u. dessen Erfolg, IX. über Herbart's
Metaph. u. eine neue Auffass. ders. 1855; — Bd. 3. bes. III. üb.
Herbart's Metaph. u. neue Auffass. ders., IV. über die metaph.
Hauptpunkte in H.'s Psychologie, V. H. prakt. Philos. u. d. Ethik
der Alten, VI. d. Widerstreit zw. Kant u. Aristot. in der Ethik,
VII. über eine Lücke in Kant's Beweis v. d. ausschl. Subjektivität
des Raumes u. d. Zeit, ein krit. u. antikr. Blatt 1867. — Kuno
Fischer u. s. Kant 1869. — Naturrecht auf d. Grunde d. Ethik
1860. 2. A. 1868. — Lücken im Völkerrecht, Betrachtungen und
Vorschläge a. d. J. 1870. — Kl. Schriften. 2 Thle. 1871 (Th. 1
Abhdlgn. z. vaterl. Gesch., bes. VI. Friedr. d. Gr. u. s. Staatsmin.
v. Zedlitz, eine Skizze a. d. preuß. Unterrichtswesen 1859, Friedr.
d. Gr. u. s. Großkanzler Sam. v. Cocceji, Beitrag z. Gesch. der
ersten Justizreform u. d. einschlag. Naturr. 1863, Leibniz Anregung
z. einer Justizreform 1864, Fr. d. Gr. Verdienst um d. Völkerrecht
im Seekrieg 1866. — Th. 2 Abhdlg. XI. d. sittl. Idee des Rechts
1849, XIV. d. Definition d. Rechts, z. Krit. u. Erwider. 1862,
XIII. d. königl. Betrachtung d. Dinge u. d. Wesen d. Wissensch.
1850, XVIII. d. überkommene Aufgabe uns. Universität 1857,
XX. Erinnerungen d. Universität u. d. Höhe d. akad. Studiums
1863, XIX. Z. Erinnerungen an J. G. Fichte 1862.)
Ueber ihn: H. Bonitz, Z. Erinnerung an F. Ad. Tr., Vortr.
geh. am Leibniztage 1872 in d. Akad. d. W. 1872. — K. v.
Prantl, Gedächtnißrede auf F. A. Tr., geles. in d. Akad. d. W.
zu München 1873. — E. Bratuschek, Ad. Trendelenburg (Bio=
graphie) 1873.

Lotze.

Lotze, Rudolph Hermann, geb. am 21. Mai 1817 zu Bautzen,
studirte seit 1834 zu Leipzig Medizin. In der Philosophie begann
damals hier die Vorherrschaft der Philosophie Herbart's, daneben
wirkten der Physiker Fechner und der anfangs Hegel zugeneigte Ch.
H. Weiße. Nach L.'s eigenem Geständniß (Streitschr. S. 6) war
„eine lebhafte Neigung zu Poesie u. Kunst das Erste, was ihn zur
Philosophie trieb". — Im Jahre 1839 habilitirte sich L. dort in
beiden Fakultäten der Medizin und der Philosophie und ward das.
1842 außerordentlicher Professor der Medizin. Im Jahre 1844
ward L. als ordentlicher Professor der Philosophie nach Göttingen
berufen und von hier nach früheren vergeblichen Versuchen im
April 1881 nach Berlin, wo er aber bereits am 1. Juli starb.

Seine Schriften: Metaphysik 1841. — Allgem. Pathologie u. Therapie als mechan. Naturwissenschaften 1842. — Im Handwörterb. d. Physiol., hrsg. v. R. Wagner. Bd. 1. 1842. Art. Leben, Lebenskraft; Bd. 2. 1844. Art. Instinkt; Bd. 3¹. 1846. Art. Seele, Seelenleben. — Logik 1843. — Ueber d. Begriff d. Kunstschönheit 1846. — Ueber die Bedingungen der Kunstschönheit 1848. — Allgem. Physiologie d. körperl. Lebens 1851. — Medizin. Psychologie oder Physiol. d. Seele 1852. — Mikrokosmus, Ideen z. Naturgesch. u. Gesch. d. Menschheit, Vers. e. Anthropologie. 3 Bde. 1856—64. 2. A. 1869—74. 3. A. 1876—80. Streitschriften. Heft 1. In Bezug auf J. H. Fichte's Anthropologie 1857 (enth. zu Anfang „Persönliches" über s. philos. Stellung zu Herbart u. Leibniz). — Geschichte der Aesthetik in Deutschland (Gesch. d. Wissensch. in D. Bd. 7) 1868. — System d. Philosophie. Bd. 1. Logik, drei Bücher v. Denken, Untersuchen u. Erkennen. Bd. 2. Metaphysik, drei Bücher der Ontologie, Kosmol. u. Psychologie 1874 u. 79. (Bd. 1 in 2. Aufl. 1880.) — Nach seinem Tode erschienen: Grundzüge d. Psychologie, Dictata a. d. Vorlesungen 1881. — Grundzüge d. prakt. Philosophie, Dictata u. s. w. 1882. — Grundzüge d. Religionsphilosophie, Dictata u. s. w. 1882. — Die Prinzipien der Ethik in Nord u. Süd. Bd. 21. Heft 63. Juni 1882.

Ueber ihn s.: M. Drobisch, über L.'s psychol. Standpunkt in d. Zeitschr. f. Philos. u. philos. Kritik. N. F. Bd. 34. 1859. — H. Sommer, die Lotze'sche Philos. u. ihre Bedeutung f. d. geistige Leben d. Gegenwart. 3 Art. in d. Preuß. Jahrb. Bd. 36. 1875. — Ders. ebenda Bd. 47. Heft 2. Febr. 1881. — R. Seydel in Nord u. Süd. Bd. 21. Heft 63. Juni 1882. — Edm. Pfleiderer, L.'s philos. Weltansch. nach ihren Grundzügen, z. Erinner. an d. Verstorb. 1882. — Baumann, Nekrolog L.'s in d. Philos. Monatsheften. Bd. 17. 1881.

Universitäts-Buchdruckerei von Carl Georgi in Bonn.